Seeck · Homer

Gustav Adolf Seeck

Homer

Eine Einführung

Mit 13 Abbildungen

Reclam

RECLAMS UNIVERSAL-BIBLIOTHEK Nr. 17651

Gesamtherstellung: Reclam, Ditzingen. Printed in Germany 2014
RECLAM, UNIVERSAL-BIBLIOTHEK und
RECLAMS UNIVERSAL-BIBLIOTHEK sind eingetragene Marken
der Philipp Reclam jun. GmbH & Co. KG, Stuttgart
ISBN 978-3-15-017651-1

www.reclam.de

Inhalt

Teil I
Homer und homerisches Erzählen

Teil II
Die Ilias

A

B

Teil III
Die Odyssee

A

B

Vorwort

Diese Einführung ist für alle Literaturinteressierten gedacht, die etwas über den Erzähler Homer erfahren möchten, unabhängig davon, ob sie seine Ilias und Odyssee gelesen haben oder lesen wollen oder auch nicht lesen wollen. Den zuletzt Genannten soll sie einen Einblick in Inhalt und Erzähltechnik ermöglichen. Den potentiellen Lesern soll sie darüber hinaus helfen, sich bei der Lektüre leichter zurechtzufinden. Aber sie wendet sich auch an diejenigen, die Homer zu kennen glauben. Die Verdienste der Homerforschung sind unbestritten, doch sie hat auch zu irreführenden Vorurteilen über Homer beigetragen und hat vor allem nicht genug getan, Homer als den Begründer der Erzähltradition herauszustellen, die heutige Erzähler, meist ohne es zu wissen, nur mehr oder weniger variieren.

Es gibt zwei Hürden, die dem Leser heute das Verständnis Homers erschweren. Die erste ist die gehobene poetische Sprache, die uns als Medium fremd geworden ist und zu Parodien reizt. Dies Hindernis kann überwunden werden, wenn man (einem Rat Goethes folgend) nach dem prosaischen Sinn poetischer Formulierungen fragt, also z.B. statt »und er sprach die geflügelten Worte« ein einfaches »er sagte« liest. Dementsprechend sind in dieser Einführung Homerzitate öfter keine wörtlichen oder freieren Übersetzungen, sondern sozusagen zusammenraffende (und raumsparende) Sinn-Chiffren. Das zweite Hindernis ist die sog. epische Breite, d.h. die Vielfalt der einbezogenen Motive, die es dem Leser manchmal schwermachen, die Übersicht zu behalten. Deswegen wird hier versucht, die mehrschichtigen ordnenden Strukturen hinter dem vordergründig gleichmäßigen Erzählfluß sichtbar zu machen.

Im ganzen soll erreicht werden, Ilias und Odyssee als Erzählungen zu verstehen, in denen es um Menschen und deren Schicksale geht, nicht anders als im heutigen Roman. Man wird dann feststellen, daß die Menschen sich seit Homer gar nicht so sehr verändert haben und, was vielleicht überraschender ist, die Erzählkonventionen im großen und ganzen dieselben geblieben sind.

Dieser Band ist ähnlich angelegt wie der entsprechende über die griechische Tragödie. Er ist nicht in erster Linie für die fortlaufende Lektüre gedacht, sondern das ausführliche Inhaltsverzeichnis soll dazu einladen, je nach Interessenlage zunächst dies oder jenes herauszugreifen. Teil I soll über historisch bedingte Eigenheiten Homers und deren richtige literarische Einordnung informieren. Die der Ilias und Odyssee gewidmeten Teile II und III bestehen aus einem Überblick (A, für allgemein Interessierte) und einer eingehenderen Darstellung (B, für darüber hinaus Interessierte).

Gelegentliche Hinweise auf Romane des 19. und 20. Jh. sollen dazu anregen, bei der Lektüre neuzeitlicher Literatur auch Homer zum Vergleich heranzuziehen, was manchmal zu neuen Einsichten und Bewertungen führen kann.

Auf die sog. Realien, d.h. die aus Homer ablesbare (wirkliche oder vermeintliche) archäologische und historische Realität, wird nur insofern eingegangen, als öfter davor gewarnt wird, Literatur und Realität zu verwechseln.

Diskussion wissenschaftlicher Meinungen ist in diesem Rahmen ebensowenig möglich wie die Auseinandersetzung mit anderen Einführungen. Wer sich da auskennt, wird bemerken, daß hier die Meinung vertreten wird, Homer sollte grundsätzlich etwas anders gelesen werden.

Die Abbildungen sind nicht direkte Illustrationen zum Wortlaut Homers, sondern zeigen berühmte Szenen in freier Form, wobei es sich auch um neben-homerische Versionen der Trojaerzählung handeln könnte.

Teil I
Homer und homerisches Erzählen

1 Der Erzähler »Homer«

Homer (griech. *Hómeros*) war für die Antike ein historischer Dichter der Frühzeit, der Verfasser von Ilias und Odyssee. Daneben schrieb man ihm u. a. auch Götterhymnen und ein (nicht erhaltenes) komisches Gedicht über einen Dummkopf namens *Margites* zu.

Er galt als der Dichter schlechthin und wurde als Autorität in allen Lebensfragen zitiert. Sieben oder mehr Städte (darunter Smyrna, Kolophon, Chios) stritten sich darum, den berühmten Mann Sohn ihrer Stadt nennen zu können. Vereinzelte Kritik, die es auch gab, bezog sich vor allem auf die allzumenschlichen Züge der homerischen Götter (→ 23.6).

Insgesamt wußte man nichts Näheres über ihn als Person. Die Legende machte ihn zu einem blinden Sänger, der in Herrenhäusern oder an Fürstenhöfen seine Dichtungen vortrug. In hellenistischer Zeit behaupteten einige Philologen, die sog. »Chorizonten« (= Trennende), Ilias und Odyssee könnten wegen inhaltlicher und sprachlicher Differenzen nicht vom selben Verfasser stammen.

Heute sollte man beim Namen Homer nicht nur an einen legendären Dichter denken, sondern darüber hinaus an das Phänomen Homer, den schöpferischen Geist, der sich in Ilias und Odyssee zeigt und in dem auch die Leistung mehrerer Individuen zusammengeflossen sein kann. Der Name Homer steht vor allem für eine bis dahin unbekannte Stufe des Erzählens.

In dieser Einführung wird der Einfachheit halber wie üblich von Homer als dem Verfasser von Ilias und Odyssee gesprochen, wobei an die Zeit 750–700 v. Chr. gedacht ist.

Ilias und Odyssee sind Epen, d. h. längere erzählende Versdichtungen. Erzählende Literatur, das sind für uns heute vor allem Prosaromane, deren Verfasser wir Autoren oder Schriftsteller nennen. Daß Homer wegen der Versform als »Dichter« gilt, hat anscheinend dazu geführt, ihn manchmal zu vergessen, wenn von der Frühzeit des Erzählens die Rede ist, so etwa Günter Grass in seiner Nobelpreisrede von 1999. Hier ist daher bewußt nicht vom Dichter, sondern vom »Erzähler« Homer die Rede.

1.1 Die Titel »Ilias« und »Odyssee«

Die Titel Ilias und Odyssee waren schon früh in der Antike üblich, aber sie stammen nicht von Homer, sondern sind nachträglich – wahrscheinlich von Bibliothekaren – erfunden worden.

»Ilias« bedeutet Ilion-Dichtung oder Ilion-Erzählung (Ilion oder Ilios ist ein anderer Name für Troja). Das hat zu dem heute verbreiteten Irrglauben geführt, darin werde der Trojanische Krieg erzählt. Tatsächlich kommen der eigentliche Krieg und die Eroberung Trojas in der Ilias nicht vor, sondern in ihr geht es nur um eine Episode am Beginn des zehnten Kriegsjahres, nämlich den »Zorn Achills«, wie es in der ersten Zeile heißt. Achill war mit seinem Oberfeldherrn Agamemnon in Streit geraten und hatte sich daraufhin verärgert vom Kampf zurückgezogen. Die Griechen gerieten deswegen in große Schwierigkeiten, bis er wieder bereit war mitzukämpfen.

Der Titel Odyssee ist dagegen genauer, wenn man darunter nicht die Lebensgeschichte des Odysseus versteht, sondern seine »Heimfahrt« (*nóstos*), d. h. seine Rückkehr von Troja in seine Heimat Ithaka. Der eigentliche Titel steckt auch hier im ersten Vers und müßte lauten ›Der vielumhergetriebene (oder umherirrende) Mann‹ oder, wie

Homer, wie ihn das 5. Jh. v. Chr. sah, als gepflegte, vornehme Erscheinung, Weisheit und Autorität ausstrahlend
Römische Kopie
(München, Glyptothek)

wir im folgenden kürzer sagen werden, ›Der Irrfahrer‹. Odysseus brauchte zehn Jahre, um von Troja in seine Heimat Ithaka zurückzukommen.

2 Erzählen vor Homer

Natürlich wurden schon vor Homer Geschichten erzählt, z.B. von Großmüttern und Ammen, und vermutlich gab es auch professionelle Prosaerzähler. Eine besondere Form professionellen Erzählens ist das »Singen« von Geschichten, das bei Homer vorkommt.

2.1 Erzählende »Sänger«

Aus der Odyssee kennen wir den »Sänger« (*aoidós*) als feste Institution, der zur Phorminx, einem Saiteninstrument, erzählende Lieder vorträgt. Sein Singen kann nur ein rhythmisierter Sprechgesang gewesen sein; denn ein Sänger wird bei Homer nie wegen seiner schönen Stimme oder wegen der schönen Musik gelobt, sondern nur wegen der Geschichten, die er weiß und vorzutragen versteht.

Vom späteren »Rhapsoden« unterscheidet er sich dadurch, daß er zugleich als Autor dieser Geschichten galt und nicht als reproduzierender Vortragskünstler.

Eben das bewunderte man an ihm: Er kannte viele alte Geschichten, aber er hatte die Freiheit, sie kreativ auszugestalten und ihnen seine persönliche Form zu geben. Darüber hinaus erwartete man von ihm, daß er auch neue und neueste Geschichten erzählen konnte, d.h. ein »Lied« über Ereignisse, von denen man erst kürzlich erfahren hatte, erfinden konnte. Dabei mußte er wahrscheinlich auch speziellen Wünschen des Publikums spontan improvisierend entsprechen können.

Da der Sänger sein Publikum direkt vor sich hatte, konnten seine Lieder eine gewisse Länge nicht überschreiten. Er konnte von einer längeren Geschichte wie dem ›Trojanischen Krieg‹ also nur Ausschnitte oder einzelne Episoden vortragen.

2.2 Die Zeit der »Lieder«

Die Sänger, die bei Homer in der Odyssee vorkommen, tragen ihre Lieder in Herrenhäusern vor, beim Phäakenkönig Alkinoos und im Hause des abwesenden Herrn von Ithaka.

Wie weit diese Tradition der Lieder zurückreicht, läßt sich nicht sagen. Sie könnte schon in der mykenischen Zeit (1500–1200 v. Chr.), der Zeit der großen Burgen von Mykene und Tiryns, bestanden haben. Sie müßte dann nach deren Zerstörung die sog. dunklen Jahrhunderte (1200–800) überdauert haben oder muß neu aufgekommen sein, da sie bei Homer (750–700) vorausgesetzt wird.

In Ilias und Odyssee finden sich sprachliche und inhaltliche Momente, die auf die mykenische Zeit zurückgehen können und auf Kontinuität der Tradition schließen lassen. Bei derartigen Vermutungen ist allerdings Vorsicht geboten; denn die mächtigen Ruinen können phantasievolle spätere Erzähler auch zu allerlei altertümelnden Erfindungen inspiriert haben. Da es sich um mündlich tradierte Lieder handelte, war das eine ständig bewegte Masse zwischen Entstehen und Vergessenwerden. Aber es ist nicht auszuschließen, daß dabei poetische Motive und sogar wörtliche Floskeln über Jahrhunderte hin bis in die Zeit Homers erhalten blieben.

In dieser Zeit dürfte es, zumal bei den Griechen an der Westküste von Kleinasien, auch zu Begegnungen mit umherziehenden Prosaerzählern oder Sängern anderer Kulturkreise gekommen sein, woraus sich ein gewisser orientalischer Einfluß bei Homer erklären läßt.

Manche dieser Lieder scheinen lange vor Homer dauerhaft berühmt und allgemein bekannt gewesen zu sein. Das Publikum wollte sie immer wieder hören und kannte sie schon mehr oder weniger auswendig und konnte sie evtl. sogar selbst vortragen. In der Ilias vertreibt der ›Dilettant‹ (d.h. Nicht-Sänger) Achill sich und seinem Freund Patroklos die Zeit mit dem Vortrag solcher Lieder (9,189). Vor Homer dürfte es also bereits einen gewissen festen Bestand an solchen Liedern gegeben haben.

2.3 Der Inhalt der Lieder

Der Odyssee nach zu schließen war der Inhalt der Lieder an sich beliebig. Das Publikum wollte ehrwürdig alte oder ganz neue Geschichten hören. Es wollte unterhalten, aber auch informiert werden. Der Sänger mußte außerdem Geschichten für spezielle Situationen parat haben. So soll in Buch 8 der Odyssee der Sänger Demodokos von einem sich anbahnenden Streit ablenken und trägt daraufhin die frivole Geschichte von Ares und Aphrodite vor (→ 23.6).

Doch hauptsächlich erwartete man von dem Sänger das, was wir heute »Heldendichtung« nennen. Die meisten griechischen Mythen sind solche Heldengeschichten.

Diese thematische Konzentration ist nicht erstaunlich. Sie war bequem für die Sänger, weil sie wußten, was bei ihrem Publikum ankam, und sie war beim Publikum beliebt, weil man da von allerlei bewundernswerten Taten, wie es sie in der Gegenwart nicht mehr gab, zu hören bekam.

2.4 Heldendichtung

Helden (Heroen) sind berühmte Männer der Vergangenheit, von denen es etwas zu erzählen gibt und an die durch die Erzählung erinnert wird. Dabei können die erzählten

Taten im Lauf der Zeit immer bedeutender und zahlreicher werden, so daß man am Ende nicht mehr erkennen kann, wie die Geschichte einmal angefangen hat.

Heroen sind generell tüchtiger als die Männer der Gegenwart. In der Ilias weiß der alte Nestor aus seiner Jugendzeit von einer älteren Generation zu berichten, die stärker war als die homerischen Helden (1,260):

> »In meiner Jugend gab es viel stärkere Männer als heute.«

Homer wiederum findet, die Helden in der Ilias seien tüchtiger als die seiner eigenen Zeit (5,303):

> »Mühelos warf er einen Stein, den heute zwei Männer nicht heben könnten.«

Helden haben ihren Ruhm im Kampf erworben. Sie haben einen besonders starken Feind oder sehr viele Feinde besiegt. Dazu kommen bei einer früheren Generation Siege über phantastische Ungeheuer: Herakles kämpft mit Riesen, einer vielköpfigen Schlange, deren Köpfe nachwachsen, wenn sie abgeschlagen werden, einem unverwundbaren Löwen usw., Bellerophon (oder Bellerophontes) tötet die dreigestaltige feuerspeiende Chimäre, Perseus die Meduse, deren Anblick versteinert. Der Phantasie der Sänger, immer neue Wundertaten zu erfinden, waren dabei keine Grenzen gesetzt, so daß man bei Herakles, um einigermaßen die Übersicht zu behalten, später anfing, ›Taten‹ und ›Nebentaten‹ zu unterscheiden.

Die homerischen Helden der Ilias haben solche Wundertaten nicht aufzuweisen. Sie sind nur tüchtige Krieger, die auch in der beratenden Versammlung ihren Mann stehen müssen. Sie sind die »Besten« (*áristoi*), und das »in Rat und Tat«. Der Trojakämpfer Odysseus begegnet auf seiner Heimfahrt zwar gefährlichen Ungeheuern, aber er kämpft nicht mit ihnen wie Herakles, sondern will ihnen nur entkommen.

2.4.1 Exkurs: Griechische und germanische Helden

Daß homerische Helden Tränen vergießen, ohne sich dessen zu schämen, weiß man. Aber sie kennen auch keine Nibelungentreue. Sie sind zwar ehrgeizig und wollen siegen, aber wenn der Kampf aussichtslos ist, lassen sie sich nicht abschlachten, sondern ergreifen die Flucht. Sie suchen auch nicht wie Jung-Siegfried Abenteuer um ihrer selbst willen und fordern in Friedenszeiten keine anderen Helden zum Kampfe heraus, nur um ihre eigene Stärke zu beweisen.

Homerische Helden wollen wie alle Helden berühmt sein, führen aber keine Kriege aus bloßer Ruhmsucht, sondern weil sie Beute machen wollen, z.B. um dem Nachbarn die Herden wegzunehmen oder sich zu rächen, wenn dieser ihnen zuvorgekommen war. Daß es wegen einer einzelnen Frau – also einem mehr ideellen als praktischen Wert – zum Trojanischen Krieg gekommen sein soll, entspricht also eigentlich nicht ihrem sonstigen Verhalten. Es wundert daher nicht, daß die Erzähler schon vor Homer behaupteten, Paris habe bei seinem Besuch in Griechenland außer Helena auch die Schätze des Menelaos mitgehen lassen.

Das spartanische Heldenideal, nicht zu fliehen und sich nicht zu ergeben, sondern bis zum letzten Mann zu kämpfen, das wir besonders von der Verteidigung der ›Thermopylen‹ gegen die Übermacht der Perser im Jahr 480 v. Chr. kennen, stammt nicht aus Homer, sondern hat andere Wurzeln.

2.4.2 Die Götter und die Heldendichtung

Götter gehören nicht so selbstverständlich zur Heldendichtung, wie man nach Ilias und Odyssee glauben könnte, wo sie als Personen auftreten und in das irdische Geschehen lenkend eingreifen. Es ist eine offene Frage, wie und wann die Götter in die griechische Heldendichtung hineingekommen sind. Manche Wissenschaftler nehmen an, Götterdichtung sei eine ältere Stufe von Heldendichtung, andere dagegen vermuten, sie sei erst im Rahmen der Heldendichtung entstanden, und reine Götterdichtung, wie wir sie bei Hesiod (um 700 v. Chr.) in seiner *Theogonie* (»Götterentstehung«) finden, sei erst eine spätere Stufe.

Wahrscheinlich trifft beides nicht zu. Da es bei Homer Götterszenen gibt, die beinahe auch als Einzelerzählung existenzfähig wären, darf man vorhomerische »Götterlieder« voraussetzen, übrigens auch komischen Inhalts, wie die meist recht amüsanten Götterszenen bei Homer vermuten lassen. Es spricht einiges dafür, daß erst Homer Götter und Helden konsequent miteinander kombiniert hat.

Von diesen Götterliedern zu unterscheiden sind vorhomerische Erzählungen über die Götter und ihre Rolle bei der Entstehung des Trojanischen Krieges. Sie werden bei Homer vorausgesetzt, doch im einzelnen nur so vage und andeutungsweise angesprochen, daß wir ohne andere Quellen kaum wüßten, worum es da geht (→3).

2.5 Heroische Gemeinschaftsunternehmen

Eine besondere Stufe oder Form der Heldendichtung, die lange vor Homer entstanden sein muß, sind Erzählungen von Kollektivunternehmen, zu denen sich mehrere Heroen zusammengefunden haben. Am bekanntesten sind:

Die Fahrt der Argonauten:
Jason soll aus dem fernen Kolchis das ›Goldene Vlies‹ (das Fell eines mythischen Widders) holen und hat dazu viele andere Helden als Helfer angeworben. Argo heißt ihr

Schiff, daher »Argonauten« (= Argo-Seefahrer). Aus hellenistischer Zeit ist ein Epos zu diesem Stoff erhalten, die *Argonautika* des Apollonios von Rhodos.

Die Kalydonische Jagd:
Die bekanntesten Teilnehmer sind Meleager und die berühmte Jägerin und Läuferin Atalante. Am Ende gibt es einen Streit um das Fell des erlegten Ebers.

Der Zug der Sieben gegen Theben:
Polyneikes, einer der beiden Söhne des Ödipus, zieht mit sechs Helfern gegen seine Vaterstadt Theben, aus der ihn sein Bruder Eteokles vertrieben hat. Die Eroberung der Stadt mißlingt, die Brüder töten sich gegenseitig.

Der Trojanische Krieg:
Agamemnon hat viele andere Könige aus ganz Griechenland zum Krieg gegen Troja aufgerufen, nachdem Helena, die Frau seines Bruders Menelaos, von dem Troer Paris entführt worden war.

2.5.1 Heldenstreit

Daß Heroen, von denen jeder »der Beste« sein will, gelegentlich untereinander in Streit geraten, ist nur natürlich.

Schon bei den vorhomerischen Sängern war Streit unter Heroen anscheinend ein gängiges Motiv. In der Odyssee kennt der Sänger bei den Phäaken ein Lied vom ›Streit zwischen Odysseus und Achill‹. Homer verrät uns nicht, worum es dabei ging, aber da der Streit »bei einem Festmahl« stattfand, darf man annehmen, daß es nur ein etwas heftiger Wortwechsel war und die Mahlzeit friedlich beendet wurde.

In der Ilias gibt es häufig Streit. Auf dem Schlachtfeld wirft man sich öfter Trägheit vor, bei dem Wagenrennen in

Buch 23 erhitzen sich zwei Zuschauer über den Stand des Rennens, und ein Fahrer droht einem anderen mit einer Klage wegen unfairen Verhaltens (→ 16.3). Doch der Zorn ist in diesen Fällen bald verraucht, weil es bei Worten bleibt und beide Seiten einlenken oder ein Schlichter den Frieden wiederherstellt.

Dabei stoßen nicht einfach zwei Heroen zusammen, sondern unterschiedliche Temperamente und Altersstufen. Wie auch der ›Streit zwischen Odysseus und Achill‹ vermuten läßt, ging es den Sängern um interessante Paarungen, ohne Rücksicht darauf, ob die betreffenden Heroen einen triftigen sachlichen Grund für einen Streit hatten.

So könnte es vor der Ilias ein Lied vom ›Streit zwischen Agamemnon und Achill‹ gegeben haben, in dem es beim Wortwechsel blieb und man versöhnt auseinanderging. Es könnte ungefähr so ausgesehen haben wie das erste Buch der Ilias, wenn dort der Schlichtungsversuch des alten Nestor Erfolg hätte.

2.6 Heldenleiden

Es sind zwar seine Siege, die den Helden zum Helden machen, aber schon früh sind seine Taten auch als Leiden empfunden worden, weil der Held dabei umkommen kann. Das zeigt sich besonders deutlich, wenn er die Taten im Auftrag eines anderen vollbringt, der ihm nach dem Leben trachtet und hofft, ihn auf diese Weise beseitigen zu können. So unternimmt Herakles seine lebensgefährlichen ›Arbeiten‹ im Dienste eines Königs, der ihn fürchtet und seinen Tod wünscht. Auch Jasons Fahrt nach dem Goldenen Vlies ist eine solche Auftragsarbeit, die ihm in der Hoffnung auferlegt wird, daß er nicht zurückkehrt.

Aber auch ohne solch einen Auftrag kann der Held zum Leidenden werden, da er durch das Schicksal oder eigene Fehler in Schwierigkeiten geraten kann wie etwa Odysseus, der sich den Zorn des Meeresgottes Poseidon zugezogen hat.

3 Die Erzählung vom Trojanischen Krieg

Kollektivunternehmen boten den Sängern Gelegenheit, neue Episoden und damit neue Lieder zu erfinden. Ein Plural von Heroen führt automatisch zur Vermehrung der Heldentaten, bietet aber auch neue Situationen und Konflikte, wie sie in der Geschichte eines einzelnen nicht vorkommen können. Von den genannten heroischen Gemeinschaftsunternehmen ist der Trojanische Krieg vor Homer am weitesten ausgebaut worden.

Die Ereignisse, die in mythologischen Lexika unter dem Stichwort ›Trojanischer Krieg‹ aufgeführt werden, kennen wir nur zum geringsten Teil aus Homer. Unser Wissen stammt aus vielen verschiedenen Quellen, die letzten Endes auf eine vorhomerische Erzählung zurückgehen müssen. Homer ist nur eine dieser Quellen.

Der Trojanische Krieg muß schon lange vor Homer ein beliebtes Thema der Sänger gewesen sein. Aber diese Erzählung existierte als Ganzes nur in der Vorstellung der Sänger, konkret gab es sie nur als Einzellieder, die spezielle Episoden zum Inhalt hatten. Diese virtuelle Erzählung war im Laufe der Zeit immer reicher an Motiven und Episoden geworden, teils durch Neuerfindung, teils durch Hinzunahme aus anderen Sagenkreisen, wobei sich auch Varianten und Widersprüche ergaben. Bei Homer wird diese Erzählung insgesamt vorausgesetzt. Wenn manche Episoden von ihm nicht erwähnt werden, heißt das nicht, sie seien erst nachhomerisch. Doch ist sicher auch noch nach Homer an dieser Erzählung weitergesponnen worden.

Eine Gesamtgeschichte des Trojanischen Krieges, die wir uns aus diesen Episoden zurechtmachen, ist eine künstliche Konstruktion. Der antike, wohl nachhomerische Versuch dazu, der sog. *Epische Kyklos*, war keine fortlaufende Erzählung, sondern eine Zusammenstellung aus einzelnen Epen. Der Versuch war, nach allem was wir darüber wissen, poetisch nicht besonders erfolgreich und ist daher nicht erhalten.

Ursache des Krieges ist die Entführung der Helena, der Frau des Griechen Menelaos, durch den Troer Paris. Agamemnon, buchstäblich ›der große Bruder‹ des Menelaos, bietet daraufhin eine gewaltige Kriegsmacht und Flotte auf, die sich in Aulis versammelt und gemeinsam nach Troja fährt. Die Stadt wird lange vergeblich belagert und erst im zehnten Jahr erobert.

Dieser technische Ablauf selbst bietet nicht allzuviel, was einen Erzähler reizen könnte, und schon gar nicht die zehn Jahre einer vergeblichen Belagerung. Die Sänger dachten sich daher allerlei Erschwernisse und Erweiterungen aus, wobei sie vermutlich auch vorhandenes Sagengut adaptierten, das ursprünglich nichts mit dem Trojanischen Krieg zu tun hatte. Diese Erweiterungen und episodischen Zusätze bestimmen für uns das Bild des Trojanischen Kriegs eher als die eigentlichen Kriegshandlungen.

3.1 Ursache und Verlauf des Krieges

Hier kann nur angedeutet werden. Genaueres findet man in den mythologischen Lexika und Handbüchern.

Die Göttin Eris (»Streit«) wirft bei einer Hochzeitsfeier einen Apfel mit der Aufschrift »Für die Schönste« in den Kreis der Götter. Hera, Athene und Aphrodite erheben Anspruch darauf, Schiedsrichter soll der Troer Paris sein, der aus nicht mehr recht erkennbaren Gründen als besonders sachverständig gilt. Der Schönheitswettbewerb wird für ihn zur Wahl zwischen drei Lebensformen; denn Hera bietet ihm königliche Macht, Athene kriegerischen Ruhm,

Aphrodite ein Leben an der Seite der schönsten Frau. Paris entscheidet sich für Aphrodites Angebot und damit für die Entführung der Griechin Helena, die als die schönste Frau gilt. Ihr göttlicher Vater ist Zeus, der sich Leda als Schwan genähert hatte. Vor Helenas Hochzeit mit Menelaos hatte ihr irdischer Vater Tyndareos die zahlreichen anderen Bewerber schwören lassen, dem Auserwählten beizustehen, falls ein Dritter sich in die Ehe einmischen sollte. Dies Motiv ist offenbar von jemand erfunden worden, der sich nicht vorstellen konnte, daß so viele Könige sonst wegen der Frau eines anderen bereit gewesen wären, an dem Kriegszug teilzunehmen; in der Ilias kommt es nicht vor, dort sind sie freiwillig Agamemnon zuliebe (und natürlich um Beute zu machen) mitgezogen.

Zunächst werden Gesandte nach Troja geschickt, die Helena vergeblich zurückfordern. Die Sammlung der Truppen bringt Probleme mit sich, u. a. weil Odysseus sich wahnsinnig stellt und der jugendliche Achill von seiner Mutter in Mädchenkleidern versteckt worden war. Die Flotte wird in Aulis, dem Sammelplatz, durch eine Windstille festgehalten; Agamemnon muß erst seine Tochter Iphigenie opfern. Dann findet man Troja nicht und greift aus Versehen den König Telephos von Mysien an. Als man schließlich Troja doch erreicht hat, verzögert sich die Landung, da ein Orakel prophezeit hatte, wer zuerst an Land gehe, werde auch zuerst fallen; Protesilaos opfert sich.

Während der Belagerung unternehmen die Griechen öfter Beutezüge in der Umgebung von Troja. Einmal kommt es danach zum Streit zwischen Agamemnon und Achill, eine Episode, aus der dann die Ilias hervorgegangen ist. Die Troer erhalten Zuzug von Verbündeten, u. a. kommen ihnen die Amazonen mit ihrer Königin Penthesilea, in die Achill sich verliebt haben soll, zu Hilfe. Durch einen Pfeilschuß des Paris kommt Achill um; von der »Achillesferse« (d. h. seiner sonstigen Unverwundbarkeit) weiß die Ilias noch nichts. Bei einem Streit um die Waffen des Toten siegt Odysseus über Aias, der daraufhin in Wahnsinn verfällt und Selbstmord begeht. Die Eroberung der Stadt gelingt schließlich durch eine List. Die Griechen täuschen ihre Abfahrt vor und lassen das »Hölzerne Pferd« zurück, in dem sich Odysseus und andere versteckt haben. Helena ahmt die Stimmen griechischer Frauen nach, um die vermuteten Insassen des Pferdes dazu zu verleiten, sich zu verraten. Der Priester Laokoon, der davor warnt, das Hölzerne Pferd in die Stadt aufzunehmen, wird mit seinen beiden kleinen Söhnen von zwei Schlangen getötet. So gelangen einige Griechen in die Stadt, öffnen nachts die Tore, und die Stadt wird erobert.

Damit ist der Krieg zu Ende, aber nun konnte man von der »Heimfahrt« (*nóstos*) der Sieger erzählen. Und wie nicht anders zu erwarten, erfanden die Erzähler einen göttlichen Zorn, der die Heimfahrt erschwerte. Dabei ergaben sich neue Möglichkeiten, wenn man die Flotte auflöste und die Helden unterschiedliche Routen nehmen ließ mit unterschiedlichen Erlebnissen. Der sog. Kleine Aias kommt unterwegs um, Menelaos wird nach Ägypten verschlagen. Odysseus muß schon vor Homer zum Helden einer besonders langwierigen und abenteuerreichen Heimfahrt geworden sein, die nach dem Vorbild der Heraklestaten und der Argonautenfahrt ausgestaltet wurde; denn da tauchen auch die phantastischen Ungeheuer wie Riesen und mehrköpfige Drachen, die eigentlich der älteren Heroengeneration zugehören, sekundär wieder auf. Daraus ist dann die Odyssee, die erzählerisch aufwendigste dieser Heimfahrten, hervorgegangen.

So paradox es ist, die Erzählung vom Trojanischen Krieg würden wir kaum noch kennen, wenn es nicht Ilias und Odyssee gäbe, die den Trojanischen Krieg berühmt gemacht haben, obwohl sie selbst nur wenig davon erzählen. Ohne sie würde es wahrscheinlich auch keine Diskussion darüber geben, ob der Trojanische Krieg wirklich einmal stattgefunden hat.

3.1.1 Exkurs: Hat der Trojanische Krieg stattgefunden?

Für die Antike galt der Trojanische Krieg als historisch, auch wenn wohl niemand geglaubt hat, alles sei genauso abgelaufen, wie es in den umlaufenden Erzählungen, Homer eingeschlossen, dargestellt wurde. Man meinte, die Lage des einstigen Troja zu kennen und sogar, wie Alexander der Große, Achills Grab besuchen zu können.

In der Neuzeit war man dann allmählich zu der Auffassung gekommen, es handle sich um eine Erzählung, deren historischer Kern nicht mehr greifbar sei und vielleicht nicht einmal in Kleinasien, sondern in Griechenland zu suchen sei. Im 19. Jh. war das die vorherrschende wissenschaftliche Meinung. Erst durch den ›Dilettanten‹ Heinrich Schliemann wurde – unter Berufung auf Homer – seit 1870 die antike Vorstellung wieder zum Leben erweckt.

Die neuerdings aufgekommene Kontroverse um Troja[1] (Troia) zeigt dieselben Fronten, nun innerhalb der Wissenschaft. Auf der einen Seite stehen diejenigen, die sich auf das streng Beweisbare beschränken möchten und Homer nicht als historische Quelle ansehen, auf der anderen diejenigen, die – weil sie zugleich begeisterte Homerfreunde sind – das homerische Troja für wenigstens im Kern historisch halten möchten und daher geneigt sind, die historischen und archäologischen Fakten möglichst in diesem Sinne zu interpretieren.

Was die Kunst des Erzählens betrifft, ist es eigentlich gleichgültig, ob es Troja und Achill und Hektor je gab; denn wie etwa die Kunst des Märchenerzählens zeigt, genügt ein »Es war einmal« ohne genauere historische oder gar geographische Angaben, um das Publikum zu fesseln. Aber sichtbare Ruinen ziehen Erzähler an, und das ist der Kern des Problems: Sind die vorhandenen Ruinen von Hi-

1 Die Frage ist, ob die Ruinen von Hisarlik auf ein bedeutendes, die Dardanellen beherrschendes Zentrum schließen lassen, dessen Zerstörung das Ziel eines überseeischen Kriegsunternehmens gewesen sein könnte.

sarlik der sichtbare Rest des Trojanischen Krieges, oder sind es anonyme Ruinen, an die Homer oder ein früherer Sänger die Geschichte vom Trojanischen Krieg angeschlossen hat?

Ein guter Erzähler weiß, daß es besonders wirkungsvoll ist, dem Zuhörer oder Leser etwas anzubieten, woran er seine Phantasie festmachen kann. Goethe ahnte oder wußte das schon als Kind. Als er (wie er in *Dichtung und Wahrheit* berichtet) seinen Spielkameraden ein selbsterfundenes Märchen erzählen wollte, lokalisierte er es hinter einer in Frankfurt real existierenden »schlimmen Mauer« mit darüberragenden Nußbäumen. Seine Zuhörer machten sich daraufhin einzeln auf, die Lokalität zu inspizieren, und stritten hinterher darüber, was es dort genau zu sehen gab – und wollten das Märchen immer wieder hören.

So wird man sagen dürfen: Es gibt wissenschaftliche Gründe, an der Historizität des Trojanischen Krieges zu zweifeln, aber wer für das Interesse am Altertum und die Wissenschaft davon werben will, wird die – etwas schwächeren – Gründe nicht verschmähen, die dafür sprechen.

4 Homerisches Erzählen

4.1 Das traditionelle Medium

Jeder Autor steht in einer literarischen Tradition. Sie bestimmt vor allem die Wahl des Mediums. Wer heute einen Roman plant, weiß, daß er tunlichst Prosa und nicht Verse schreiben sollte. Puschkin verfaßte seinen *Eugen Onegin* in Versen, weil Prosa damals in Rußland weniger hoch angesehen war. Für Homer lag die Versform, der Hexameter, von vornherein fest. Aber durch die Tradition war noch sehr viel mehr vorgegeben.

Die Sprache Homers ist nicht das gesprochene Griechisch des 8. Jh., sondern eine spezielle Dichtersprache, die sich bei den Sängern über Generationen hin herausgebildet hatte. Sie hatte sich neben der gesprochenen Sprache entwickelt und war schon zu Homers Zeiten altertümlich und in Einzelheiten nicht mehr verständlich. Aber als poetische Sprache blieb sie lebendig, und jeder halbwegs gebildete Grieche bis in die Spätantike konnte sie – abgesehen von einzelnen Wendungen – mühelos verstehen, weil die Beschäftigung mit Homer einen wesentlichen Teil des Schulunterrichts ausmachte. Übersetzungen, so altertümlich sie klingen mögen, können diese Sprache nicht wirklich wiedergeben. Sie müßten dazu vergleichsweise auf mittelhochdeutsche oder gar noch ältere Wörter und Wendungen zurückgreifen.

Ähnlich steht es mit der Formelhaftigkeit Homers, worunter besonders die oft belächelten stereotypen Beiwörter und Wendungen wie der »fußschnelle Achill« (der ruhig dasitzt) oder öfter wiederkehrende Verse wie »und sie erhoben die Hände zum leckerbereiteten Mahle« gehören. Auch sie erklären sich aus der Sängertradition, sind aber bei Homer oft nicht mehr wörtlich zu nehmen, sondern eher als poetisches Kolorit zu verstehen.

Fremd sind uns auch die – besonders in der Ilias – häufigen Vergleiche oder Gleichnisse, weil es sie in unseren Romanen fast gar nicht mehr gibt. Ein zusätzliches Problem liegt darin, daß sie oft wie kleine selbständige Bilder über den Kontext, in dem sie stehen, hinausgehen, also mehr enthalten als das direkt Vergleichbare.

4.2 Die Götter bei Homer

Auch die Götter sind Teil des traditionellen Mediums. Bei Homer begegnen sie uns auf drei Ebenen.

1. In der Götterfamilie auf dem Olymp geht es sehr menschlich zu. Man ißt und trinkt, feiert Feste und geht abends schlafen. Gelegentlich streitet man sich und wird

auch handgreiflich, aber angesichts der allgemeinen Unsterblichkeit und der göttlichen Macht, Wunden sofort wieder heilen zu lassen, hat das keine ernsten Folgen. Die Kämpfe mit der vorhergehenden Göttergeneration, den Titanen, und deren Verbannung in den Tartarus sind nur noch eine ferne Erinnerung.

2. Auf dem Olymp werden Entscheidungen über Menschen getroffen. Dort ist festgelegt worden, daß Troja zerstört werden soll. Aber dort verfügt Zeus auch, daß die Troer zeitweilig obsiegen sollen, was dann zum Konflikt mit Hera, seiner Frau, führt. Wenn Götter einzelnen Heroen ihren besonderen Schutz angedeihen lassen, wie etwa Athene dem Odysseus, so darf man das nicht im Sinne einer christlichen »göttlichen Führung« verstehen, die dem schwachen Menschen in Gefahren hilft. Es ist gerade umgekehrt. Der Heros ist so tüchtig, daß man zur Erklärung einen Gott dahinter vermuten muß. Daß bei Homer daraus, besonders bei Odysseus, so etwas wie eine persönliche Führung wird, hat jedenfalls mit Religion nichts zu tun, sondern ist eine Frage der Erzähltechnik.

Neben oder über den Göttern gibt es das »Schicksal« (Moira). Die Götter können oder wollen »nicht gegen das Schicksal« handeln. Zeus befragt die Schicksalswaage, wenn eine wichtige Entscheidung ansteht. Manchmal sieht es aber auch so aus, als ob er als oberster Gott oder die Götter insgesamt mit dem Schicksal identisch sind. Homer hat sich offensichtlich nicht den Kopf darüber zerbrochen, wie sich die Macht des Göttervaters und das Motiv der Schicksalswaage miteinander vertragen. An sich sind Götter und Schicksal wohl theologisch konkurrierende Vorstellungen.

3. Auf der Erde zeigen sich die Götter offen oder in der Gestalt eines Menschen durch einzelne Eingriffe in das menschliche Geschehen. Dabei können sie dem Erzähler so nützlich sein, daß man manchmal glauben kann, der göttliche Eingriff sei nur geschehen, um es dem Erzähler

bequem zu machen. Wenn dieser z.B. eine Figur aus irgendwelchen Gründen zeitweilig aus dem Verkehr ziehen will, läßt er ihn durch einen Gott »entrücken«, so daß er sich keine komplizierte natürliche Erklärung ausdenken muß.

Erzähltechnisch sind die Götter auch deswegen von Nutzen, weil durch sie eine besondere Art von Spannung erzeugt werden kann. Wenn am Anfang von Ilias und Odyssee ein göttlicher Beschluß zum Ausgang der Geschichte steht, dieser Beschluß aber zugleich durch einen anderen Gott in Frage gestellt wird, weiß der Leser, daß er keine einfache, glatt ablaufende Erzählung zu erwarten hat, sondern daß es darin Komplikationen geben wird.

4.3 Der »allwissende« Erzähler

Aus der Sängertradition stammt aber auch manches, was in unserer Erzählliteratur bis heute nicht nur üblich, sondern prägend ist. Das sind z.B. die wörtlichen Reden, die bei Homer sehr häufig vorkommen. Selbstverständlich ist das keineswegs; denn man könnte fragen, woher Homer wissen will, welchen Wortlaut der Streit zwischen Agamemnon und Achill hatte. Ebendeswegen sind heute wörtliche Reden, wenn es keinen direkten Beleg gibt, aus der Geschichtsschreibung verbannt, obwohl Thukydides gezeigt hat, daß sie ein seriöses Mittel historischer Darstellung sein können.

Doch die Sänger und Homer wissen noch mehr. Sie kennen auch die Gedanken der Menschen, erzählen, wie es auf dem Olymp zugeht, und können sogar die Gedanken der Götter wiedergeben. Das ist die Allwissenheit des Erzählers, wie die heutige Romantheorie es nennt. Zwar gibt es in der modernen Literatur bekanntlich Versuche, diese fragwürdige Allwissenheit auf spezielle Perspektiven zu reduzieren, aber das Gros unserer Erzähler denkt gar nicht daran, darauf zu verzichten, vermutlich ohne zu wissen, daß es sich um eine vorhomerische Konvention handelt, die uns durch Homer in Fleisch und Blut übergegangen ist.

4.4 Von der Muse zur »Fiktion«

Odysseus ist in Buch 8 der Odyssee bei den Phäaken tief beeindruckt von der Kunst des Sängers Demodokos, der schon das Lied vom ›Streit zwischen Odysseus und Achill‹ und anderes vom »Leidensschicksal der Griechen«, also weitere Episoden aus dem Trojanischen Krieg, zum besten gegeben hatte, und sagt rühmend (491):

»Es ist, als ob du selbst dabei warst.«

Er will damit nur die Lebendigkeit der Darstellung loben, die Quelle des Wissens ist für ihn anderswo zu suchen:

»Die Muse hat dich gelehrt.«

Der Erzähler Homer teilt diese Auffassung, denn er hat Demodokos mit den Worten eingeführt (64):

»Die Muse liebte ihn, sie schenkte ihm das Singen.«

Odysseus und Homer sind also der Meinung, das Wissen des Sängers sei in Wirklichkeit das Wissen einer höheren Instanz. Deswegen könne er Geschichten erzählen, die er weder selbst erlebt noch von einem Augenzeugen gehört habe. Sie wundern sich daher nicht darüber, daß er sogar von Intimitäten auf dem Olymp, wie dem Liebesabenteuer von Ares und Aphrodite, erzählen kann.

Es war wohl ein Relikt dieser Muse, wenn man früher bei unseren Schriftstellern von Inspiration sprach, was noch nach einer höheren Instanz klingt. Heute ist das alles in den Schriftsteller selbst verlagert. Wenn er etwas erzählt, was er eigentlich gar nicht wissen kann, weil er nicht selbst dabei war oder gar, weil es nie stattgefunden hat, heißt das Fiktion. Homer würde sich heute wahrscheinlich darüber wundern, daß anscheinend niemand mehr fragt, wo diese säkularisierte Allwissenheit ihren Ursprung hat und wie sie sich begründen läßt.

4.5 Wahrheit, Lügen und Fiktion

Homer kennt drei Arten von Erzählungen: wahre, gelogene und von der Muse eingegebene.

Wenn Odysseus bei den Phäaken seine Erlebnisse erzählt, gilt das als wahrheitsgemäßer Bericht. Odysseus glaubt selbst, was er erzählt, und seine Zuhörer haben nicht den geringsten Zweifel, daß es den einäugigen Zyklopen Polyphem oder die sechsköpfige Skylla wirklich gibt und man nur hinzufahren brauchte, um sie selbst zu sehen. Daß wir nicht an die Existenz dieser phantastischen Ungeheuer glauben, ist eine ganz andere Sache. Diese Erzählung des Odysseus hat also den Rang eines ganz normalen Reiseberichts.

Wenn er sich dagegen später in Ithaka in Buch 13 gegenüber dem Schweinehirten Eumaios und in Buch 19 gegenüber Penelope als Kreter ausgibt und erfundene Erlebnisse erzählt, um seine wahre Identität zu verbergen, sagt er bewußt nicht die Wahrheit. Man spricht daher von seinen »Lügengeschichten«. Eumaios und Penelope glauben ihm, obwohl sie ebenso wie der Phäakenkönig Alkinoos aus Erfahrung wissen, daß Fremde ihren Gastgebern manchmal Lügen auftischen.

Der Sänger Demodokos bei den Phäaken wiederum trägt Geschichten als wahr vor, die er nicht selbst erlebt hat und manchmal gar nicht kennen kann, weil auch sonst kein Mensch dabei war, von dem er sie gehört haben könnte. So erzählt er von dem Liebesabenteuer von Ares und Aphrodite, die von deren Ehemann Hephaistos ertappt wurden. Doch da seine Zuhörer überzeugt sind, aus ihm spreche die allwissende Muse, sind sie ebenso fest überzeugt, eine wahre Geschichte vorgetragen zu bekommen. Wenn allerdings in Buch 11 Alkinoos seinem Gast (in einer Pause von dessen Erzählung) das Kompliment macht (363):

»Das sind offensichtlich keine Lügen;
denn du erzählst wie ein Sänger«,

dann erkennt man, daß der Phäakenkönig noch nicht recht zwischen der historischen Wahrheit eines Reiseberichts und der höheren, von der Muse inspirierten poetischen Wahrheit eines Sängerliedes zu unterscheiden weiß.

Homer dagegen ist darin sehr genau und nimmt damit eigentlich die Aristotelische *Poetik* vorweg. Als Odysseus im weiteren Verlauf seines Reiseberichts in Buch 12 erzählt, wie seine Begleiter auf der Insel Thrinakia heilige Rinder geschlachtet haben, und er auf die empörte Reaktion des Gottes Helios, der sich bei Zeus beklagt, zu sprechen kommt, läßt Homer ihn schleunigst hinzufügen (389):

»Das weiß ich von der Nymphe Kalypso,
und die hat es von dem Gott Hermes gehört.«

In der Tat hätten die Phäaken fragen können, woher er das wisse oder ob er vielleicht selbst bei den Göttern auf dem Olymp gewesen sei – und hätten sich übrigens sehr gewundert, wenn Odysseus als Nicht-Sänger erklärt hätte, das habe ihm die Muse eingegeben.

Da Homer selbst wirklich »wie ein Sänger« erzählt, darf er ohne spezielle Quellenangabe wissen, was die Götter auf dem Olymp reden und tun oder was der einsame Odysseus auf seinem Floß denkt. Er muß sich dazu allerdings auf die Muse berufen, wie er es am Anfang von Ilias und Odyssee auch tatsächlich tut. Damit gibt er sich offen als Vertreter der höheren poetischen Wahrheit zu erkennen.

Wir nehmen es heute mit der Wahrheit nicht so genau wie Homer und lesen ohne kritische Anwandlungen Geschichten, von denen wir wissen, daß sie frei erfunden sind. Nur weil wir unseren Schriftstellern mehr oder weniger unbewußt eine höhere Wahrheit zubilligen, setzen wir die Bezeichnung »Roman« nicht mit »Lügen« gleich, sondern akzeptieren den Inhalt als erlaubte »Fiktion«. Wir gestehen ihnen gewissermaßen spontan die homerische Musenwahrheit zu – ohne zu fragen, ob sie das immer verdienen.

Doch nichts gegen Romane. Ihre höhere Wahrheit – ob mit oder ohne Muse – ist nur bedingt vertrauenswürdig, aber darauf kommt es beim Erzählen nicht an. Wenn heute ein Schriftsteller nach Lust und Laune erfindet und ganz unrealistische Dinge erzählt, nimmt ihm das niemand übel, wenn es nur hinreichend unterhaltend ist. So lesen wir heute auch Ilias und Odyssee nicht wie einen Bericht unter dem Aspekt der historischen Wahrheit, sondern unter dem der Unterhaltung, natürlich der gehobenen Unterhaltung, wie etwa – mit Erlaubnis des Autors – Thomas Manns *Zauberberg*.[2]

Daß Historiker und Archäologen versuchen können, Homer als historische Quelle auszuwerten, ist eine andere Sache.

5 Die Rolle der Schrift

Ilias und Odyssee sind aus einer mündlichen Sängertradition hervorgegangen, aber sie liegen uns schriftlich vor. Das führt zu der Frage, ob sie erst nachträglich aufgeschrieben worden sind oder ob sie schon schriftlich konzipiert wurden.

2 Wie es dort im »Vorsatz« heißt, will Thomas Mann die Geschichte Hans Castorps »genau und gründlich« erzählen, weil nur das Gründliche »wahrhaft unterhaltend« sei.

Auf jeden Fall muß es schon vorher Versuche gegeben haben, poetische Texte schriftlich festzuhalten. Die in den Zentren der mykenischen Zeit (1500–1200 v. Chr.) benutzte Silbenschrift (das sog. Linear-B) war zu wenig differenziert, um Lieder der Sänger damit aufzuzeichnen, sondern war nur für Vorratslisten und dergleichen geeignet, und auch das nur schlecht und recht. Aber erste Aufzeichnungsversuche von poetischen Texten sind nicht auszuschließen.

Als gegen 800 die phönizische Buchstabenschrift, mit der sich eine Sprache sehr viel genauer festhalten läßt, von den Griechen adaptiert worden war, dürfte manches der in dieser Zeit mündlich existierenden Lieder schon aufgeschrieben worden sein, sei es, daß ein Sänger seine Lieder wörtlich festhalten wollte, sei es, daß ein besonders interessierter Brotgeber sich den Text sichern wollte.

Vielleicht fing man auch schon an, Lieder, die inhaltlich zusammenhingen, zu sammeln, um eine Geschichte möglichst vollständig lesen zu können. Wer das Lied vom ›Hölzernen Pferd‹, um das Odysseus den Sänger Demodokos bittet, schätzte und vielleicht in schriftlicher Form im Hause hatte, verspürte sicher bald den Wunsch, möglichst viele Lieder vom Trojanischen Krieg zu besitzen. Das aber war nur in schriftlicher Form möglich. Dabei müssen sich auch inhaltliche Überschneidungen, Abweichungen und Widersprüche zwischen den einzelnen Liedern gezeigt haben, was zwangsläufig zu dem Wunsch führte, sie aufeinander abzustimmen. Das wäre bereits der Übergang zum schriftlichen Konzipieren und Komponieren.

Doch Ilias und Odyssee sind nicht Lieder von höchstens einigen hundert Versen, sondern ausladende Großformen und sind so sehr als Ganzheiten durchkonstruiert, daß man sagen muß, sie sind von vornherein nicht für Hörer, sondern für Leser gedacht. Das heißt nicht, daß bereits eine Verbreitung durch Buchhandel eingesetzt hätte und gar jeder Grieche Zugang zu dem schriftlichen Text gehabt hätte. Aber von nun an gab es zwei große Epen, deren Überlieferung nicht der kreativen Mündlichkeit von Sängern überlassen war. Für die breite Öffentlichkeit existierten Ilias und Odyssee jetzt als im großen und ganzen festliegende Texte, aus denen bei festlichen Gelegenheiten von Rhapsoden Teile rezitiert wurden und die in den Schulen dem Leseunterricht zugrunde lagen.

5.1 Äußere Folgen der Schriftlichkeit

5.1.1 Das Proömium

Der erste Vers der Ilias lautet:

»Vom Zorn singe, Göttin, des Peleussohnes Achill!«

Die Odyssee beginnt:

»Vom Mann erzähle, Muse, dem vielumhergetriebenen!«

Wir hatten schon oben gesagt, daß darin die eigentlichen Titel von Ilias und Odyssee enthalten sind: ›Der Zorn Achills‹ und ›Der Irrfahrer‹ (→ 1.1). Darauf folgt jeweils eine kurze Vorschau oder Inhaltsangabe. Das Ganze ist das sog. Proömium (»Vor-Gesang«). Auch bei heutigen Romanen gibt es manchmal ein Vorwort oder eine Vorausdeutung auf den Inhalt am Anfang des Textes, und oft sorgt der Verlag mit dem sog. Klappentext dafür, daß der Leser sich vorweg ein Bild vom Inhalt machen kann.

Auch dies Proömium hat seine Wurzeln in der Sängertradition, ist aber als solches nur am Anfang eines geschriebenen Textes denkbar.

(Zu den Proömien von Ilias und Odyssee im einzelnen → 10.1 und 22.1.)

5.1.2 Die Erfindung des Titels und des Titelblattes

Die mündlichen Lieder der Sänger müssen mit einem gängigen Titel versehen worden sein, um einen Sänger auffordern zu können, ein bestimmtes Lied vorzutragen, wie Odysseus, der in Buch 8 der Odyssee von Demodokos das Lied vom ›Hölzernen Pferd‹ hören möchte. Dieser Titel ist nicht Teil des Liedes, sondern eine Sigle, die der Verständigung zwischen Publikum und Sänger dient.

Bei schriftlichen Texten empfiehlt es sich, daß der Autor diese Sigle selbst an den Anfang stellt, nicht nur damit der Leser, der das Buch in die Hand nimmt, auf den ersten Blick erkennen kann, was er da vor sich hat, sondern auch damit Leser untereinander oder mit einem Buchhändler oder Bibliothekar über ein Buch reden können, ohne lange erklären zu müssen, um welches Buch es geht. Ohne solch einen Titel wären Bücher nur durch eine mehr oder weniger ausführliche Inhaltsangabe zu identifizieren. Homer hat mit der zukunftweisenden Entscheidung, die Siglen ›Der Zorn Achills‹ bzw. ›Der Irrfahrer‹ an den Anfang der Ilias bzw. Odyssee zu stellen, gewissermaßen eine Vorstufe zum Titelblatt unserer Bücher erfunden.

Daß Homer noch nicht seinen Namen dazugeschrieben hat, Ilias und Odyssee also anonym veröffentlicht worden sind, ist ein Relikt der mündlichen Sängertradition. Der Sänger brauchte seinen Namen nicht zu nennen, weil seine Zuhörer ihn direkt vor sich hatten und ihn kannten. In Ilias und Odyssee ist diese Tradition beibehalten worden, obwohl bei einem geschriebenen Text der direkte Kontakt zwischen Autor und Publikum nicht mehr besteht. Der Verfasser von Ilias und Odyssee scheint darauf vertraut zu haben, daß sein Name und seine Verfasserschaft auch so jedem bekannt waren.

Spätere Autoren erkannten (im Zusammenhang mit der schriftlichen Verbreitung ihrer Texte), daß sie ihren Namen hinzufügen mußten, wenn sie ihr geistiges Eigentum wahren wollten. Er wurde zunächst irgendwo im Text oder am Ende untergebracht. Schließlich setzte man ihn an den Anfang wie der Historiker und Erzähler Herodot. Der erste Satz von dessen Werk *Historien* (»Forschungen«) lautet:

»Herodot legt hier seine Forschungen vor.«

Durch diese Namensnennung wird die von Homer erfundene Vorstufe des Titelblatts unserer Bücher vervollständigt. Analog müßten Ilias und Odyssee dann beginnen:

»Homer erzählt hier vom Zorn Achills«,
»Homer erzählt hier vom Irrfahrer«.

Daß Titel und Verfassername in unseren Büchern auf einem besonderen Blatt, ebendem Titelblatt, dem Text vorangestellt werden, geht wahrscheinlich auf einen unbekannten antiken Buchhändler oder Bibliothekar zurück, der Zettel mit Titel und Verfassernamen an die Schriftrollen heftete, wohl weniger um sich den umständlichen Blick in die einzelne Rolle zu ersparen, als vielmehr um das empfindliche Papyrusmaterial zu schonen.

5.1.3 Von der Inhaltsangabe zum »Vorwort«

Odysseus nennt dem Sänger Demodokos nicht nur den Titel ›Hölzernes Pferd‹, sondern fügt hinzu:

»Epeios hatte es gebaut,
Odysseus brachte es als Hinterhalt auf die Burg,
mit Männern gefüllt, die Troja eroberten.«

Bevor es einen gängigen Titel gab, war, wie gesagt, solch eine Inhaltsangabe die einzige Möglichkeit, sich mit dem Sänger auf ein bestimmtes Lied zu verständigen.

Wenn der Verfasser eines geschriebenen Textes zusätzlich zum Titel eine Inhaltsangabe vorausschickt, ist die

Zielrichtung umgekehrt. Der Erzähler macht gegenüber dem Leser genauere Angaben, um den Titel zu verdeutlichen und um darüber hinaus die Erwartung des Lesers zu wecken.

So macht es Homer in Ilias und Odyssee, und so macht es z.B. Thomas Mann in seinem Roman *Der Zauberberg*, dessen Titel sehr unterschiedliche Erwartungen wecken könnte. Damit es nicht die falschen sind, schickt der Verfasser ein Vorwort bzw. einen »Vorsatz« voraus, in dem er dem Leser mitteilt, ihm solle »Die Geschichte Hans Castorps« erzählt werden, und aus dem man im übrigen entnehmen kann, daß sein *Zauberberg* kein Blocksberg mit Hexen und Gespenstern ist.

5.1.4 Vom Musenanruf zum Untertitel »Roman«

Der Phäakenkönig Alkinoos und Odysseus sind überzeugt, daß der Sänger Demodokos sein Wissen der Muse verdankt. Demodokos macht keinerlei Anstalten, dem zu widersprechen. Zwischen Sänger und Publikum besteht also von vornherein Einvernehmen darin, daß die Geschichte, die erzählt werden soll, auf Musenwahrheit beruht. Daher ruft Demodokos am Beginn seines Liedes über Ares und Aphrodite auch nicht die Muse an. Vermutlich hat das nie ein Sänger getan. Nach Buch 8 der Odyssee ist der explizite Hinweis auf die Muse eine reine Publikumsreaktion (44; 488).

Ein schreibender Erzähler ist in einer völlig anderen Situation. Da er sein Publikum nicht direkt vor sich hat, muß er, wenn er die Musenwahrheit für sich in Anspruch nehmen will, seinem Text einen entsprechenden Hinweis mitgeben. Bei seinem anonymen Publikum kann er das Einvernehmen, das zwischen Sänger und Publikum besteht, nicht einfach stillschweigend voraussetzen. Er muß also explizit klarstellen, daß das, was er zu erzählen gedenkt, keine historisch wahre oder bewußt gelogene, sondern eine von der Muse eingegebene Geschichte ist. Die Musenanrufe am Beginn von Ilias und Odyssee sind daher auch ein Beweis für Homer als schriftlichen Erzähler.

Diese Anrufung der Muse durch Homer ist einerseits ein Ausdruck der persönlichen Bescheidenheit des Erzählers, der bekennt, kein eigenes Wissen zu haben. Andererseits erhebt er sich dadurch zum Sprecher einer höheren Instanz und deren Wissen. In diesem expliziten Hinweis auf die Muse drückt sich jedoch auch ein gewisses Problembewußtsein aus, weil es der Erzähler selbst ist, der die Muse ins Spiel bringt. Er möchte nicht gefragt werden, woher er das weiß, was er zu erzählen hat.

Diese buchstäbliche »Fragwürdigkeit« der Muse ist heute mehr oder weniger aus dem Blickfeld der Literaturkritik geraten. Wenn ein Buch den Untertitel »Roman« trägt, weiß man, daß man von ihm weder historische Wahrheit erwarten darf, noch es mit der Begründung, das seien nur Lügen, aus der Hand legen sollte, aber wer darüber hinaus fragt, was es dann sei, bekommt keinen Fingerzeig, als ob es da nichts zu fragen gäbe.

5.1.5 »Bücher« oder »Gesänge«?

Die Ilias umfaßt etwa 16000, die Odyssee etwa 12000 Langverse (Hexameter) oder Zeilen. Das entspricht der Länge heutiger Romane mittleren Umfangs. Zum Vergleich: *Anna Karenina* etwa 36000 Zeilen, *Buddenbrooks* etwa 27000, *Blechtrommel* etwa 26000.

Wegen ihrer Länge mußten beide Epen schon bei der Entstehung auf mehrere Schriftrollen (»Bücher«) verteilt werden. Wohl aus äußeren ästhetischen Gründen machte man später daraus je 24 Bücher, nach den 24 Buchstaben des griechischen Alphabets. Man hat sich dabei – im großen und ganzen sinnvoll – an inhaltlichen Einschnitten orientiert, was dazu geführt hat, daß die Länge der Bücher stark schwankt.

Zitiert wurde nicht wie heute nach Büchern und Versen, sondern nach Episoden wie »Bittgesandtschaft« (Ilias, Buch 9) oder »Totenreich« (Odyssee, Buch 11) oder nur allgemein »wie Homer sagt« oder gar »wie der Dichter sagt«. Eine Verszählung gab es selbstverständlich noch nicht, und man hätte sie auch nicht gebraucht, da man voraussetzen konnte, daß jeder Gebildete seinen Homer im Kopf hatte.

Die für die Bücher auch übliche (neuzeitliche) Bezeichnung »Gesänge« scheint aus dem Anfang der Ilias abgeleitet zu sein, weil dort die Muse zum »Singen« aufgefordert wird. Es wäre jedoch ein Irrtum zu glauben, diese Gesänge seien je gesungen worden oder gingen gar direkt auf selbständige »Lieder« zurück. Das »Singen« der Muse am Anfang der Ilias ist bereits metaphorisch zu verstehen als Anspielung auf die alte Sängertradition, nicht anders als bei Franz Werfel der Romantitel *Das Lied von Bernadette.*

Daß neuzeitliche Schriftsteller ihre Romane nicht nur in Kapitel, sondern bis in die jüngste Zeit manchmal auch in »Bücher« einteilen, wie z.B. Günter Grass *Ein weites Feld* in fünf, geht vermutlich auf die antike Papyrusrolle und letzten Endes auf die Bucheinteilung bei Homer zurück.

Die Hinweise auf bestimmte Episoden, die in unseren Homer-Ausgaben und -Übersetzungen manchmal den einzelnen Büchern als Titel vorangestellt sind und nach denen in der älteren Fachliteratur öfter zitiert wurde, stammen von antiken Kommentatoren. Aber sie geben den Inhalt der Bücher meist nur sehr unvollständig wieder und können auch irreführend sein. So trifft der Titel ›Theomachie‹ (Götterkampf) für Buch 20 der Ilias nur auf wenige Verse zu, während er den wichtigen Handlungsschritt, daß Achill dort wieder zu kämpfen beginnt, verschweigt, ganz abgesehen davon, daß es in Buch 21 ebenfalls einen – sogar ausführlicher erzählten – Götterkampf gibt.

5.1.6 Textüberlieferung und Homerphilologie

Mit der schriftlichen Fixierung von Ilias und Odyssee setzte zugleich ihre Überlieferung ein, der wir es verdanken, sie heute noch lesen zu können. Zunächst bewahrten Rhapsoden (→ 2.1) Abschriften auf als Grundlage für ihre Rezitationen bei öffentlichen und privaten Festen und anderen Anlässen. Mit dem Aufkommen von (zunächst privaten) Bibliotheken nahmen sich Philologen und Bibliothekare der Texte an. Durch ständig erneutes Abschreiben[3] gelangten sie in die erhaltenen mittelalterlichen Handschriften und schließlich durch den Buchdruck in die öffentlichen und privaten Bibliotheken unserer Zeit.

Dabei scheint im 6. Jh. v. Chr. Athen eine besondere Rolle gespielt zu haben. Der Tyrann Peisistratos, der die Tragödie in das Festprogramm der Großen Dionysien aufgenommen hat, dürfte auch dafür verantwortlich sein, daß beim Fest der Panathenäen die ganze Ilias und Odyssee durch sich ablösende Rhapsoden rezitiert wurden.

Die Schriftlichkeit führte auch zum Beginn der wissenschaftlichen Beschäftigung mit Homer und zur Entstehung der philologischen Forschungsrichtungen, die heute ›Interpretation‹, ›Sprachwissenschaft‹ und ›Textkritik‹ heißen:

1. Philosophische Kritik (Xenophanes) am unmoralischen Verhalten der homerischen Götter regte schon im 6. Jh. zu allegorischen Deutungen an (Theagenes von Rhegion), woraus dann z.B. eine angebliche homerische Kosmologie werden konnte: Apollon die Sonne, Hera die Luft usw. Durch derartige inhaltliche Interpretationen wurde Homer zu dem Weltweisen gemacht, der er für die gesamte Antike blieb (→ 1).

3 Wobei sich anfangs auch Alphabet und Orthographie änderten, später Schreibmaterial und Buchform (von der Papyrusrolle zum Pergamentcodex) und Schrifttyp (von der Maiuskel zur Minuskel) bis hin zu unseren gedruckten Ausgaben.

2. Unter den Sophisten des 5. Jh., die sich als Lehrer in den höheren Disziplinen der Bildung anboten, gab es Sprachspezialisten, die u.a. altertümliche Wörter und unverständlich gewordene Stellen bei Homer zu erklären versuchten. Im 4. Jh. verfaßte sogar Aristoteles eine (nicht erhaltene) Schrift *Homerprobleme*.

3. Da Homer sehr früh zum allgemeinen Bildungsgut wurde, bedeutete das zugleich Vervielfältigung des Textes für den Schulunterricht und private Interessenten. Die dabei auftretenden Textvarianten riefen Philologen auf den Plan, deren Ziel es war, den authentischen Text herzustellen und zu bewahren. Höhepunkt war die Zeit des Hellenismus. Die Bibliothek von Alexandrien, die um 300 v. Chr. von Ptolemaios I. gegründet wurde, wurde von herausragenden Homerphilologen wie Zenodot, Aristophanes von Byzanz und Aristarch von Samothrake[4] geleitet. Spuren ihrer Tätigkeit sind in den ›Scholien‹ erhalten, d.h. den antiken philologischen Randnotizen, mit denen die Texte im Laufe der Zeit versehen wurden und die mit abgeschrieben wurden. In dieser Tradition steht auch die heutige Homerphilologie, wie z.B. der noch übliche Terminus ›Athetese‹ (Streichung von Wörtern oder Passagen) zeigt.

5.2 Inhaltliche Folgen der Schriftlichkeit

5.2.1 Vom Lied zur erzählenden Großform

Der Sänger, der sein Publikum vor sich hat, muß Rücksicht auf die Zeit, die ihm zur Verfügung steht, nehmen. Sein Lied darf z.B. nicht länger dauern als die Mahlzeit, bei der er es vortragen soll. Zwar heißt es in der Odyssee

4 Dieser Aristarch ist nicht zu verwechseln mit seinem gleichnamigen Zeitgenossen, dem berühmten Astronom Aristarch von Samos, der sich schon Gedanken über ein heliozentrisches System gemacht hat.

einmal von den Zuhörern des Sängers (17,520): »Sie wollen ihn unablässig hören.« Aber das scheint eher eine Ausnahme zu sein; denn in der Praxis wird diese Ehre dort nur Odysseus, dem man nächtelang zuhören möchte, zuteil, nicht jedoch den professionellen Sängern Demodokos und Phemios. Der Phäakenkönig Alkinoos zögert nicht, Demodokos zu unterbrechen, als dessen Lied beim Festmahl die Stimmung des Gastes trübt (8,537).

Als man anfing, Lieder aufzuschreiben, fiel diese natürliche, durch die mündliche Situation bedingte Grenze weg. Anfangs war vielleicht noch der Umfang einer Papyrusrolle ein vorgegebenes Maß, aber sobald man auf die Idee kam, eine zweite Rolle hinzuzunehmen, stand nichts mehr im Wege, sozusagen eine unendliche Geschichte zu erzählen.

Das hätte dazu führen können, daß jemand sich vornahm, den ganzen Trojanischen Krieg darzustellen.[5] Doch Homer nutzte diese neue Möglichkeit in ganz anderer Weise. Er baute Stoffe oder Motive, die bis dahin nur ein Lied ergeben bzw. eine Papyrusrolle gefüllt hätten, zu den Großformen Ilias und Odyssee mit ihren je 24 Büchern aus. In der Ilias ist aus einer kleinen Episode, einem verbalen Zusammenstoß, wie er unter selbstbewußten Heroen alle Tage vorkommen kann, das Epos vom Zorn Achills geworden. In der Odyssee ist es etwas komplizierter: Die Heimkehr des Hausherrn nach langer Abwesenheit ist zum Epos vom Kampf um seinen alten Platz und vom Wiedersehen mit seiner Frau geworden, wobei zusätzlich die vorangegangene zehnjährige Irrfahrt als eigene Erzählung des Helden untergebracht wird.

Die Handlung der Ilias umfaßt aus dem zehnjährigen Krieg etwa fünfzig Tage. Darunter sind aber auch sog. leere Zeiten, über die nichts weiter gesagt wird, außer daß ihre Dauer angegeben wird (wie bei einer zwölftägigen

5 Zum sog. *Epischen Kyklos* → 3.

Reise der Götter in Buch 1). Die tatsächliche Handlungszeit der Ilias beträgt nur fünf oder sechs Tage. Über die vorausgehenden neun Jahre erfahren wir so gut wie nichts, ebensowenig über die Eroberung Trojas, außer daß sie irgendwann in der Zukunft zu erwarten ist.

Ähnlich bei der Odyssee. Die Irrfahrt des Odysseus hat zehn Jahre gedauert, aber die eigentliche Handlung der Odyssee umfaßt nur die Abfahrt von Kalypso (der vorletzten Station), die Ankunft und den dreitägigen Aufenthalt bei den Phäaken und vier Tage in Ithaka. Es geht also um die ›Heimkehr‹ im engeren Sinne. Die vorausgehenden zehn Jahre erscheinen nur als untergeordnete Erzählung.

5.2.2 *Binnendifferenzierung und Motivarbeit*

Der Übergang zur Großform bedeutet also weniger eine quantitative als eine qualitative Veränderung. Der Erzähler will ein relativ kurzes Geschehen ausführlich darstellen, d.h. ein Thema oder Motiv durch innere Ausweitung, durch Binnendifferenzierung entfalten, wozu auch die Einschaltung zusätzlicher Episoden gehört.

Man kann diesen Vorgang als Motivarbeit bezeichnen. Der Erzähler greift ein Motiv aus der Trojaerzählung heraus, das ihm ergiebig genug, d.h. tragfähig für eine längere Erzählung, erscheint, also z.B. ›Streit zwischen Agamemnon und Achill‹ oder ›Ankunft des Odysseus in Ithaka‹. Dies wird dann entsprechend den darin enthaltenen Untermotiven ausgebaut und mit anderen Motiven, die dazu geeignet erscheinen, kombiniert.

Was dabei herauskommt, ist oberflächlich betrachtet das, was gemeinhin als epischer Stil angesehen wird: das gemächliche Voranschreiten unter Einschaltung vieler Zwischenschritte und das Abschweifen in zusätzliche Episoden, Erzählungen oder Beschreibungen. Im kleinen kann es das alles auch in Liedern gegeben haben. Aber für die komplizierte Art, wie Achills Wiedereingreifen in der Ilias oder der Freierkampf in der Odyssee stufenweise vorbereitet wird, wäre in einem Lied kein Raum. Ebenso setzen längere einlagenartige Passagen der Ilias, wie der Schiffskatalog in Buch 2 und die Beschreibung von Achills Schild in Buch 18, einen größeren Rahmen voraus.

Auf solcher (bewußten oder unbewußten) Motivarbeit beruht jede umfangreichere und anspruchsvoller geschriebene Erzählung, zu Homers Zeiten wie auch heute. Thomas Mann spricht vom »Zusammentragen und Einheimsen des Zweckdienlichen«.[6]

5.2.3 Übernommenes (traditionelles) Material

Diese Motivarbeit besteht zu einem guten Teil in der Verarbeitung dessen, was der Autor in der Erzähltradition, in der er steht, oder sonst irgendwo vorfindet. Niemand erwartet, daß der Verfasser eines Romans alles, was er zu erzählen gedenkt, von A bis Z selbst findet oder erfindet. Fremdes Gut zu verwenden gilt als so selbstverständlich, daß Thomas Mann den Protest des Komponisten Arnold Schönberg, dessen Kompositionsweise er wie ein frei verfügbares Material in seinen *Doktor Faustus* eingearbeitet hatte, für unberechtigt hielt. Das kann auch die Übernahme fremder Texte einschließen wie etwa eines Lexikonartikels zur Beschreibung des Typhus in den *Buddenbrooks*. Bertolt Brecht hat Bedenken gegen derartige und viel weiter gehende Übernahmen ungeniert mit seiner »Laxheit in Sachen des geistigen Eigentums« beiseite gewischt.

Homer steht sehr viel direkter in der vorausgegangenen Erzähltradition als jeder Romanautor. Er übernimmt vorgeformte Formulierungen und Motive. Man spricht deswegen auch von »traditioneller« Dichtung. Für Homer

6 *Die Entstehung des Doktor Faustus. Roman eines Romans.*

sind diese Übernahmen so selbstverständlich wie für Thomas Mann die Benutzung der deutschen Sprache und die Wiederverwendung literarischer Motive wie Familiengeschichten, Künstlerschicksale oder Liebesaffären. Es ist also prinzipiell nichts besonderes daran, wenn in Ilias und Odyssee ältere Motive und sogar ältere Texte verwendet werden. Auch wenn wir nicht wissen, wie Homer gearbeitet hat, so könnte man angesichts des Ergebnisses, wie Thomas Mann bei seinem *Doktor Faustus*, von einer »Montage-Technik« sprechen.

5.2.4 Ein Unterschied: Die Glättung der Oberfläche

Es ist sehr unwahrscheinlich, daß die bei der Motivarbeit gesammelten Motive und Untermotive und sonstigen Materialien (also »das Zweckdienliche«) ohne weiteres nahtlos zusammenpassen. Der Erzähler muß sie seinen Zwecken adaptieren. Und da zeigt sich ein auffallender Unterschied zwischen Homer und unseren Romanschriftstellern.

Ein moderner Autor wird dafür sorgen, daß sich eine möglichst glatte Oberfläche ergibt und der Leser sich nicht an Diskrepanzen und Widersprüchen stößt. Thomas Mann sagt nichts darüber, wie er bei seiner »Montage-Technik« das Material angepaßt hat, um daraus eine Einheit zu machen. Nur bei späteren Kürzungen des bereits fertigen Textes ist von »Bruchstellen« die Rede, die beseitigt werden mußten. Für ihn war es offensichtlich selbstverständlich, eine möglichst einheitliche und widerspruchsfreie Erzählung daraus zu machen. Das betraf auch Kleinigkeiten, so daß er auf Vorhaltungen hin sogar bereit war, die Linie 1 der Münchener Straßenbahn in die Linie 10 umzuändern, um einen Widerspruch zur Ortsangabe Schwabing zu vermeiden.

Bei Homer ist aus moderner Sicht diese Glättung sehr unvollkommen durchgeführt, und es macht daher wenig

Mühe, allerlei Brüche und Widersprüche bei ihm zu entdecken. Ein kleines Beispiel: Aias ist in der Ilias »der Stärkste nach Achill«, also stärker als alle anderen Heroen, aber bei den Leichenspielen für Patroklos wird er von dem jungen Diomedes (der damit als ganz herausragender Kämpfer gekennzeichnet werden soll) besiegt. Ein moderner Autor hätte so etwas nicht nebeneinander stehen lassen und hätte etwa hinzugesetzt, bei den Leichenspielen habe sich überraschenderweise Diomedes als »stärker als Aias« erwiesen.

Homer könnte man in dieser Hinsicht vieles und sehr viel tiefer gehende Diskrepanzen vorhalten. Man könnte etwa fragen, warum er in Buch 2 der Ilias die Troer vor der Stadt aufmarschieren läßt, ohne sie vorher vom Ausscheiden Achills zu informieren, was doch eigentlich die Voraussetzung für ihr mutiges Verhalten ist (→ 11.2). Auch ihm hätte es keine Mühe bereitet, in die Rede der Götterbotin Iris (796) einen Satz wie »Achill will nicht kämpfen. Nutzt die Gelegenheit!« einzufügen. In Buch 12 der Ilias gibt es einen ›Mauerkampf‹. Da die Mauer nicht von Anfang an existiert, wird sie in Buch 7 eigens errichtet, jedoch in einer Situation, die keinen rechten Anlaß dafür bietet. Auch hier wäre eine zusätzliche Erklärung denkbar.

Natürlich lassen sich auch in moderner Literatur solche Diskrepanzen entdecken. So könnte ein nüchtern-realistisch denkender Leser Thomas Mann vorhalten, im *Doktor Faustus* fehle eine Begründung, wieso der biedere Altphilologe Dr. Serenus Zeitblom, der die altertümliche siebensaitige Viola d'amore spielt, so gar keine Schwierigkeiten mit der avantgardistischen Musik Adrian Leverkühns hat. Vielleicht wäre Thomas Mann, darauf angesprochen, sogar bereit gewesen, ein erklärendes Sätzchen einzufügen. Doch derartiges liegt nicht so zutage wie in Ilias und Odyssee. Homer hat offenkundig auf die Glättung der Oberfläche nicht allzu großen Wert gelegt – und ebendas hat in der Homerforschung für große Verwirrung gesorgt.

6 Holzwege der Wissenschaft

Homers Stellung im Übergang von der Mündlichkeit der Sänger zur Schriftlichkeit hat die Wissenschaft angeregt und intensiv beschäftigt, hat sie aber auch in Sackgassen geführt.

6.1 Die »Homeranalyse«

Da Ilias und Odyssee aus einer mündlichen Tradition (der Zeit der Lieder) hervorgegangen sind, kann man versuchen, diesen Entstehungsprozeß zu rekonstruieren. Ihre reiche und komplizierte Motivstruktur scheint geradezu dazu aufzufordern, nach einfacheren Vorstufen zu fragen. Die fehlende Glätte der Oberfläche, also inhaltliche und sprachliche Anstöße und Differenzen, scheinen sich dabei als Kriterien anzubieten. Das ist die sog. Homeranalyse, die 1795 mit Friedrich August Wolf ihren Anfang nahm und bis ins 20. Jh. hinein zahllose Philologen beschäftigte und zu entsprechend zahllosen Hypothesen geführt hat.

Die einen versuchten, »Lieder« zu isolieren, aus denen Ilias und Odyssee zusammengesetzt sein sollten. Andere wollten ältere und jüngere »Schichten« unterscheiden. Man meinte also, vom Komplizierten zum Einfachen und Ursprünglichen vordringen zu können, und träumte von »Ur-Ilias« und »Ur-Odyssee«. Trotz mancher einleuchtenden Erkenntnisse blieb das erhoffte Ergebnis, eine allgemein überzeugende historische Entwicklung nachzeichnen zu können, aus. Statt dessen gab es, wie gesagt, zahllose subjektive Meinungen. Das wäre unproblematisch gewesen, wenn Homer und vor allem sein Werk dabei nicht auf der Strecke geblieben wären.[7] Die Analyse war zum Selbstzweck geworden und Ilias und Odyssee

7 Das Problem nennt man auch die »homerische Frage«.

blieben als Trümmerhaufen zurück, d.h. man hatte das Ganze und dessen eigene Qualitäten fast völlig aus den Augen verloren. Man wird heute sagen müssen: Die Analytiker waren zwar gute Philologen, hatten aber erstaunlich wenig Sinn für die besondere Seinsweise von Literatur und opferten daher das Ganze von Ilias und Odyssee bedenkenlos für ihre subjektiven, dem schlichtesten Realismus und Rationalismus verhafteten Theorien auf.

Die Homeranalyse ist gescheitert, weil sie einerseits eine zu enge Vorstellung vom literarischen Erzählen hatte und andererseits die Unebenheiten »traditioneller« Dichtung falsch deutete und zu direkt für ihre Zwecke einspannte. Da aber die Frage nach der Entstehungsgeschichte von Ilias und Odyssee an sich berechtigt ist, sind analytische Überlegungen, wenn auch auf angemessen differenzierender Basis, weiterhin grundsätzlich nicht unvernünftig, und es mag sein, daß eines Tages eine (wenigstens halbwegs verbindliche) Lösung gefunden wird.

Unter »Neoanalyse« ist der Versuch zu verstehen, denkbare Quellen Homers, d. h. ältere Epen, zu rekonstruieren, Homers Abhängigkeit davon zu zeigen und gewisse Diskrepanzen bei Homer daraus zu erklären.

6.2 Die »Oral-poetry-Theorie«

Die vielen feststehenden, häufig wiederkehrenden Wendungen in der homerischen Sprache haben dazu geführt, von Formeln zu sprechen und daraus eine eigene Existenzform der homerischen Epen zu machen, als ob sie überhaupt nur aus Formeln bestünden, die der mündlichen Tradition entstammten. Die Sänger hätten beim Vortrag ihrer halbimprovisierten Lieder auf ein traditionelles Reservoir von festen Formeln zurückgegriffen. Das ist die sog. Oral-poetry-Theorie.

Diese Theorie kann einiges auf der niederen Ebene des

sprachlichen Mediums sehr gut erklären, versagt aber völlig, wenn man nach dem erzählten Inhalt und dessen Fortentwicklung in der Tradition fragt. Aus Liedern oder Novellen werden Epen oder Romane nicht durch vermehrte Wiederholung von Formeln, sondern durch die inhaltliche Entfaltung von Motiven und die Erfindung neuer oder die Übernahme älterer Motive. Pieter Peeperkorn im *Zauberberg* ist eine inhaltliche Erfindung Thomas Manns und nicht eine Neukombination innerhalb seiner Sprache. Das entsprechende gilt für Patroklos oder Telemach in Ilias bzw. Odyssee.

Was das allgemeine Verständnis für Homer betrifft, hat diese Theorie also mehr Schaden als Nutzen gestiftet, weil Homer zwar Formeln verwendet, aber inhaltlich nicht mit Formeln, sondern mit Motiven arbeitet. (→ 5.2.2)

6.3 Der »Unitarismus«

Gegen das zersetzende Verfahren der Analytiker gab es, abgesehen von den Bedenken mancher Homerfreunde wie Schiller und Goethe, eine wissenschaftliche Gegenbewegung, deren Vertreter Unitarier genannt werden. Sie hatten das richtige Ziel, Ilias und Odyssee als einheitliche Dichtungen zu erweisen. Da sie aber geneigt waren, Entstehungsspuren und Diskrepanzen ganz zu leugnen oder durch gekünstelte Interpretationen zu überdecken, fanden sie in einer auf die historische Sichtweise fixierten wissenschaftlichen Umwelt wenig Anklang.

Im 20. Jh. kam es, da die Analyse nur ein Trümmerfeld hinterlassen hatte und die strengen Analytiker wenige wurden, zu einem Kompromiß. Man redete im Prinzip unitarisch, ließ aber zugleich durchblicken, daß man Erkenntnisse der Analyse nicht ignoriere, ohne sich dabei allzugenau festzulegen. Ein konkretes Opfer dieses Kompromisses ist die sog. ›Dolonie‹, das 10. Buch der Ilias

(→ 9.2.4), das heute gern als späterer Zusatz bezeichnet wird. Man nennt diese Haltung gemäßigten Unitarismus.

Problematisch ist es, wenn dabei der Eindruck entsteht, als ob mit einigen Konzessionen an die Analyse eine glatte Oberfläche erreicht werden könnte, und die generelle Besonderheit traditionellen, d.h. ungeglätteten Erzählens außer acht gelassen wird. Das hat zu manch feinsinnig geistreichen Interpretationen homerischer Szenen geführt, die zwar für sich genommen attraktiv und überzeugend wirken können, aber – in Schillers Unterscheidung – der »naiven« homerischen Erzählweise eine »sentimentalische« Färbung verleihen. In gewissem Sinne bewegt man sich damit (unbewußt) auf Bahnen, die in der modernen Literaturtheorie als Verschwinden des Autors (»Tod des Autors«) und Verabsolutierung des Lesers diskutiert werden.

6.4 Homerforschung und Oberflächen-Realismus

Die Unebenheiten und Diskrepanzen, die sich in Ilias und Odyssee finden, erklären sich aus der vorausgegangenen mündlichen Tradition. Wenn der Sänger keinen festen Text, sondern seine Geschichte halb improvisierend vortrug und dabei gängige Formeln und vorgeformte Motive benutzte, konnte es gar nicht ausbleiben, daß dabei manche Brüche und Kanten unbeachtet blieben. Der Erzähler befand sich gewissermaßen noch in der »Motivarbeit« und die Zuhörer hatten weder Zeit noch Gelegenheit, kritische Fragen zu stellen. Man kann von einem »parataktischen« Verfahren sprechen.

Die Frage ist, warum Homer, der als schriftlicher Erzähler die Möglichkeit hatte, seinen Text kritisch durchzugehen, und der mit Fragen und Kritik seiner Leser rechnete (→ 9.2.5), derartiges nicht beseitigt hat. Wir hatten Beispiele genannt, wie das durch kleine hinzugesetzte Hinweise möglich gewesen wäre (→ 5.2.4).

Eine naheliegende Erklärung wäre es, anzunehmen, daß Ilias und Odyssee unfertig seien, ihnen sozusagen die letzte Hand fehle, weil Homer darüber weggestorben sei. Solch eine biographische Erklärung, für die wir im übrigen keine äußeren Anhaltspunkte haben, führt nicht weiter; denn das Problem steckt tiefer. Darin zeigt sich vielmehr eine etwas andere Auffassung von Literatur, als sie bei heutigen Erzählern und Lesern üblich ist.

Wir wissen zwar, daß das wirkliche Leben und eine Erzählung davon nicht dasselbe sind. Aber wir erwarten heute von Erzählern, uns in den Glauben zu versetzen, wir hätten es mit einem direkten Abbild des Lebens zu tun. Der Realismus des 19. Jh. machte daraus ein Prinzip, so als ob ein Text uns nur dann ein wahres Bild der Wirklichkeit vermitteln könne, wenn die Oberfläche möglichst »lebensnah« wirkt. Wie sich aus der Rückschau zeigt, kann auf die Dauer darunter die Aussagekraft eines Textes leiden, weil er sich als zu zeitgebunden erweist.

Homer ist gewissermaßen nicht von diesem fragwürdigen Wunsch nach Oberflächen-Realismus angekränkelt. Er achtete daher weniger auf oberflächliche motivische Diskrepanzen und Widersprüche. Vielleicht glaubte er sogar, die Aussagekraft von Ilias und Odyssee hätte gelitten, wenn er alle derartigen Anstöße sorgfältig ausgebügelt hätte.

Daß es sich dabei nicht um archaische Unbeholfenheit handelt, sieht man an der Fortwirkung dieser Einstellung in der griechischen Tragödie, bei der sie in die Frage der Bühnenwirkung übergeht. Goethe, der an Schillers Dramen die motivische Glätte manchmal vermißt hatte und Schillers Talent deswegen »desultorisch« nannte, kam im Alter zu der Einsicht, übermäßiges Motivieren (sprich Glätten) habe seinen eigenen Stücken geschadet, weil es sie vom Theater entfernt habe.[8]

8 Goethe zu Eckermann am 18. Januar 1825. Dazu sei ein Verweis auf den Abschnitt 19.3 in meinem Reclam-Bändchen *Die griechische Tragödie* erlaubt.

Es war der Kardinalfehler der Homerforschung des 19. Jh. zu übersehen, daß Erzählungen Kunstprodukte sind, die ihre eigenen Regeln haben und die Realität nur sehr eingeschränkt abbilden. Erzählungen bestehen nicht aus realen Ereignissen, sondern aus literarischen Sinneinheiten, die man üblicherweise Motive nennt. Das gilt für jeden heutigen Roman ebenso wie für Homer. Die Analytiker setzten Motivgrenzen und -überschneidungen allzu direkt mit Entstehungsspuren gleich, die Unitarier versuchten und versuchen eine Einheit nachzuweisen, die eigentlich dem Begriff der Literatur widerspricht.

7 Das Neue bei Homer

Jeder Sänger benutzte die traditionellen Mittel, wollte aber selbstverständlich zugleich originell sein; denn eben das machte seinen Ruf aus.

7.1 Die Kunst der Variation

So dürfte sich in der Zeit der Lieder die Kunst der Variation herausgebildet haben, die wir an Homer beobachten können. Es war eine verständliche, aber sehr einseitige Idee der Forschung, bei Homer überall das »Typische« zu betonen und darüber zu vergessen, daß jede Verwundung, jedes Gleichnis, jede »typische Szene« anders ist. Diese geradezu unerschöpfliche Variationskunst ist zweifellos eine Folge des Übergangs zur schriftlichen Großform. Dadurch wurde die Zahl vergleichbarer Situationen und Szenen größer und der Erzähler mußte variieren, um dem Abwechslungsbedürfnis des Lesers, der bloße Wiederholungen eher kritisieren kann als ein Hörer, entgegenzukommen.

7.2 Altertümliche Sprache und neuer Inhalt

Homers altehrwürdige Sprache (→ 4.1) hat ihren eigenen Reiz, aber sie täuscht eine Altertümlichkeit vor, über die Homer inhaltlich längst hinaus war. Dieser Unterschied ist von der Homerforschung bis heute nicht recht gewürdigt worden, und man hat archaisch fremdartige Sichtweisen, die sich aus der Sprache Homers ablesen lassen, ohne weiteres mit seinem Denken gleichgesetzt. Manchmal hat das zu etwas eingeengten (um nicht zu sagen, seltsamen) Vorstellungen von den Möglichkeiten des Erzählers Homer geführt, die anhand der Praxis seines Erzählens leicht widerlegt werden können. Auch wenn da nicht immer eine klare Abgrenzung möglich ist, so muß man grundsätzlich zwischen dem altertümlichen Medium, dessen Homer sich bedient, und Homer selbst unterscheiden.

7.3 Strukturierung und Spannung

Wie oft gesagt wird, behandeln Ilias und Odyssee »Ausschnitte« aus dem Trojastoff, die Ilias einen Streit zwischen Agamemnon und Achill, die Odyssee die Heimkehr des Odysseus. Doch das Wort Ausschnitt kann in die Irre führen, weil sich daraus selbständige Erzählungen entwickelt haben, die mehr sind als bloße Teile einer längeren Geschichte. Dabei sind neue Erzählstrukturen und neue Sichtweisen entstanden. Manches davon mag sich im Ansatz schon in vorhomerischen Liedern gezeigt haben.

Die Erzählung ist in Ilias und Odyssee kein lineares Nacheinander, wie es angeblich zum epischen Stil gehört, sondern ihnen liegt eine mehrschichtige Strukturierung zugrunde, wie sie bei der kleineren Form des Liedes technisch kaum möglich war.

Da gibt es z. B. großräumige Vorbereitungen und Handlungsstufen. In der Ilias geht den Kämpfen der ›Aufmarsch der Heere‹ voran, und während der Kämpfe werden die Griechen stufenweise zurückgedrängt. In der Odyssee begibt sich Telemach auf eine Erkundungsfahrt nach dem Vater, den er dann bei seiner Rückkehr schon zu Hause vorfindet. Oder Odysseus gelangt, auf den Resten seines Schiffes sitzend, zur Insel der Nymphe Kalypso, kommt danach schwimmend zur Phäakeninsel, bevor er die Heimat auf dem Schiff der Phäaken buchstäblich im Schlaf erreicht.

Da gibt es auch Handlung im engeren Sinne, d.h. ein Geschehen, das durch Spannungslinien bestimmt ist. Wird Achill nach dem Streit und seinem Rückzug aus den Kämpfen wieder einlenken? Wird Odysseus nach der Ankunft in Ithaka mit den Freiern, die sich in seinem Haus eingerichtet haben, fertig werden? Anders als beim Kriminalroman setzt diese Spannung nicht voraus, daß der Leser den Ausgang nicht kennt; denn sie ergibt sich aus dem internen Aufbau der Handlung. Homers antike Leser wußten natürlich vorher, wie die Geschichte jeweils ausgeht, ganz abgesehen von den göttlichen Beschlüssen, die am Anfang stehen und auf das Ende vorausweisen (→ 4.2).

Das wichtigste erzähltechnisch Neue ist vielleicht das Nebeneinander mehrerer Erzähllinien, das sich in der Ilias anbahnt und die Struktur der Odyssee grundlegend bestimmt. Wir erfahren in der Ilias nicht nur, was die griechischen Heroen denken und tun, sondern die Erzählung wechselt auch zur troischen Seite. Agamemnon und Achill sind durch den Streit buchstäblich entzweit und haben ansatzweise ihre eigenen Erzähllinien. In der Odyssee ist diese Technik dann schon weit entwickelt. Gleich in Buch 1 beginnt ein solches Nebeneinander von Telemachs Erlebnissen in Ithaka und seiner Erkundungsfahrt, während Odysseus sich gleichzeitig bei Kalypso aufhält.

7.4 Literarische Folgen des Heldenplurals

Ein Heros hebt sich als »der Beste« (*áristos*) aus seiner Umgebung heraus, existiert also, wie der Superlativ besagt, eigentlich nur als Singular. Wenn mehrere »Beste« aufeinandertreffen, werden sie zwangsläufig zu Rivalen um Ruhm und Ehre, und das ergibt ein neues Thema, den Streit, wie sich bei der ›Kalydonischen Jagd‹ zeigt (→ 2.5). In der Odyssee kennt der Sänger Demodokos ein Lied vom ›Streit zwischen Odysseus und Achill‹ (8,75), und die ganze Ilias basiert auf dem Streit zwischen Achill und Agamemnon.

Doch wichtiger ist ein qualitatives Moment. Wenn mehrere »Beste« zusammentreffen, so daß sie miteinander verglichen werden können, liegt es nahe, eine Rangfolge aufzustellen. So ist Aias in der Ilias »der beste Kämpfer nach Achill«. Oder der Erzähler muß qualitativ differenzieren. Das deutet sich an in Buch 23 bei den Wettkämpfen zu Ehren des toten Patroklos. Die Heroen werden zu Besten auf einem Spezialgebiet: Der eine siegt beim Wagenrennen, ein anderer beim Ringkampf, der dritte beim Bogenschießen usw.[9]

Es ist die generelle Konkurrenz der Heroen, die den Erzähler letzten Endes dazu anregt, seine Personen individuell zu charakterisieren. Was das für die Fortentwicklung der Literatur bedeutet, braucht nicht eigens gesagt zu werden. Dabei darf man unter »individuell« allerdings nicht den Oberflächen-Realismus verstehen, der bis heute allzuoft damit verwechselt wird. Agamemnon und Achill sind in der Ilias unverkennbar individuelle Charaktere, auch wenn wir nicht so viel Details über sie erfahren, wie angeblich nötig sind, um von einem Charakter sprechen zu können.

9 Da es jedoch mehr »Beste« als Disziplinen gibt, kann der Widerspruch, der im Plural von »der Beste« steckt, letztlich nicht aufgelöst werden.

7.5 Vom Helden zum Menschen

Ilias und Odyssee sind Heldendichtung nicht mehr im ursprünglichen Sinne; denn insgesamt geht es nicht um die Darstellung des Heldentums der Heroen, sondern um normale menschliche Züge. Agamemnon hat schlechte Laune und provoziert wegen einer lächerlichen Kleinigkeit einen Streit mit bösen Folgen, Achill reagiert überempfindlich und schadet damit sich selbst. Odysseus besteht zwar viele Abenteuer, aber er hat sich das nicht ausgesucht und wäre viel lieber gefahrlos nach Hause gekommen.

In eigentlicher Heldendichtung wird wenig danach gefragt, ob der Gegner des Helden Schmerz empfindet. Homer dagegen weiß, daß es im Krieg nicht nur Sieger, sondern auch Verlierer gibt, und zeigt die Troer, um deren Stadt es geht, in Hoffnung, Resignation und Trauer.

Da Frauen zu Homers Zeiten kaum Gelegenheit hatten, Heldentaten zu vollbringen, ist es erstaunlich, welchen Raum sie in Ilias und Odyssee einnehmen.

Homer vergißt auch nicht die sog. kleinen Leute in ihrer Anhänglichkeit, ihrem Opportunismus und ihren persönlichen Schicksalen und Sorgen.

In Buch 2 der Ilias gibt es mit Thersites sogar schon das Gegenbild des Helden, den sog. Antihelden, der in Aussehen und Gesinnung allem Heroentum widerspricht (→ 11.3.1).

7.6 Das Allzumenschliche an Homers Göttern

Man hat versucht, aus den Göttern der Ilias und Odyssee so etwas wie eine homerische Religion herauszulesen, andere haben abschätzig vom »Götterapparat« gesprochen, der wie eine Art Parallelkonstruktion das irdische Geschehen begleite. In der Tat hat der berüchtigte »Maschinengott« der Tragödie (*deus ex machina*), der plötzlich rettend in das menschliche Geschehen eingreift, ein Vorbild in mancher Szene der Ilias.

Der Anthropomorphismus der homerischen Götter hat seine Wurzeln wahrscheinlich weniger in irgendwelchen religiösen Vorstellungen als in der Erzähllust vorhomerischer Götterlieder, die an den »leichtlebenden« Göttern das Allzumenschliche und Komische des menschlichen Daseins zu ihrem Recht kommen lassen wollten. Die irdischen Heroen in ihrem Ernst des vom Tode bedrohten Lebens waren dafür wenig geeignet.

Zwar haben auch die homerischen Götter ihre Sorgen und Kümmernisse, aber was heißt das schon, wenn man ein Gott und unsterblich ist. Hektor und Andromache reden im Angesicht seines bevorstehenden Todes miteinander; Zeus und Hera haben immer wieder Zeit für einen kleinen Ehekrach, wenn sie verschiedener Meinung sind, d.h. wenn er anders will, als seine Frau es sich wünscht. Die Götter sind bei Homer fast ohne religiöse Bedeutung, aber sie sind ein wichtiges erzählerisches Mittel; denn, wie oben schon gesagt, durch ihre Eingriffe läßt sich eine Erzählung bequem steuern und strukturieren (→ 4.2). Wichtiger aber ist, daß Homer sie wie Menschen behandelt, die keinen existentiellen Gefahren wie die Heroen ausgesetzt sind und sich wie schlichte Alltagsmenschen benehmen (→ 18).

7.7 Homer und die Weltliteratur

Der Einfluß Homers auf die Weltliteratur ist gar nicht zu überschätzen. Homer gehörte bis ins 20. Jh. hinein zum allgemeinen Bildungsgut der westlichen Welt und hat dadurch direkt und indirekt unsere Erzähltradition beeinflußt. Selbst wenn heute mancher Romanautor vermutlich nie einen Vers von Homer gelesen hat und vielleicht kaum den Namen Homer kennt, steht er doch in dieser Tradition.

Wenn Günter Grass in seiner Nobelpreisrede Homer bei den Anfängen des Erzählens nicht erwähnt, ignoriert er diese Tradition – vermutlich nicht aus Unkenntnis, sondern um nicht als Eurozentrist zu erscheinen. Es mag sein, daß die »Allwissenheit des Erzählers« ein Erzählprinzip ist, das auch in anderen Erzähltraditionen von Anfang an gilt. Aber Grass wird kaum behauptet haben wollen, er und der von ihm hochgeschätzte Fontane stünden in einer persischen, chinesischen oder gar peruanischen Erzähltradition.

In *Ein weites Feld* erlaubt Grass dem Erzähler (d.h. dem Plural »Wir vom Archiv«) ein erstaunliches Wissen über das Tun und Reden seiner Hauptfigur »Fonty«, das sich kaum auf natürliche Weise (etwa durch ständige Betriebsausflüge des Archivs und dessen unglaublich scharfe Ohren) erklären ließe, sondern ein übermenschliches Musenwissen voraussetzt. Wenn er sich in *Im Krebsgang* einmal explizit untersagt, über die Gedanken der dargestellten Personen zu spekulieren, ist das ein Protest gegen die homerische Tradition des Musenwissens. Aber auch dieser Protest ist homerisch; denn die Berufung auf die Muse ist ja nur die Antwort auf die Zweifel des gesunden Menschenverstandes an der »Allwissenheit des Erzählers«.

Literatur ist ein Spiel, »ein erhabenes Spiel«, wie ein bekannter Literaturkritiker einmal gesagt hat. Die Spielregeln scheinen sich seit Homer kaum geändert zu haben, so daß Form und Inhalt gewissermaßen nur ständig variiert werden. Das gilt auch für das Auftreten von Göttern, die heute nur etwas anders heißen. Wenn Grass seinem Fonty einen ehemaligen Stasi-Mitarbeiter als »Tagundnachtschatten« an die Seite stellt, der immer noch über höheres Wissen verfügt und gelegentlich lenkend eingreift, ist das eine Variante der homerischen Athene, die ihren Odysseus nicht aus den Augen läßt. Und wenn der Tagundnachtschatten eine Weisung erteilt und, falls Fonty zu gehorchen zögert, ein drohendes »Wir können auch anders«

hinzusetzt, fällt dem Homerkenner Aphrodites »Ich könnte auch anders« ein, mit dem sie in Buch 3 der Ilias Helena veranlaßt, ihr Folge zu leisten.[10]

7.7.1 Literarische Bettszenen

Aphrodite kann übrigens auch in anderem Sinne anders. Der Sänger Demodokos, der in Buch 8 der Odyssee die erhitzten Gemüter beruhigen soll, greift zu einem Mittel, das nach den Maßstäben des 19. Jh. ganz undenkbar war, wie die Reaktionen auf *Madame Bovary* oder *Effi Briest* zeigen, das aber heute ein Hauptthema der Literatur zu sein scheint. Er erzählt, wie Aphrodite mit ihrem Liebhaber Ares nackt im Bett liegt, wo sie sich in einem von ihrem Ehemann Hephaistos vorbereiteten unsichtbaren Netz verfangen haben. Die von Hephaistos als Zeugen herbeigerufenen anderen Götter sind über den Anblick nicht ganz so empört, wie der Ehemann das erwartet. Der sonst bei Homer ausgesprochen seriöse Apollon fragt seinen Bruder Hermes, wie er es finden würde, mit Aphrodite gefesselt im Bett zu liegen. Hermes denkt nicht lange nach (339):

> »Netz und Zuschauer wären mir gleich, Hauptsache,
> ich schliefe bei der goldenen Aphrodite!«

Homer hat dabei zweifellos nicht nur an die beruhigende Wirkung auf die Phäaken, sondern auch an einen stimulierenden Effekt bei seinen Lesern gedacht (→ 23.6). Ähnlich in Buch 14 der Ilias (→ 9.4.2).

Erotik und Sexualität sind also ein Thema, das schon von Homer als zusätzliches Reizmittel für den Leser, d.h. zur Werbung eingesetzt wurde. Es ist zuzugeben, daß

10 Wörtl.: »Reize mich nicht, damit ich dich nicht so hasse, wie ich dich jetzt liebe!« (414)

heutige Varianten direkter und detailfreudiger sind. Ob sie lebenswahrer und literarisch ernster zu nehmen sind als homerische Bettszenen, sei dahingestellt, weil sich schwer abgrenzen läßt, was dabei echtes Leben und was bloße Renommiersucht ist.[11]

7.8 Homer und die Literaturkritik und -theorie

Aber Homer zu kennen ist auch nützlich für diejenigen, die nicht selbst Romane schreiben, sondern sie nur lesen. Über den Homerübersetzer Johann Heinrich Voß berichtet ein Zeitgenosse, er habe bei der Beurteilung der Weltliteratur, in der er sich erstaunlich (bis zum Spanischen und Portugiesischen) ausgekannt habe, Homer als Maßstab benutzt.

Wir wissen nicht, was Voß zu dem berühmten inneren Monolog der Molly Bloom im *Ulysses* von James Joyce gesagt hätte, aber wahrscheinlich hätte er an Buch 22 der Ilias erinnert, wo Hektor allein außerhalb der Stadtmauer den Angriff Achills erwartet und sich fragt, ob es nicht besser wäre, im Interesse des Ganzen in der Stadt Schutz zu suchen. Vielleicht hätte Voß sich außerdem, wie zeitweilig Günter Grass, gewundert, wie jemand behaupten kann, er wisse ohne Musenhilfe, was in den Köpfen anderer Leute vorgeht. Aber geradezu empört hätte der notorisch streitbare Voß wohl gefragt, wie die Literaturkritik die Ausbreitung eines fiktiven (ziemlich anspruchslosen) Innenlebens einer fiktiven Molly Bloom auf fünfzig Seiten ohne Punkt und Komma für eine große Errungenschaft halten kann.

Auch der heutigen Literaturtheorie stünde es gut an, Homer stärker als üblich einzubeziehen. Wenn man sich

11 Juliette Greco über den Autor Michel Houellebecq: »Das ist wie bei diesen Jungs, die dauernd über Sex reden. In Wirklichkeit läuft da meist nicht viel.«

manche Klassifikationen der modernen Romantheorie ansieht, fällt z. B. auf, daß dort eine Unterscheidung unbekannt zu sein scheint, die man vor allen anderen für grundlegend ansehen könnte, nämlich die zwischen ›Konfliktroman‹ und ›Erlebnisroman‹. Im einen geht es um die Auseinandersetzung zwischen zwei Menschen, also um Streit oder Liebe, beim anderen um die Auseinandersetzung eines Menschen mit seiner Umgebung. Ilias und Odyssee sind die ältesten Beispiele dafür und repräsentativ für diese beiden Möglichkeiten. Es mag überraschen, aber Liebesromane laufen im Prinzip nach dem Muster der Ilias ab, Bildungsromane, was weniger überrascht, nach dem der Odyssee. So steht etwa Tolstois *Anna Karenina* auf der Seite der Ilias, sein *Krieg und Frieden* auf der der Odyssee.

Daß beides miteinander kombiniert werden kann, zeigt *Anna Karenina*. Anna geht an einem menschlichen Konflikt zugrunde, ihr Schwippschwager Ljewin kommt auf allerlei Umwegen zu sich selbst. Auch Ilias und Odyssee sind in vieler Hinsicht schon Mischformen. Ebendeswegen läßt sich so vieles in unserer Romanliteratur daraus herleiten und daran messen.

Teil II
Die Ilias

Die Ilias ist für den unvorbereiteten Leser keine einfache Lektüre; denn die szenenreiche Handlung und die große Zahl der Personen können ihn bald die Übersicht verlieren lassen. Es mag den Anfänger trösten, daß auch erfahrene Homerforscher manchmal Schwierigkeiten haben, in diesem Geflecht die Fäden auseinanderzuhalten.

A

8 Worum geht es in der Ilias?

Die äußere Handlung der Ilias läßt sich in kurzen Worten etwa so wiedergeben: Während der Belagerung Trojas durch die Griechen[1] kommt es zum Streit zwischen Agamemnon, dem Initiator und Oberfeldherrn des Unternehmens, und Achill, dem wichtigsten seiner Helfer. Agamemnon nimmt ihm Briseis weg, die Achill nach einem Beutezug zugesprochen worden war; Achill gerät daraufhin in »Zorn« und weigert sich, weiter am Kampf teilzunehmen. Die Folgen zeigen sich bald. Die Troer, die jetzt zur offenen Feldschlacht vor der Stadt antreten, drängen die Griechen zu ihren aufs Land gezogenen Schiffen zurück und beginnen, die Schiffe in Brand zu stecken (die Vernichtung der Schiffe würde den Untergang des griechischen Heeres bedeuten). Achill will auch jetzt noch

1 Im Originaltext der Ilias ist von »Achäern« oder »Danaern« die Rede, es gibt also noch keinen zusammenfassenden Namen für die griechischen Stämme, die sich erst später gemeinsam »Hellenen« nannten. Unser »Griechen« kommt vom *Graeci* der Römer, die den Namen des Stammes, dem sie zuerst begegnet waren, auf alle Stämme übertrugen. Wenn in Homerübersetzungen »Achäer« (statt »Griechen«) gesagt wird, ist das ein nicht ganz korrekter Purismus.

nicht von seinem Zorn ablassen und selbst helfend eingreifen, aber er erlaubt seinem Freund Patroklos zu kämpfen. Diesem gelingt es, die Gefahr abzuwenden, doch dann wird er von Hektor, dem troischen Hauptkämpfer, erschlagen. Achill, der den Tod seines Freundes rächen will, ist nun zur Aussöhnung mit Agamemnon bereit, treibt die Troer in die Stadt zurück und tötet Hektor.

8.1 Der Zorn (oder Groll?) Achills

Dieser Zorn (griech. *menis*, *cholos* oder *kotos*) ist nicht die momentane Aufwallung, die während des Streits Achill (und Agamemnon) das Blut zu Kopf steigen läßt, sondern Achills anschließende Verärgerung. Aus neuerer Zeit gibt es daher den Vorschlag, im Deutschen vom »Groll Achills« zu sprechen. Doch das klingt nach einem bloßen Sichzurückziehen, das in der Ilias auch vorkommt; gelegentlich heißt es von einem Kämpfer, er habe sich passiv verhalten, weil er sich über seinen Anführer geärgert hatte. Achills Verärgerung geht jedoch weit darüber hinaus. Er zieht sich nicht nur zurück, sondern will dadurch zugleich möglichst großen Schaden anrichten, damit Agamemnon erkennt, was es heißt, Achill, seinen besten Mann, zu kränken. Wir ziehen es hier deswegen vor, bei dem üblichen »Zorn Achills« zu bleiben.

Da sowohl »Zorn« als auch »Groll« heute im Deutschen etwas gehoben poetisch klingen, scheint sich in der Alltagssprache dafür »Wut« durchzusetzen. Vielleicht werden künftige Übersetzer einst von der »Wut Achills« sprechen.

8.2 Erst der Zorn, danach die Kämpfe

Die Ilias gilt als kriegerisches Epos, nicht ganz zu Unrecht, da Kämpfe darin breiten Raum einnehmen. Aber demgegenüber kann man gar nicht genug betonen, daß das eigentliche Thema der Zorn Achills ist und die Kämpfe ihm untergeordnet sind. Die in der Ilias dargestellten kriegerischen Aktionen sind nicht ein Stück Trojanischer Krieg, sondern gefährden im Gegenteil den Fortgang des Krieges. Sie stehen unter dem Zeichen eines Streits zwischen zwei Heroen, die zeitweilig vergessen haben, daß sie nicht nach Troja gekommen sind, um sich dort zu streiten, sondern um die Stadt zu erobern.

Etwas überspitzt könnte man sagen, daß die berüchtigten ausgedehnten Kampfszenen der Ilias fast nur eine Art Füllmaterial für die eigentliche Handlung sind. Es geht in erster Linie um einen unglücklichen, weil unnötigen Streit, der beiden Seiten schadet: Agamemnon erleidet einen Rückschlag in seinem Krieg gegen Troja, und Achill verliert seinen Freund Patroklos.

Im ganzen sind die Kämpfe sinnlos; denn sie führen zu nichts, und es gibt nur »viele Tote«. Am Ende der Ilias ist nur wieder dieselbe Situation erreicht wie zu Anfang. Die Griechen sind mit der Eroberung nicht vorangekommen, und die Troer sind wie vorher in der Stadt eingeschlossen. Ursache der vielen Toten sind der Streit und in seinem Gefolge Achills Zorn und der Irrtum Agamemnons, der eine Zeitlang glaubt, ohne Achill auskommen zu können. Von außen betrachtet ist das Ganze eine Eskapade, die vom eigentlichen Krieg ablenkt.

Aber auch darüber hinaus führt die Ilias allenthalben in unkriegerische Bereiche menschlichen Denkens und Verhaltens. Die Handlung bietet durch ihre vielfältigen motivischen Verzweigungen immer wieder Gelegenheit zu Begegnungen von Menschen in den verschiedensten Situationen. Man könnte hier einen ganzen Katalog menschlicher Regungen anführen, wie Klage, Trauer, Stolz, Trotz, Sorgen, Nachdenklichkeit, Furcht, Hoffnung, Edelmut, Höflichkeit, Freundschaft und anderes mehr.

8.3 Humor

Wenn Zorn, Kampf, Tod und Klage in der Ilias auch eine beherrschende Rolle spielen, so ist die Erzählung vom Zorn Achills doch nicht durchgehend blutig und düster. Sie enthält vielerlei komische und heitere Elemente. Schon der Wortwechsel zwischen Agamemnon und Achill in Buch 1 ist nicht in jeder Hinsicht ernst zu nehmen. Die Götterszenen kann man fast durchweg geradezu als humoristische Einlagen ansehen. (→ 18 Die allzumenschlichen Götter)

8.4 Das Grundgerüst der Handlung

In schematischer Darstellung besteht der oben skizzierte Gang der Handlung aus fünf Schritten:

– Streit zwischen Agamemnon und Achill,
– Niederlage der Griechen,
– Tod des Patroklos,
– Aussöhnung,
– Achill kämpft wieder.

Daran läßt sich einiges über die Struktur der Handlung ablesen. Man kann zunächst zwei Handlungslinien unterscheiden, das emotionale Geschehen zwischen Agamemnon und Achill und das Geschehen auf dem Schlachtfeld. Diese Linien sind miteinander verschränkt und ergeben eine Kausalkette. Der Streit führt zur Niederlage, diese zur Aussöhnung und diese zu Achills Eingreifen. Wenn wir den Tod des Patroklos als Teil der Niederlage verstehen, sieht das nach einem einfachen linearen Voranschreiten aus, und in der Tat entsprechen ihm vier Abschnitte, die zusammen fast schon die ganze Ilias mit ihren 24 Büchern ergeben:

Buch	1	Streit
	5–18	Niederlage
	19	Aussöhnung
	20–22	Achill kämpft wieder

Von dieser tragenden Struktur ausgehend kann man durch Binnendifferenzierung und Einschaltung zusätzlicher Episoden (→ 5.2.2) nach und nach zur vollständigen Ilias gelangen. Theoretisch könnten wir so die der Ilias zugrundeliegende Motivarbeit und damit die Entstehung der Ilias nachvollziehen.

Im Prinzip handelt es sich um Erweiterungen in drei Richtungen, nämlich eine Differenzierung innerhalb der beiden Handlungslinien (dem emotionalen Konflikt und den Ereignissen auf dem Schlachtfeld) und die Hinzunahme einer höheren Instanz, der Götter. Als erste Schritte in diesen drei Richtungen kann man nennen:

1. Nach dem Streit ist noch in Buch 1 eine Götterszene eingeschaltet, in der Zeus beschließt, Achill zu unterstützen und die Troer zeitweilig siegen zu lassen. Man spricht üblicherweise vom *Plan des Zeus*.
2. Das Geschehen auf dem Schlachtfeld beginnt mit einem einleitenden Abschnitt, den man als *Aufmarsch der Heere* bezeichnen kann (Buch 2–4). Die Niederlage der Griechen ist in zwei Phasen unterteilt, die jeweils mit einer Beinahe-Katastrophe enden, der *Flucht zu den Schiffen* (am Ende von Buch 8) und als Steigerung dem *Brand der Schiffe* (in Buch 16 gelingt es den Troern, ein Schiff in Brand zu stecken).[2]
3. Das emotionale Geschehen ist durch eine Zwischenstufe erweitert, nämlich durch einen vergeblichen Versöhnungsversuch Agamemnons, die sog. *Bittgesandtschaft* (Buch 9). Sie ist die Reaktion auf die erste Pha-

2 Weitere Differenzierungen innerhalb der Niederlage → 19.2.

se der Niederlage und steht dementsprechend gliedernd zwischen den beiden Phasen.

Auch die Figur des Patroklos verdankt ihren Platz in der Ilias einer solchen inneren Erweiterung. Achill hatte sich die Niederlage der Griechen gewünscht, um in der äußersten Not als Retter auftreten zu können; dieser Punkt ist erreicht, als die Troer beginnen, die Schiffe in Brand zu stecken (Buch 16). Durch den Tod des Patroklos gibt es für ihn einen zweiten Grund, wieder zu kämpfen, nämlich um Hektor zu töten.

Dies Nebeneinander zweier Gründe ist jedoch keine bloße Addition; denn der Tod des Freundes bringt eine Qualitätsveränderung mit sich. Der Streit mit Agamemnon tritt in den Hintergrund, und Achills Zorn richtet sich jetzt gegen Hektor.

Nach dem bisher Gesagten kann man als tragendes Gerüst der Ilias folgende Übersicht festhalten:

Buch 1	Streit
	Zeus beschließt den Sieg der Troer
2–4	Aufmarsch der Heere
5–8	Flucht zu den Schiffen
9	Bittgesandtschaft
11–16	Brand eines Schiffes
	Tod des Patroklos
19	Aussöhnung
20	Achill kämpft wieder
21	Flucht der Troer in die Stadt
22	Tod Hektors

Dies Schema kann nur zur groben Orientierung dienen und ist weit davon entfernt, einen Eindruck von der Vielschichtigkeit und dem motivischen Reichtum der Ilias zu vermitteln.

8.5 Personenverzeichnis

Ein vollständiges Personenverzeichnis der Ilias würde mehrere Hundert Namen umfassen. Trotzdem ist das Personal einigermaßen überschaubar, wenn man sich auf die Figuren beschränkt, die direkt an der Handlung mitwirken oder relativ eng damit verbunden sind, und sie nach gewissen Kategorien ordnet.

Griechen

Hauptpersonen
Agamemnon, der Oberbefehlshaber
Achill (griech. *Achilleus*), sein stärkster Kämpfer
Weitere Helfer Agamemnons
Nestor, altersweiser Ratgeber
Aias, der stärkste Kämpfer nach Achill
Odysseus, Kämpfer und Ratgeber
Menelaos, Agamemnons Bruder, Helenas Ehemann
Weitere Kämpfer
Idomeneus, König von Kreta
der sog. Kleine Aias
Antilochos, der jüngste Sohn Nestors
Nebenpersonen mit Sonderaufgaben
Kalchas, Seher
Phoinix, Achills Erzieher
Machaon, Arzt, verwundet
Eurypylos, Kämpfer, verwundet
Zwei Sonderfälle
Diomedes, der jüngste der griechischen Anführer
Patroklos, Achills Freund

Troer

Hauptpersonen
Hektor, Anführer und stärkster Kämpfer

Paris (Alexandros), sein Bruder, Helenas Entführer
Priamos, ihr Vater, König von Troja

Weitere Kämpfer
Äneas, Sohn Aphrodites, Stärkster nach Hektor
Sarpedon, Verbündeter aus Lykien
Glaukos, Vetter Sarpedons

Nebenpersonen mit Sonderaufgaben
Pandaros, Bogenschütze
Polydamas, Kämpfer und Ratgeber
Deiphobos, Bruder Hektors

Frauen

Briseis, eine erbeutete Frau, Gegenstand des Streits
Helena, Anlaß des Krieges, jetzt Frau des Paris
Andromache, Hektors Frau
Hekabe, Hektors Mutter, Frau des Priamos

8.5.1 Anmerkungen zum Personenverzeichnis

Von den vielen hier nicht aufgeführten Namen werden die meisten in der Ilias nur einmal erwähnt, vor allem als Sieger oder Getötete in den Kämpfen. Das ist sozusagen erzählerisches Füllmaterial und soll den Leser durch die Masse beeindrucken. Der einzelne Name hat für die Handlung keine Bedeutung. Doch woher hat Homer die vielen Namen? Steckt hinter jedem Kämpferpaar ein altes »Lied«, oder hat Homer sie für die Ilias erfunden? Homer konnte sicher auf viele Geschichten zurückgreifen, vielleicht gab es auch schon Kataloge mythologischer Namen, oder Homer hat sich eine eigene Sammlung angelegt. Beim Abfassen der Ilias muß er jedenfalls eine Liste vor sich gehabt haben, auf der er jeden Getöteten gestrichen hat; denn anders ist kaum zu erklären, daß trotz der Vielzahl der Namen ein gewisser Pylaimenes der einzige ist, der in der Ilias stirbt, aber später noch lebt. Bei aller Sorgfalt

»hat da der gute Homer einmal geschlafen«,

wie es in der *Ars poetica* von Horaz über solche kleinen Versehen heißt.

Diomedes und Patroklos sind Sonderfälle, weil sie in der Ilias als ganz gewaltige Kriegshelden erscheinen, die eigentlich schon vor Achills Ausscheiden hätten von sich reden machen müssen, was aber nicht der Fall ist. Diomedes ist der Sohn des Tydeus, eines der ›Sieben gegen Theben‹ (→ 2.5), und gehört selbst zu den ›Epigonen‹ (Nachgeborenen), denen es gelungen war, Theben zu erobern, was jedoch in der Erzähltradition keinen großen Nachhall gefunden hat. Patroklos war vor der Ilias bestenfalls ein Freund Achills ohne eigenen Kriegsruhm.

Als Achill sich in Buch 18 wieder auf dem Schlachtfeld zeigt und sein Eingreifen bevorsteht, rät Polydamas Hektor und den Troern, sich in die Stadt zurückzuziehen und Achills Angriff nicht außerhalb der Stadtmauer abzuwarten (249). Hektor lehnt den Vorschlag unter dem Beifall der Troer ab. Der Erzähler sagt dazu:

»Alle stimmten Hektor zu, obwohl er Falsches riet,
Polydamas aber niemand, obwohl sein Rat gut war.«

So steht der Name Polydamas für Hektors verhängnisvolle Fehlentscheidung, die viele Troer das Leben kosten wird.

In Buch 22 hat Hektor, der zuletzt allein vor der Stadt zurückgeblieben war, auf der Flucht vor Achill schon dreimal die Stadt umkreist, als Athene in der Gestalt des Deiphobos plötzlich an seiner Seite erscheint und ihn beredet, anzuhalten und gemeinsam mit ihm Achill zu erwarten. Hektor ist froh über den unverhofften Beistand und stellt sich zum Kampf. Doch als sein Speer von Achills Schild abprallt und er den Speer des Bruders braucht, ist dieser verschwunden. Hektor erkennt, daß er getäuscht worden ist und sein Tod bevorsteht (296):

> »Wehe, die Götter haben mich zum Tod gerufen.
> Ich glaubte, Deiphobos wolle mir helfen, aber er ist in der Stadt, Athene hat mich getäuscht.
> Doch ich will nicht kampflos aufgeben und ruhmlos untergehen!«

Der Name Deiphobos steht damit für die Täuschung durch die Götter und Hektors Verlassensein, aber auch für seine Entschlossenheit, dem Tod ins Auge zu sehen.

Briseis (»Tochter des Briseus«) ist nach einem Beutezug Achill zugesprochen worden und ist das äußere Objekt des Streites zwischen Agamemnon und Achill, bei dem es nicht um erotische Rivalität geht, sondern um eine Prestigefrage. Agamemnon will dadurch, daß er Briseis Achill wegnimmt, ein Exempel statuieren, um so seinen Vorrang als Oberbefehlshaber unter Beweis zu stellen (→ 10.2.1). Briseis tritt als Person wenig hervor, aber als Kriegsbeute wird sie natürlich nicht nach ihrer Meinung gefragt. In Buch 1 verläßt sie Achill nur »ungern« (348), und Achill erklärt bei der Bittgesandtschaft in Buch 9, er habe sie »von Herzen geliebt, obwohl sie nur eine Kriegsbeute« sei (343). Bei ihrer Rückkehr zu Achill nach der Aussöhnung in Buch 19 trauert sie um Patroklos (282) und erinnert dabei an ihre Gefangennahme, bei der ihr Mann und ihre drei Brüder umgekommen seien und die Stadt zerstört worden sei. Patroklos habe sich ihrer angenommen und ihr versprochen, sie mit Achill zu verheiraten. Dies letzte Motiv sollte man nicht allzu wörtlich nehmen, da Achill selbst eine derartige Absicht nirgendwo erkennen läßt.

Frauen spielen sonst in der eigentlichen Handlung der Ilias keine Rolle, sind aber für das allgemeine erzählerische Klima von um so größerer Bedeutung.

8.6 Die Götter

Die reiche und komplizierte Götterwelt des griechischen Mythos ist in der Ilias relativ wohlgeordnet, nach dem Muster einer menschlichen Familie:

Die Familie auf dem Olymp
Zeus, Familienoberhaupt
Hera, seine Frau
Athene, kriegerische Tochter, hilft Hera
Aphrodite, Tochter des Zeus und der Dione
Ares, Sohn und Kriegsgott
Hephaistos, hinkender Sohn, Schmiedegott
Apollon, Sohn, Gehilfe des Vaters
Hermes, Sohn, Gehilfe des Vaters
Poseidon, Bruder des Vaters, Gott des Meeres
Niedere Gottheiten
Thetis, Achills Mutter, Meeresnymphe
Iris, Götterbotin

Zeus ist der unumschränkte Herrscher. Wenn Frau, Kinder und Bruder das einmal vergessen, verweist er auf seine überlegene Stärke und erinnert an Strafen bei früheren Aufsässigkeiten. Wenn sie ihr Mißfallen bekunden und ihm gar mit ihrem Zorn drohen, braucht ihn das nicht zu kümmern, weil sie ihm gegenüber machtlos sind. Aber im Grunde ist er gutmütig, verzeiht schnell und möchte es am liebsten allen recht machen. Betrübte Mienen seiner Töchter lassen sein Herz schmelzen. Mit den Söhnen Hephaistos und Ares geht er weniger zartfühlend um. Mit Apollon scheint es dagegen keinerlei Spannungen zu geben. Seinem Bruder Poseidon, der sich einbildet, gleichberechtigt zu sein, läßt er seine Befehle per Boten ausrichten, andernfalls werde er persönlich kommen.

Daß die Kinder z.T. von anderen Müttern stammen, stört Hera anscheinend nicht, aber wenn es sonst nicht nach ihrem Willen geht, behauptet sie, sie werde von ihrem Mann unterdrückt. Daß sie schon einmal eine Verschwörung gegen ihn angezettelt hat (→ 10.4), mag man als Nachklang eines uralten Konflikts zwischen Matriarchat und Patriarchat deuten oder als Rivalität zwischen ursprünglich selbständigen, konkurrierenden Gottheiten. So gilt Hera in der Ilias gelegentlich als unabhängige mächtige Gottheit,[3] was aber für die Handlung keine Bedeutung hat. Poseidon erkennt nur ungern die überlegene Stärke und Autorität seines Bruders an, aber er weiß, daß ihm nichts anderes übrigbleibt. Auch dahinter könnte eine ursprüngliche Rivalität um religiöse Vorherrschaft stecken.

Zwischen den Kindern bestehen ebenfalls gewisse Animositäten. Für Athene sind Aphrodite und Ares, besonders wenn sie gemeinsame Sache machen, geradezu ein rotes Tuch. Ares verkörpert die rohe Gewalt und die schreckenerregende Seite des Krieges; Athene steht für die intelligente Kriegstaktik und erweist sich in der Ilias, wenn die beiden kämpfend aufeinandertreffen, stets als haushoch überlegen. Aphrodite und Ares stehen sich in der Ilias als Geschwister nahe, und wenn Aphrodite auftritt, ist auch Ares nicht weit. Vielleicht ist das eine Vorstufe der Version, in der sie wie in der Odyssee ein Liebespaar sind. (→ 23.6)

Die Familienordnung der Olympischen Götter verträgt sich nicht immer mit anderen Geschichten über diese Götter. So ist Aphrodite nach vermutlich älterer Tradition »die Schaumgeborene« und keine Tochter des Zeus. Was Hera dazu sagt, daß Dione in der Ilias mit auf dem Olymp wohnt, sollte man besser nicht fragen. Gelegentlich schimmern auch sonst in der Ilias noch Reste von älteren mythologischen Versionen durch, die aber meist ziemlich glatt zu familieninternen Beziehungen bzw. Spannungen umgedeutet sind.

3 Ihr verdanken wir übrigens die sprichwörtliche »Stentorstimme«. 5,785 ermuntert sie auf dem Schlachtfeld die Griechen »dem Stentor mit der ehernen Stimme gleichend, der so laut wie fünfzig andere schreien konnte.«

8.6.1 Die Götter und der Trojanische Krieg

Zeus steht über den Dingen. Er hat irgendwann einmal – wenn auch widerwillig – Hera zuliebe der Zerstörung Trojas zugestimmt, aber er ist den Troern an sich wohlgesonnen, und ihm wäre es auch recht, wenn die Stadt erhalten bliebe.

Die anderen Götter bilden im Trojanischen Krieg zwei Parteien. Hera, Athene und Poseidon unterstützen die Griechen, Aphrodite, Ares und Apollon die Troer. Gründe für diese Parteibildung werden in der Ilias nur ganz beiläufig angedeutet. Hera und Athene hassen Troja, weil der Troer Paris seinerzeit als Schiedsrichter gegen sie und zugunsten Aphrodites entschieden hatte. (→3.1) Aber das wird erst in Buch 24 kurz erwähnt, und wir erfahren nicht einmal, worum der Streit der drei Göttinnen ging. Von Hera als Schützerin der Ehe, die Troja wegen der Entführung der Helena durch Paris bestrafen will, ist in der Ilias nicht die Rede.

Der Frage nach den Gründen sollte man nicht allzuviel Gewicht beimessen; denn da gibt es mancherlei Inkonsequenzen. Poseidon scheint gegen Troja zu sein, weil er zusammen mit Apollon für Priamos' Vater Laomedon die Stadtmauer gebaut hatte und sie um den versprochenen Lohn betrogen worden waren, wie er in Buch 21 erzählt. Doch warum steht dann Apollon auf der Seite der Troer? Poseidon ist auch selbst inkonsequent, wenn er den Troer Äneas in Buch 20 vor Achill schützt. Daß Athene, die doch den Untergang Trojas will, in Buch 6 die Stadtgöttin von Troja ist, erklärt sich wohl aus ihrer traditionellen Rolle als Stadtgöttin schlechthin. Aphrodite hilft natürlich ihrem Schützling Paris und ihrem Sohn Äneas.

Im ganzen hat das Tun von Frau, Kindern und Bruder für das irdische Geschehen keine oder nur momentane Bedeutung, weil sie im Prinzip nichts daran ändern können, die einen nichts an Zeus' Plan, die Troer vorübergehend siegen zu lassen, die andern nichts an dem langfristig vorgesehenen Untergang Trojas.

8.6.2 Der Plan des Zeus und die Folgen

Zeus beschließt in Buch 1 auf Bitten von Achills Mutter Thetis, vorübergehend den Troern zu helfen, damit Agamemnon zu spüren bekommt, wie falsch es war, Achill zu erzürnen. Er will also nicht die ursprüngliche Linie, die auf die Zerstörung Trojas hinausläuft, aufgeben, sondern denkt nur an eine Unterbrechung. Die Troer sollen zeitweilig Oberwasser bekommen, d.h. vor der Stadt kämpfen und die Griechen zu ihren Schiffen zurückdrängen. Der bisherige Verlauf der Dinge wird dadurch scheinbar umgekehrt.

Da er diesen Plan und vor allem auch die zeitliche Begrenzung Hera verschweigt, befürchtet sie, er habe seine Meinung grundsätzlich geändert, und versucht daher, die Erfolge der Troer mit Athenes und Poseidons Unterstützung heimlich zu konterkarieren.

Durch diesen latenten Konflikt im Götterhimmel kommt es auf dem Schlachtfeld zu allerlei Hin und Her, bald scheinen die Troer, bald die Griechen zu siegen, je nachdem ob Zeus die Zügel fest in der Hand hält oder sie unaufmerksam schleifen läßt.

Da die Menschen nicht wissen können, was im Himmel beschlossen worden ist, werden die bisher überlegenen Belagerer verunsichert und zweifeln, ob die Eroberung der Stadt jemals gelingen wird, die Belagerten sind voller Zuversicht und hoffen, den Feind vertreiben oder gar vernichten zu können.

9 Ein etwas genauerer Überblick

Wer sich den Aufbau der Ilias genauer klarmachen will, darf einige Mühe nicht scheuen. Die folgenden Hinweise sollen dabei helfen. An Vollständigkeit der Motive und Handlungselemente ist auch hier noch nicht zu denken, aber unsere Andeutungen sollen wenigstens einen Eindruck davon vermitteln, wie reich die Handlung der Ilias ist und was sich hinter der nüchternen Übersicht unter 9.1 verbirgt.

Der Streit zwischen Agamemnon und Achill

Der Streit wird von Homer ausführlich vorbereitet. Bei einer Beratung wegen einer Seuche, die das Heer heimsucht, kommt es zu einem heftigen Wortwechsel zwischen Agamemnon und Achill, der in Agamemnons verächtlichen Worten

»ich brauche dich nicht«

gipfelt und zur Wegnahme der Briseis führt.

Der Plan des Zeus

Nach dem Streit bittet Achill seine Mutter, ihm von Zeus Unterstützung zu erwirken, er solle

»die Troer zu den Schiffen vordringen lassen,
damit Agamemnon seinen Fehler einsieht«.

Sie begibt sich auf den Olymp, und Zeus »nickt« ihr Gewährung zu, obwohl er ahnt, daß er sich dadurch Ärger mit Hera einhandelt, eine Befürchtung, die auch prompt wahr wird; denn Hera stellt ihn sofort zur Rede, weil sie den Verdacht hat, er wolle das eigentliche Kriegsziel (die Zerstörung Trojas) aufgeben. Doch er verweigert ihr jede Auskunft, was dazu führt, daß sie die Griechen um so intensiver unterstützt und seinen Plan damit praktisch zu sabotieren sucht.

Der Aufmarsch der Heere

In Buch 2 schickt Zeus einen trügerischen, siegverheißenden Traum zu Agamemnon. Nach einer Beratung läßt dieser das Heer aufmarschieren. In einer Erprobung schlägt er zum Schein vor, den Krieg zu beenden und nach Hause zu fahren. Das Heer stürzt begeistert zu den Schiffen, wird aber auf Betreiben Heras von Odysseus zurückgehalten. Es folgt der Schiffskatalog (eine Liste der griechischen Teilnehmer des Krieges). Priamos wird durch Zeus' Botin Iris aufgefordert, das troische Heer vor der Stadt aufzustellen, woran sich ein Troerkatalog anschließt.

In Buch 3 wird ein Zweikampf Paris – Menelaos vereinbart, der über den Besitz Helenas entscheiden und damit den Krieg beenden soll. Während der Vorbereitungen kommt es zur Mauerschau (Helena nennt den Troern die Namen der griechischen Anführer). Als Paris beim Zweikampf zu unterliegen droht, wird er von Aphrodite »entrückt«.

In Buch 4 bricht ein Troer, von Athene angestachelt, den Waffenstillstand und verwundet Menelaos, das ist der Pfeilschuß des Pandaros. Der Aufmarsch der Heere geht daraufhin weiter und gegen Ende des Buches kommt es zum Zusammenstoß. Der erste, der einen Feind tötet, ist der junge Antilochos (→ 12.1).

Die Niederlage der Griechen

Die Kämpfe lassen sich zunächst für die Griechen günstig an. Diomedes dringt in Buch 5 unaufhaltsam vor, verwundet Äneas, dann dessen Mutter Aphrodite, die ihren Sohn retten will, und schließlich sogar den Kriegsgott Ares.

Doch Zeus beendet in Buch 8 diese Aristie des Diomedes[4] durch drohende Blitzschläge, und die Griechen fliehen zu den Schiffen. Agamemnon schickt daraufhin in Buch 9 die Bittgesandtschaft zu Achill, die jedoch keinen Erfolg hat. Jetzt tut sich Diomedes als Berater hervor und ermuntert zum erneuten Angriff am nächsten Morgen.

Auch die zweite Phase der Kämpfe beginnt in Buch 11 zunächst für die Griechen günstig. Diesmal ist es Agamemnon, der unaufhaltsam vordringt. Doch diese Aristie Agamemnons endet mit seiner Verwundung. Bald danach gibt es weitere Verwundungen: Diomedes, Odysseus, der Arzt Machaon und Eurypylos. In Buch 12 überwinden die Troer dann die Mauer (die die Griechen in Buch 7 zum Schutz ihres Lagers errichtet hatten), dringen nach diesem Mauerkampf weiter vor, und es kommt in Buch 13 zum Kampf bei den Schiffen. Da Poseidon den Griechen ermunternd zur Seite steht, halten sie stand. Aias trifft Hektor mit einem Stein so schwer, daß dieser ohnmächtig in die Stadt getragen wird. Doch in Buch 15 greift Zeus wieder zugunsten der Troer ein. Hektor kehrt auf das Schlachtfeld zurück, die Griechen geraten in äußerste Bedrängnis, und in Buch 16 gelingt es den Troern, ein Schiff in Brand zu stecken. Nur durch das Eingreifen des Patroklos wird die Vernichtung der übrigen Schiffe abgewendet.

Die Bittgesandtschaft

Agamemnon schickt in Buch 9 Odysseus, Aias und den alten Phoinix, Achills Erzieher, zu Achill, um ihm ein Versöhnungsangebot mit reicher Bußzahlung zu unterbreiten. Odysseus ist der Wortführer und trägt das Angebot vor. Phoinix erzählt die Geschichte von Meleager, der in ver-

4 Als Aristie bezeichnet man eine Folge von Siegen eines Kämpfers (→ 19.1).

gleichbarer Situation ein solches Angebot ausschlug und deswegen gratis eingreifen mußte, als der Feind schon auf der Stadtmauer stand. Doch Achill lehnt ab und nennt seine Bedingung (651), er werde erst wieder kämpfen,

»wenn Hektor die Schiffe in Brand steckt«.

Aias ist kein Mann vieler Worte; er zieht das Fazit: »Wir wollen gehen!«

Der Tod des Patroklos

In Buch 11 beobachtet Achill, auf dem Deck seines Schiffes stehend, wie Nestor einen Verwundeten auf seinem Wagen abtransportiert (599). Gegenüber Patroklos konstatiert er befriedigt, daß die unerträgliche Not der Griechen ihnen nun endgültig seine Unentbehrlichkeit beweise, und da er nicht genau erkennen kann, ob der Verwundete der Arzt Machaon ist, schickt er den Freund zu Nestor, um sich zu erkundigen. Homer setzt hinzu:

»Das war der erste Schritt zu seinem Tod«,

und macht damit deutlich, daß hier eine Patroklos-Handlung beginnt. Nestor nutzt die Gelegenheit zu einem Auftrag für Patroklos (791): Er solle Achill zum Eingreifen bewegen und notfalls dessen Erlaubnis erwirken, wenigstens selbst kämpfen zu dürfen; dabei solle er ihm seine Rüstung leihen, damit die Troer ihn vielleicht für Achill hielten.

Auf dem Rückweg trifft Patroklos den verwundeten Eurypylos (809), kümmert sich um ihn und macht sich erst in Buch 15 wieder auf den Weg zu Achill (390), wo er zu Beginn von Buch 16 ankommt. Er beklagt die Ausfälle durch die Verwundungen aus Buch 11 (übrigens ohne Machaon zu erwähnen) und trägt Nestors Auftrag als eigene Bitte vor. Homer setzt hinzu (46):

»Damit erbat er sich unwissentlich den Tod.«

Achill erlaubt ihm zu kämpfen, und Patroklos vertreibt die Troer von den Schiffen. Als er gegen Achills ausdrücklichen Befehl weiter gegen Troja vordringt, wird er von Hektor getötet.

Achills Eingreifen

Achill hatte während der ›Bittgesandtschaft‹ in Buch 9 die beginnende Verbrennung der Schiffe als Bedingung für sein Eingreifen genannt. In Buch 11 hatte er konstatiert, diese Bedingung sei nahezu erfüllt. Daß er Patroklos zu Nestor schickt, ist bereits eine Vorstufe seines Einlenkens; denn dieser bringt von Nestor den Wunsch mit, kämpfen zu dürfen, was dann zu seinem Tod und damit zu Achills eigenem Eingreifen führt.

Als in Buch 16 die Troer beginnen, die Schiffe in Brand zu setzen, hätte Achill eigentlich selbst kämpfen müssen; denn Patroklos kann, wie sich zeigt, die Gefahr für die Schiffe nur vorübergehend abwenden, und nach seinem Tod dringen in Buch 17 die Troer wieder vor. Bei dem Kampf um seine Leiche fällt überdies seine (d.h. Achills) Rüstung Hektor in die Hände. So steuert alles wieder auf die alte Gefahr für die Schiffe zu, die Patroklos eben abgewehrt hatte. Jetzt kann wirklich nur noch Achill selbst helfen. Als er in Buch 18 vom Tod des Freundes erfährt, bricht er in Klagen aus, woraufhin seine Mutter Thetis herbeieilt. Er möchte sich sofort in den Kampf stürzen, um Hektor zu treffen, doch sie hält ihn zurück, weil sie ihm vorher eine neue Rüstung von Hephaistos anfertigen lassen will. Dadurch ergibt sich Gelegenheit zu einem grandiosen Auftritt. A c h i l l z e i g t s i c h w a f f e n l o s den Troern, und sein bloßes Erscheinen und sein Schrei lassen sie vor Schreck erstarren, so daß Patroklos' Leiche geborgen werden kann und die Gefahr für die Schiffe ein für allemal abgewendet ist. Auf troischer Seite macht Polydamas seinen vergeblichen Vorschlag, sich in die Stadt zurückzuziehen.

Als Thetis in Buch 19 die neue Rüstung bringt, will Achill wieder sofort in den Kampf ziehen, doch sie mahnt ihn, zuvor »dem Zorn zu entsagen«, und so kommt es zur förmlichen Aussöhnung mit Agamemnon.

Achills Kampf und Hektors Tod

In Buch 20 stehen sich die Heere wieder gegenüber, und die Schlacht beginnt. Achill trifft auf Äneas, der jedoch von Poseidon »entrückt« wird, und erschlägt danach so viele Feinde, daß die Troer am Ende von Buch 21 in die Stadt flüchten. Hektor bleibt allein vor der Stadt zurück, um gegen Achill anzutreten. In Buch 22 stehen sich die beiden endlich kampfbereit gegenüber. Doch Hektor ergreift zunächst die Flucht und umrundet, von Achill verfolgt, dreimal die Stadt. Dann täuscht ihn Athene, indem sie ihm in der Gestalt seines Bruders Deiphobos Hilfe anbietet; Hektor stellt sich daraufhin dem Verfolger und wird von Achill getötet.

Leichenspiele und Freigabe von Hektors Leiche

Nach Patroklos' Bestattung in Buch 23 veranstaltet Achill zu seinen Ehren aufwendige ›Leichenspiele‹, d.h. sportliche Wettkämpfe, zu denen u.a. ein ausführlich beschriebenes Wagenrennen gehört. In Buch 24 kommt Priamos zu Achill, um die Leiche seines Sohnes freizukaufen. Die Ilias endet mit Hektors Bestattung.

9.1 Schematische Übersicht

Diese Übersicht bietet zwar immer noch kein auch nur halbwegs vollständiges Abbild der Motiv- und Handlungsstruktur der Ilias, sollte aber bei allem weiteren als Orientierungshilfe dienen können:

Buch 1 Streit zwischen Agamemnon und Achill
Zeus beschließt, die Troer siegen zu lassen

Buch 2–4: Aufmarsch der Heere

2 Agamemnons Traum
Beratung
Erprobung des Heeres
Schiffskatalog
Iris bei Priamos
Troerkatalog
3 Mauerschau
Zweikampf Paris–Menelaos
4 Pfeilschuß des Pandaros

Ende Buch 4 bis 8: Erste Kampfphase

4 Beginn der Kämpfe
5 Aristie des Diomedes
8 Flucht zu den Schiffen

9 Bittgesandtschaft

Buch 11–17: Zweite Kampfphase; Patroklos

11 Aristie Agamemnons
Verwundungen, Machaon
Achill schickt Patroklos zu Nestor
Patroklos pflegt Eurypylos
12 Mauerkampf
13 Kampf bei den Schiffen
Hektor ohnmächtig zur Stadt
15 Hektor ist wieder zurück
Patroklos verläßt Eurypylos

16 Patroklos wieder bei Achill
Brand eines Schiffes
Patroklos vertreibt die Troer von den Schiffen
Tod des Patroklos
17 Erneutes Vordringen der Troer
Kampf um Patroklos' Leiche

Buch 18–22: Achills Eingreifen

18 Achill erfährt von Patroklos' Tod
Thetis verspricht ihm eine neue Rüstung
Achill zeigt sich waffenlos den Troern
Polydamas rät vergeblich zum Rückzug
19 Thetis bringt die neue Rüstung
Aussöhnung mit Agamemnon

20 Achill beginnt zu kämpfen
21 Flucht der Troer in die Stadt
Hektor bleibt allein vor der Stadt
22 Hektors Tod

23 Leichenspiele für Patroklos
24 Priamos bei Achill
Hektors Bestattung

Über die Bücher 6, 7, 10 und 14, die hier nicht berücksichtigt sind, siehe die »Einlagen« (→ 9.2.2–4 und 9.4.1–2).

An dem Schema läßt sich ablesen, daß wir es mit einer Verschränkung mehrerer Handlungslinien zu tun haben, von denen – um nur die wichtigsten zu nennen – eine vom Streit zur Aussöhnung verläuft, eine andere vom Aufmarsch der Heere zum Brand des Schiffes, eine dritte vom ersten Auftreten des Patroklos bis zu Hektors Tod, alle mit Zwischenschritten.

Wenn man die Verschränkung optisch verdeutlichen

wollte, müßte man diese Übersicht mehrspaltig schreiben, entsprechend der Zahl der Handlungslinien. Das würde jedoch sehr bald ins Uferlose führen; denn es lassen sich ständig weitere (kürzere oder längere) Handlungslinien entdecken. Außerdem gibt es Überschneidungen zwischen den Linien, so daß man sogar mehrdimensional schreiben können müßte.

9.2 »Einlagen«

In dem eben gegebenen Überblick gehört einiges offensichtlich nicht im engeren Sinne zur Handlung, so daß man von Einlagen sprechen kann, worunter jedoch innere Erweiterungen und nicht etwa willkürlich von außen eingefügte Fremdkörper zu verstehen sind. Die Beziehung dieser und weiterer Einlagen zur eigentlichen Handlung ist sehr unterschiedlich, ebenso wie ihr Unterhaltungswert für den Leser, der z.T. außerordentlich hoch ist. Auf einige werden wir noch in anderem Zusammenhang genauer eingehen.

9.2.1 Der Schiffskatalog (2,484–760)

Diese lange Liste der griechischen Anführer und der von ihnen gestellten Schiffskontingente ist immer schon als Besonderheit empfunden worden. Für uns heute ist das ein trockener Katalog, den man als Leser gern überschlägt. Zu Homers Zeiten war solche Katalogdichtung dagegen eine eigene poetische Kategorie, die man auch als ästhetische Leistung zu würdigen wußte.[5] Als Thetis in Buch 18 zu ihrem klagenden Sohn kommt, wird sie von einer Schar

5 Entstanden ist sie wahrscheinlich zu mnemotechnischen, also außerpoetischen praktischen Zwecken.

Nereiden (»Töchter des Nereus« = Meeresnymphen) begleitet. Da werden in zehn Versen 33 Namen untergebracht; man spricht vom ›Nereidenkatalog‹. Diese Tradition der Katalogdichtung spielt dann in hellenistischer Zeit wieder eine gewisse Rolle.

Der Schiffskatalog hat die Homerforschung zu Überlegungen über das Alter dieser Liste und ihren realen (historischen) Hintergrund angeregt.

9.2.2 Das Gespräch Glaukos – Diomedes (6,119–236)

Während der Kämpfe treffen auf dem Schlachtfeld der Lykier Glaukos und Diomedes aufeinander. Im Rahmen der drohenden Reden, die den Gegner vor dem Kampf beeindrucken sollen, erzählt Glaukos von seinem berühmten Vorfahren Bellerophontes, auf den eine verheiratete Königin ein Auge geworfen hatte und ihn wie Potiphars Weib im ersten Buch Mose bei ihrem Mann verleumdete, als er sie abwies. Der König glaubte ihr, scheute sich aber, selbst Bellerophontes umzubringen, sondern schickte ihn zu einem befreundeten König nach Lykien in Kleinasien und gab ihm ein Täfelchen mit, auf dem

»todbringende Zeichen«

eingeritzt waren, also einen sog. Urias-Brief. Der Empfänger schickt den ahnungslosen Gast daraufhin gegen die feuerspeiende dreigestaltige Chimaira (Chimäre), die vorn ein Löwe, in der Mitte eine Ziege und hinten eine Schlange ist. Doch Bellerophontes erlegt das Ungeheuer und erledigt noch zwei weitere, ähnlich lebensgefährliche Aufträge. Das beeindruckt seinen Gastgeber so sehr, daß er ihm seine Tochter zur Frau und sein halbes Königreich gibt – und Bellerophontes zum Großvater von Sarpedon und Glaukos werden kann.

Wir würden gern wissen, was mit »Zeichen« genau gemeint ist, etwa die Silbenschrift Linear-B oder schon die phönizische Alphabetschrift (→ 5). Doch vielleicht ist auch an irgendwelche Geheimzeichen, wie sie zwischen Königshäusern üblich gewesen sein mögen, gedacht.

An der Geschichte von Bellerophontes erkennt Diomedes, daß sie von ihren Vorfahren her Gastfreunde sind, und schlägt vor, sich künftig auf dem Schlachtfeld aus dem Wege zu gehen und zur Erneuerung der Freundschaft die Rüstungen zu tauschen. Da Glaukos dabei ein sehr schlechtes Geschäft macht, vergleichsweise »hundert Rinder gegen neun« hergibt, zweifelt Homer an seinem Verstand:

> »Zeus verwirrte Glaukos, der eine goldene Rüstung für eine bronzene eintauschte.«

Daß Homer durch die friedliche Plauderei der beiden seinerseits den Leser verwirren, d. h. vergessen lassen will, nach dem gleichzeitigen Fortgang der Kämpfe zu fragen, liegt auf der Hand.

9.2.3 Der Sonderzweikampf Aias – Hektor (7,17–312)

Am Anfang von Buch 7 kehrt Hektor von einem Gang in die Stadt auf das Schlachtfeld zurück. Das bringt Athene und Apollon seltsamerweise auf den Gedanken, die Kämpfe durch einen Waffenstillstand zu unterbrechen und einen Zweikampf zu arrangieren, Hektor soll einen Griechen dazu herausfordern. Der Seher Helenos gibt den Gedanken an seinen Bruder Hektor weiter. Aias erweist sich als überlegen, aber der Kampf wird vorzeitig abgebrochen und endet mit dem Austausch von Geschenken.

Dieser Zweikampf fällt übrigens auch dadurch aus dem Rahmen, daß es sich um ein bloßes Kräftemessen ohne sonstigen Zweck handelt (→ 2.4.1).

(Zu gewissen Widersprüchen in der Figur des Aias bzw. Hektor → 12.6.1.)

9.2.4 Die Dolonie (Buch 10)

Diomedes und Odysseus unternehmen einen nächtlichen Spähgang und Überfall auf das feindliche Lager.[6] Sie töten dabei den troischen Gegenspäher Dolon (daher ›Dolonie‹) und den Thrakerkönig Rhesos, der den Troern zu Hilfe gekommen war. Das Buch wird häufig als spätere Zutat bezeichnet, ist aber für die Handlung der Ilias nicht ganz so entbehrlich, wie damit unterstellt wird; denn durch den nächtlichen Erfolg wird die Angriffslust der Griechen am nächsten Morgen in Buch 11 eher verständlich als direkt nach der gescheiterten Bittgesandtschaft von Buch 9.

Die Dolonie ist als besonderes Abenteuer interessant genug zu lesen. Unter dem Namen des Euripides ist eine (nachts spielende) Tragödie *Rhesos* überliefert, die diese Episode auf die Bühne bringt.

9.2.5 Der Mauerkampf (Buch 12)

Die Mauer, die die Griechen in Buch 7 um ihr Lager errichtet haben, wird in Buch 12 heftig umkämpft, bis Hektor durch einen gewaltigen Steinwurf ein Tor zertrümmert und den Weg zu den Schiffen freimacht. Von einer Einlage kann man sprechen, weil eine außergewöhnliche Kampfsituation dargestellt wird, bei der man übrigens eher an eine Stadtmauer denken möchte, die auf jeden Fall bei dieser Szene Pate gestanden haben dürfte. Darüber hinaus fügt sich die Existenz der Mauer nicht ganz nahtlos in das

6 Odysseus setzt dazu einen »Eberzahnhelm« auf (261: einen mit flachgeschliffenen Eberzähnen besetzten Lederhelm). Dieser Zierhelm kann als Relikt aus vorhomerischer Zeit gelten, das sich in der poetischen Tradition erhalten hatte, aber vielleicht auch irgendwo real als Familienerbstück existierte, so daß Homer es von daher kennen konnte. Ob man dabei bis in die mykenische Zeit zurückgehen kann, ist fraglich.

sonstige Kampfgeschehen ein; denn bei dem Hin und Her auf dem Schlachtfeld müßte es eigentlich mehrfach zu einem Kampf um die Mauer kommen. (→ 19.2)

Homer hat offenbar damit gerechnet, daß seine Leser nach den Resten dieser Mauer suchen könnten,[7] und um ihnen die Mühe und sich unangenehme Fragen zu ersparen, erzählt er am Anfang von Buch 12, sie sei nach dem Ende des Trojanischen Krieges von Poseidon und Apollon eingeebnet worden und daher spurlos verschwunden.

9.2.6 Die Schildbeschreibung (18,478–608)

Als Thetis zu Hephaistos kommt (369), um neue Waffen für Achill zu erbitten, wird sie freundlich aufgenommen. Hephaistos ist sofort bereit, den Wunsch seiner Besucherin zu erfüllen (→ 10.4), und fertigt umgehend Schild, Panzer, Helm und Beinschienen an. Dabei wird der Schild ausführlich beschrieben. Auf ihm ist das ganze Weltall mit Sonne, Mond und Sternen abgebildet, außerdem zwei Städte und reiches Landleben, wobei auch bewegte Szenen und sogar kleine Zeitabläufe vorkommen. Das ist ein prachtvolles Gemälde – aber ein poetisches; denn all das auf einem realen Schild darzustellen übersteigt selbst die Schmiedekunst eines Gottes. Die Versuche, die man unternommen hat, anhand dieser Beschreibung Achills Schild zu rekonstruieren, sind daher reizvoll und interessant, wenn dabei nicht der Unterschied zwischen einem literarischen und einem realen Schild übersehen wird.

Dieser Aufwand an poetischer Kunst paßt im übrigen besser zu einem Zierschild als zu einem Kriegsgerät, weil der Gegner – besonders wenn er Archäologe oder Kunst-

7 Wie Goethes Zuhörer nach der »schlimmen Mauer« (→ 3.1.1).

Thetis bringt Achill die neuen Waffen (Il. 19,10ff.); das Schildzeichen deutlich anders als in der ›Schildbeschreibung‹
Attische schwarzfigurige Amphora, 6. Jh. v. Chr.
(Boston, Museum of Fine Arts)

historiker ist – dadurch zwar abgelenkt, aber nicht eingeschüchtert werden könnte, was doch wohl der ursprüngliche Sinn solcher Schildzeichen ist.[8]

Die Schildbeschreibung, die aus analytischer Sicht, wofür es schon in der Antike Ansätze gab, als äußerlicher Zusatz erscheint, hat bei den gemäßigten Unitariern des 20. Jh. zu Versuchen geführt, ihre feste und vielschichtige Verankerung in der Ilias zu zeigen. Diese z. T. sehr eindrucksvollen Interpretationen werden ihre Wirkung auch auf heutige Homerleser nicht verfehlen, aber es ist nicht

8 In der Tragödie *Sieben gegen Theben* von Aischylos werden die drohenden Schildzeichen der Angreifer von einem Boten beschrieben.

zu übersehen, daß die dabei zugrunde gelegten ästhetischen Maßstäbe mit der homerischen Erzähltechnik nicht immer vereinbar sind. (→ 6.3)

Wenn wir diese Einlagen in den Überblick von 9.1 eintragen wollten, wäre es, wie man zugeben wird, mit dessen Übersichtlichkeit bald vorbei. Deswegen werden weitere solche Einlagen unter 9.3 bis 9.5 gesondert aufgeführt.

9.3 Zwei Szenen mit eigener Zukunft

Als Einlagen könnte man auch zwei Szenen bezeichnen, die in der Literaturgeschichte der Neuzeit speziell Karriere gemacht haben:

9.3.1 Teichoskopie oder Mauerschau (3,146–244)

Helena nennt den auf der Stadtmauer versammelten Ältesten der Troer die Namen der griechischen Anführer, die unten im Feld ihre Truppen ordnen. Diese Szene ist das Vorbild für alle Teichoskopien im antiken und neuzeitlichen Drama, also die Technik, ein Geschehen, das auf der Bühne nicht sichtbar ist, trotzdem als gegenwärtig erscheinen zu lassen. Doch auch im Drama geht es nicht so sehr um das unsichtbare Geschehen, sondern um die Reaktion des Sprechers und der anderen auf der Bühne Anwesenden. Eben das ist der Effekt in der Ilias, wo Priamos und Helena über das Gesehene miteinander sprechen. Daß dabei niemand Achill vermißt, entspricht dessen Fehlen in Agamemnons Traum und in der Botschaft der Iris in Buch 2 (→ 11.1 und 11.2).

9.3.2 Verfolgungsjagd (22,136–208)

Achills Kampf mit Hektor bekommt ein zusätzliches erzählerisches Glanzlicht aufgesetzt durch die vorausgehende Verfolgung, bei der die beiden dreimal die Stadt umkreisen. Homer erweist sich damit als der Erfinder und Urvater der (mehr oder weniger unrealistischen) Verfolgungsjagden, die wir in zahllosen Varianten aus zahllosen Filmen kennen.

9.4 Zwei sehr besondere Szenen

Hier seien noch zwei Szenen angeführt, bei denen man zwar von Einlagen sprechen könnte, aber die Beziehung zum Ganzen der Ilias doch komplizierter ist als bei den bisher genannten Beispielen. Sie zeigen übrigens in ihrer inhaltlichen Gegensätzlichkeit die Bandbreite homerischen Erzählens von tiefem Ernst bis zu ironischer Heiterkeit.

9.4.1 Das Gespräch Hektor–Andromache (6,390–502)

Als Diomedes, nachdem er in Buch 5 Ares verwundet hat, immer weiter vordringt, rät der Seher Helenos seinem Bruder Hektor, in der Stadt einen Bittgang der Frauen zum Tempel der Stadtgöttin anzuordnen. Hektor trifft in der Stadt Andromache mit dem kleinen Astyanax.[9] Es ist ein ahnungsvoller Abschied. Tränen und Lächeln der Eltern mischen sich, als das Kind vor dem Helmbusch des Vaters erschrickt. Eine der anrührendsten Szenen der Ilias. (Ausführlicher dazu → 12.3.)

9 Diese Szene wird in der Homerforschung öfter als ›Homilie‹ (Begegnung, Gespräch) zitiert. Manchmal ist auch Buch 6 im ganzen gemeint.

9.4.2 Die Täuschung des Zeus (14,153–360)

Hinter diesem schlichten traditionellen Titel für Buch 14 verbirgt sich ein höchst amüsant zu lesendes eheliches Schäferstündchen. Zeus hatte am Anfang von Buch 13 seine Blicke vom Schlachtfeld abgewendet, was sein Bruder Poseidon dazu ausgenutzt hatte, heimlich den Griechen im ›Kampf bei den Schiffen‹ zu helfen.

Hera, die in Buch 14 vom Olymp aus das unerlaubte Wirken Poseidons bemerkt hat, sieht den unaufmerksamen Zeus auf dem Idagebirge bei Troja sitzen, findet ihn abscheulich und überlegt, wie sie ihn weiter ablenken könnte. Sie beschließt, ihn erotisch in Anspruch zu nehmen und dadurch in Schlaf zu versetzen. Nach ausführlichen hygienischen und kosmetischen Vorbereitungen, sorgfältiger Auswahl von Garderobe und Schmuck, wobei sie auch Aphrodites Hilfe in Anspruch nimmt, begibt sie sich zu ihm, vorgeblich, um sich für eine Reise zu verabschieden. Zeus ist, wie nicht anders zu erwarten, hingerissen und erschafft, um keine Zeit zu verlieren, einen Wolkenvorhang, der das weitere den Blicken der anderen Götter und des Lesers entziehen soll. Der »Schlaf«, von Hera zuvor bestochen und instruiert, tut sein Werk und eilt danach als Bote zu Poseidon, um ihm mitzuteilen, Hera lasse ihm ausrichten, er solle nur so weitermachen.

Dadurch kommen die Troer zunehmend in Bedrängnis. Hektor wird nach dem Steinwurf des Aias ohnmächtig in die Stadt gebracht, die anderen beginnen zu fliehen. Als Zeus in Buch 15 wieder aufwacht, stellt er die alte Ordnung wieder her.

Daß Zeus bei dieser Gelegenheit seiner Frau das Kompliment macht, der Liebesdrang habe ihn gepackt

»wie bei keiner anderen Frau oder Göttin«,

und sogar eine Liste seiner Seitensprünge (u. a. Danae, Europa, Semele, Alkmene, Leto) hinzufügt, ist nach irdischen Maßstäben gegenüber der Ehefrau nicht sehr taktvoll, aber Zeus darf bekanntlich, was andere noch lange nicht dürfen. Anders wäre es, wenn es sich hier um einen Seitensprung handelte, weil Frauen, wie es heißt, durch die Versicherung des Liebhabers beeindruckt werden können, sein reiches Vorleben verblasse angesichts der neuen Bekanntschaft. Für Milieu-Historiker stellt sich hier die Frage, ob der Typ des Don Juan, dem die Frauen gerade im Bewußtsein seiner bisherigen Erfolge erliegen, in der homerischen Gesellschaft vorstellbar ist.

9.5 Vier Götterszenen

Erzähltechnisch gesehen können auch die Szenen als Einlagen gelten, in denen Zeus sich mit dem Widerstand renitenter Familienmitglieder, vor allem seiner Frau, auseinandersetzt. Für ihn (und uns, die Leser, die wir seine Absicht kennen) sind das kleine nebensächliche Querelen, die seinen Plan, die Troer vorübergehend siegen zu lassen, in keiner Weise gefährden:

In Buch 1 (in der Götterszene nach seinem Gespräch mit Thetis) kommt es zu einer kleinen Debatte (→ 18.4) mit der mißtrauischen Hera, die eine Verschwörung wittert und auf ihr Recht pocht, als Ehefrau über alles informiert zu werden. Da er das (sozusagen »aus grundsätzlichen Erwägungen«) ablehnt (→ 10.4.1), sie also nicht weiß, daß er den Troern nur vorübergehend helfen will, darf er sich nicht darüber beklagen, wenn sie nun besonders konsequent auf den Untergang Trojas hinarbeitet, die Griechen also nach Kräften unterstützt und damit seinem Plan zuwiderhandelt.

Nach dem Zweikampf Paris – Menelaos, bei dem Paris (durch Aphrodite entrückt) plötzlich unauffindbar war, fragt Zeus am Anfang von Buch 4 im Kreise der Götter, »um Hera zu ärgern«, ob man nicht die Gelegenheit nutzen solle, den Krieg zu beenden und Troja unzerstört zu lassen, schickt dann aber Athene los, die den Troer Pandaros beredet, den Waffenstillstand durch seinen Pfeilschuß zu brechen.

In Buch 8 untersagt Zeus den Göttern, sich in die Kämpfe einzumischen (→ 18.2). Dabei spielen auch eine »goldene Kette« und eine »goldene Waage« eine Rolle. Da Hera und Athene im Verlauf des Buches seinen Befehl mißachten und den Griechen helfen wollen, werden sie scharf zur Ordnung gerufen. Jetzt ist Zeus zum ersten Mal bereit, seiner Frau zu verraten, was er in Buch 1 beschlossen hatte, nämlich den Troern vorübergehend zu helfen. Er kündigt auch schon die Wende an, die allerdings erst eintreten werde, »wenn sie um den toten Patroklos kämpfen«. Daß er hinzusetzt, ihm sei völlig gleichgültig, ob ihr das passe oder nicht, verbessert ihre Stimmung naturgemäß nicht.

In Buch 15, als Zeus nach dem Schäferstündchen mit Hera wieder aufwacht und sieht, was sich auf dem Schlachtfeld durch Poseidons unerlaubtes Eingreifen inzwischen abgespielt hat, ist er zu Recht empört über diesen hinterlistigen Einsatz weiblicher Reize. Aber dann geht er rasch zur Tagesordnung über und läßt Poseidon ausrichten, er solle sich schleunigst zurückziehen, was dieser dann auch widerwillig tut.

B

10 Der Streit zwischen Agamemnon und Achill

10.1 Das Proömium und der Anfang der Erzählung

Die Ilias beginnt:

»Vom Zorn singe, Göttin, des Peleussohnes Achill.«

(Über den darin enthaltenen Titel ›Der Zorn Achills‹, den fehlenden Verfassernamen, die Funktion des Musenanrufs und die metaphorische Anknüpfung an die Sängertradition durch »singe« → 5.1.2, 5.1.4 und 5.1.5. Über Unterschiede zur Odyssee → 22.1.)

Die anschließende ›Inhaltsangabe‹ oder Vorschau (→ 5.1.3) expliziert den Titel und gibt den Inhalt der Ilias etwas genauer an, jedoch unter Umkehrung der eigentlichen Reihenfolge:

6. der Zorn hatte »viele Tote« zur Folge,[10]
5. das entsprach einem »Plan des Zeus«,
4. Auslöser war ein »Streit mit Agamemnon«.

Man könnte monieren, daß zwei wichtige Punkte fehlen, nämlich der Tod des Patroklos und die Aussöhnung. Aber Homer will hier offensichtlich nur ganz allgemein sagen, es gehe in der folgenden Erzählung um einen Streit und dessen schlimme Folgen.

Erzähltechnisch sehr bemerkenswert ist die Umkehrung der Chronologie. Der Erzähler vermeidet dadurch, nach dem Ende der Inhaltsangabe zum Anfang der eigentlichen Erzählung zeitlich zurückspringen zu müssen. Das wird besonders deutlich, weil Homer nicht, wie man erwarten könnte, mit dem Streit einsetzt, sondern noch weiter zurückgeht und auch die Vorgeschichte des Streites andeutet, wieder in umgekehrter Reihenfolge:

3. Apollon veranlaßte den Streit,
2. er schickte eine Seuche,
1. Agamemnon hatte seinen Priester beleidigt.

Damit setzt die Erzählung selbst ein (12):

> »Dieser war zu den Schiffen der Griechen gekommen, um seine Tochter freizukaufen.«

Dann werden die Punkte 1 bis 6 ausgeführt, womit wir in Buch 18 der Ilias angelangt sind, wo die letzten der »vie-

10 Damit sind die Verluste gemeint, die Agamemnon wegen des Streites erleidet, also die während der Kämpfe in der Ilias getöteten Griechen.

len Toten« umkommen und die Niederlage der Griechen durch Achills Eingreifen ein Ende hat. Wenn wir das Proömium und die Überleitung weglassen, würde der Anfang der Ilias also lauten können:

> »Eines Tages kam ein Priester in das Lager der Griechen, um seine Tochter freizukaufen.«

Bei diesem Anfang würde dem heutigen Leser sofort auffallen, daß nicht gesagt wird, wo die Geschichte spielt, sondern Troja als Schauplatz einfach vorausgesetzt wird. Wir könnten als Anfang etwa erwarten:

> »Als die Griechen Troja belagerten, kam eines Tages ein Priester, um seine Tochter freizukaufen.«

Für den antiken Leser waren dagegen Troja und der Trojanische Krieg im Titel ›Der Zorn Achills‹ impliziert. Ebensowenig werden Agamemnon und Achill hier oder später vorgestellt. Das waren allbekannte Figuren, wie etwa Napoleon und Zar Alexander in Tolstois *Krieg und Frieden*, von denen ebenfalls vorausgesetzt wird, daß sie jeder Leser kennt. Das gilt für alle bedeutenderen Heroen der Ilias.

10.2 Die Kontrahenten: Der Mächtige und der Starke

Agamemnon ist der mächtige König von Mykene und Argos, der selbst über viele Städte und Inseln herrscht und dem es gelungen ist, viele andere Könige zum Kriegszug gegen Troja zu vereinigen. Er hat deswegen eine Vorrangstellung und ist eine allgemein anerkannte Respektsperson (→ 10.5). Als Oberbefehlshaber hat er bei allen Entscheidungen das letzte Wort. Er ist der Mächtige. Doch da die anderen Könige ihm freiwillig gefolgt sind (→ 3.1), ist seine Befehlsgewalt sehr eingeschränkt, d.h. von ihrer Zustimmung abhängig. Er muß sich daher hüten, auf seinen

Vorrang zu pochen, sondern muß sie respektvoll behandeln, um sie bei der Stange zu halten. Als ihm beim ›Aufmarsch der Heere‹ gegenüber Odysseus ein scharfes Wort herausgerutscht ist, entschuldigt er sich sofort, um sich dessen Wohlwollen nicht zu verscherzen (4,356).

Achill herrscht nur über die Stadt und Landschaft Phthia in Thessalien und das Volk der Myrmidonen, ist also mit Agamemnon verglichen ein kleinerer König. Aber er ist der stärkste aller Kämpfer; die Troer hatten sich seinetwegen vor dem Streit anscheinend kaum aus der Stadt herausgetraut und fliehen zurück in die Stadt, sobald er nach Patroklos' Tod wieder auf dem Schlachtfeld erscheint. Als Kämpfer steht er also über den anderen Königen und auch über Agamemnon. Er ist der S t a r k e schlechthin. Trotzdem hat er kein Problem damit, Agamemnons Vorrang zu respektieren; denn Agamemnon verschafft ihm durch den Trojanischen Krieg die Gelegenheit, Beute zu machen und Kriegsruhm zu erwerben. Als er sich im Zorn zurückgezogen hat, »sehnt er sich nach Krieg und Kampfgeschrei« (1,492). Auch er hat also ein Interesse daran, mit Agamemnon nicht in Streit zu geraten. Doch anders als der junge Diomedes, der einen ungerechtfertigten Tadel Agamemnons (4,368) ungerührt hinnimmt, »weil Agamemnon aufs Ganze sehen muß und die Verantwortung für Sieg und Niederlage zu tragen hat«, reagiert Achill, als Agamemnon ihm gegenüber unbedacht den Oberfeldherrn herauskehrt, mit der Drohung (1,168)

»Ich fahre nach Hause!«,

der dann prompt Agamemnons

»Ich brauche dich nicht!«

folgt, womit er Achill auf seine Drohung festnagelt und sich und ihm ein Einlenken bis auf weiteres verbaut.

Wenn der Mächtige und der Starke vor Troja aneinandergeraten, ist das ein ganz besonderer Fall von ›Heldenstreit‹

(→ 2.5.1); denn erstens ist das ein äußerst empfindliches Verhältnis, das durch das kleinste unpassende Wort gestört werden kann, und zweitens wird dadurch der ganze Kriegszug gefährdet. Es ist eine Konstellation wie zwischen einem Chef und seinem besten und unersetzbaren Mitarbeiter. Wenn der Mitarbeiter kündigt, kann der Chef seinen Laden zumachen, aber auch der Mitarbeiter ist dann arbeitslos. Beide haben daher allen Grund, keine Spannungen aufkommen zu lassen, die zu einem Streit führen könnten.

Homer hat sich mit dem Streit des Mächtigen und des Starken also ein schwieriges, eigentlich unmögliches Thema vorgenommen. Er will zeigen, wie zwei an sich vernünftige Männer, die wissen, daß sie aufeinander angewiesen sind, und an sich den größten Respekt voreinander haben, gegen alle Vernunft und gegen ihr eigenes Interesse in Streit geraten und entzweit auseinandergehen. Als Erzähler verwendet er daher große Mühe darauf, diesen im Grunde ganz unverständlichen beiderseitigen Ausrutscher plausibel zu machen.

10.2.1 Worum geht der Streit?

Agamemnon und Achill streiten nicht über irgendwelche strategischen oder taktischen Maßnahmen bei der Belagerung Trojas, etwa ob man einen Sturm auf die Mauer unternehmen sollte oder nicht. Sie streiten auch nicht darüber, wer in der heroischen Hierachie der »Besten« der »Allerbeste« ist, also wer wichtiger für den Trojanischen Krieg ist.

Es geht auch nicht um eine Frau, also erotische Rivalität, wie man denken könnte, da eine Frau bei dem Streit eine Rolle spielt. Briseis ist nur zufällig zum Streitgegenstand geworden. Agamemnon ist an ihr persönlich gar nicht interessiert, er will nur irgendeinen Ersatz haben für eine andere erbeutete Frau, die Tochter des Priesters, die er wegen eines Seherspruchs freigeben muß. Dies Verlangen ist geradezu lächerlich angesichts der Großzügigkeit, die er später an den Tag legt, als er Achill sieben Frauen und sieben Städte neben anderen Schätzen als Entschädigung anbietet. Ebenso ist Achill bei den ›Leichenspielen‹ in Buch 23 als echter Heros überaus großzügig bei der Stiftung von Preisen. Eine Kriegsgefangene stellt keinen wirklichen Wert für ihn dar. Auch emotional kann ihm nicht ganz so viel an Briseis liegen, wie er bei der ›Bittgesandtschaft‹ behauptet (9,343), wenn er bei der ›Aussöhnung‹ meint, sie wäre besser gestorben, bevor es zum Streit kam (19,59).

Briseis hat vor allem symbolische Bedeutung. Es geht um eine Prestigefrage, aber nicht auf einer Ebene, auf der Achill Agamemnons Vorrang ohne weiteres anerkennen würde, sondern Agamemnon besteht in einer nichtigen Angelegenheit auf seinem Vorrang, und das zu Lasten Achills, den er als seinen besten Mann eigentlich wie ein rohes Ei behandeln müßte. Achill reagiert besonders empfindlich, weil Agamemnon bei einer Nebensächlichkeit ausgerechnet an ihm ein Exempel seiner Macht statuieren will.

10.2.2 Wie kommt es zum Streit?

Wie kommt es nun zu dieser absurden Situation? Homer beginnt mit einer komplizierten Vorgeschichte, die über eine ganze Reihe von Stufen dahin führt.

Nach einem Raubzug hat jeder der Heroen eine der gefangenen Frauen als Beute erhalten, Agamemnon zufällig Chryseis, die Tochter eines Apollonpriesters. Als ihr Vater sie freikaufen will, wird er von Agamemnon schroff abgewiesen. Das ist ein religiöser Frevel,[11] wie sich rasch zeigt;

11 Man darf an Aulis denken, wo Agamemnon den Zorn der Artemis erregt hatte und die daraufhin eingetretene Windstille durch Opferung seiner Tochter Iphigenie abwenden mußte. Diese Geschichte wird in der Ilias nicht erwähnt und war Homer möglicherweise noch nicht bekannt.

denn Apollon schickt eine Seuche, die das Heer heimsucht. Bei der deswegen anberaumten Heeresversammlung schlägt Achill die Befragung eines Sehers vor. Kalchas erklärt sich bereit, Auskunft zu geben, will aber, da sein Spruch sich gegen »den mächtigen König von Argos« richte, von Achill die Zusicherung haben, ihn notfalls vor dessen Rache zu schützen. Achill sagt das zu und nennt dabei auch Agamemnon mit Namen. Das ist keine gezielte Provokation, und Agamemnon reagiert nicht darauf, aber als Leser hat man das Gefühl, hier bahne sich eine Konfrontation an. Der Spruch des Sehers lautet: »Agamemnon muß Chryseis freigeben.« Agamemnon antwortet darauf wie schon bei dem Priester mit einem Zornesausbruch, fügt sich aber in das Unvermeidliche. Dabei versucht er, dies als persönliches Opfer für die Allgemeinheit hinzustellen (112):

> »Ich erleide zwar einen sehr schmerzlichen Verlust, aber das Gemeinwohl hat für mich natürlich Vorrang.«

Damit könnte die Angelegenheit erledigt sein. Niemand wirft Agamemnon vor, daß er durch seine Verfehlung gegenüber dem Priester die Seuche verursacht hat. Dem mächtigen König wird anscheinend zugestanden, gelegentlich cholerisch und unvernünftig zu reagieren, wenn seine persönlichen Interessen tangiert werden.

Doch statt sich nun in der Rolle des verantwortungsbewußten und opferbereiten Oberfeldherrn zu sonnen, läßt Agamemnon sich auf eine neue Konfrontation ein, diesmal nicht mit einem Priester oder Seher, sondern mit einem der anderen Könige. Er verlangt nämlich Ersatz für Chryseis, d. h., ein anderer soll seine Beutefrau hergeben, weil es nicht akzeptabel sei, wenn ausgerechnet der Oberfeldherr ohne Beutestück dastünde. Daraus entwickelt sich ein heftiger Wortwechsel mit Achill, der von der sachlichen Auseinandersetzung über unsachliche Beschimpfungen zur Wegnahme der Briseis führt.

10.2.3 Der Wortwechsel

Eigentlich hätte man erwarten können, daß Agamemnon wegen der Seuche die Heeresversammlung einberuft. Aber da das anscheinend jeder der Heroen darf, hat Homer das Achill übertragen und ihm damit unauffällig die Rolle des Widerparts für Agamemnon gegeben. So kommt es zum folgenden Dialog (der hier auf die Pointen reduziert ist, wobei zur Verdeutlichung heutige Alltagsformulierungen eingesetzt sind, übrigens auch, um zu zeigen, daß sich im Prinzip an der Streitrhetorik und Schimpftechnik bis heute nichts geändert hat und hadernde Heroen sich von heutigen verfeindeten Nachbarn nicht sehr unterscheiden).

Agamemnon stellt seine Forderung und beruft sich dabei auf grundsätzliche Erwägungen (118):

> »Als Oberfeldherr muß ich Ersatz verlangen!«

Achill läßt sich von solchen angeblichen höheren Gründen nicht beeindrucken:

> »Habgierig wie immer, aber zur Zeit ist nichts da; nach der Eroberung Trojas kannst du haben, soviel du willst.«

Agamemnon versucht den Spieß umzukehren und präzisiert seine Forderung:

> »Du willst mich übervorteilen: Ich soll meine Beute hergeben, und du willst deine behalten? Wenn ich nicht freiwillig Ersatz bekomme, hole ich mir ihn bei einem von euch, von dir oder Aias oder Odysseus! Das würde mir gar nichts ausmachen, aber darüber reden wir später!«

Damit will Agamemnon den Wortwechsel abbrechen und gibt die Anweisung, Chryseis zu ihrem Vater zu bringen. Doch Achill geht nicht darauf ein, sondern explodiert:

»Das ist eine Unverschämtheit! Und für so was soll man arbeiten! Wir sind doch schließlich nur deinetwegen hier! Ich soll dir meine Beute überlassen, wo du ohnehin schon immer das meiste kriegst? Mir reicht's: Ich fahre nach Hause!«

Agamemnon, wütend und von oben herab:

»Fahr doch! Ich habe genug andere Helfer! Eigentlich konnte ich dich noch nie leiden! Immer nur suchst du Streit und bildest dir etwas auf deine Stärke ein. Fahr doch nach Hause und regiere deine Myrmidonen! Du bist mir völlig gleichgültig, und wenn du vor Wut kochst! Und damit du siehst, wer hier das Sagen hat, werde ich dir deine Briseis wegnehmen.«

Achill greift zum Schwert, Athene hält ihn (von den anderen unbemerkt) zurück, erlaubt ihm aber, weiter zu schimpfen, was er nur allzugern wahrnimmt (225):

»Trunkenbold! Feigling! Nicht selbst kämpfen, aber bei anderen abkassieren, das verstehst du. Was sind das nur für Leute, die sich von dir regieren lassen! Ich schwöre dir, ihr werdet euch noch nach mir umsehen, wenn Hektor deine Leute scharenweise umbringt!«

Nun versucht Nestor zu schlichten und erzielt bei Agamemnon auch eine gewisse Wirkung. Doch Achill reagiert nicht darauf, sondern erklärt apodiktisch, er werde künftig von Agamemnon keinerlei Weisungen mehr entgegennehmen, fügt dann aber überraschend hinzu, er werde nicht um Briseis kämpfen.[12] Kurz danach läßt Agamemnon Briseis holen.

12 Das ist ein Zugeständnis an Agamemnons Machtstellung, aber Homer umgeht dadurch zugleich das Problem, daß Agamemnon seine Absicht gegenüber dem starken Achill nicht ohne weiteres durchsetzen könnte, wenn dieser Widerstand leisten wollte.

Nachdem er gegenüber dem Priester und dem Seher zurückstecken mußte, hat sich Agamemnon darauf versteift, seinen Willen im säkularen Bereich, d.h. bei einem Heros und ausgerechnet bei Achill, durchzusetzen. Dabei ist er völlig blind für die Folgen, die sich am Ende mit den »vielen Toten« kaum von den Folgen der Seuche unterscheiden. Achill läßt sich davon mitreißen und gerät von der anfangs souveränen Sachlichkeit ins bloße Schimpfen. Doch klarer als Agamemnon sieht er die Folgen, wenn es auch, wie immer bei solchen Schwüren, zunächst nur der Wunsch und die Hoffnung ist, der Kontrahent werde recht leiden müssen und seine Unverschämtheit tief bereuen. Achill kann ja nicht wissen, ob sein Ausscheiden die erwünschte Wirkung haben wird oder ob dem übergeordnete Pläne der Götter oder des Schicksals entgegenstehen.

10.3 Nestor, der weise Ratgeber

Der alte König von Pylos, »der schon über die dritte Generation herrscht« und dessen Rede »süßer als Honig« ist, ist der weise Ratgeber schlechthin. Er schaltet sich ein, um den Streit zu schlichten (255):

> »Wenn Priamos und die Troer euch hörten, würden sie sich freuen. Poche weder du auf deine Macht noch du auf deine Stärke!«

Doch er hat keinen Erfolg. Agamemnon hört zwar zu, schiebt aber die Schuld auf Achill, worauf dieser mit seinem letzten Angriff antwortet, er werde die Macht Agamemnons in keiner Weise mehr respektieren. Damit ist die Möglichkeit, versöhnt auseinanderzugehen, dahin. Die Wegnahme der Briseis ist nur die äußere Bestätigung dafür.

Bei späteren Gelegenheiten erteilt Nestor auch praktische Ratschläge. Beim ›Aufmarsch der Heere‹ schlägt er in Buch 2 Agamemnon vor, seine Truppen nach Stämmen zu ordnen, und in Buch 7, die Schiffe durch den Bau einer Mauer zu schützen. In Buch 9 regt er die Bittgesandtschaft an, in Buch 10 den nächtlichen Spähgang.

Als Kämpfer kann er nicht mehr mithalten, aber er begibt sich mit seinem Wagen trotzdem auf das Schlachtfeld, um zu helfen und zu ermuntern. In Buch 8 wird eins seiner Pferde von einem Pfeil getroffen, so daß er von Diomedes gerettet werden muß, und in Buch 11 bringt er selbst den verwundeten Arzt Machaon aus der Gefahr.

Wer seine ausgedehnten Reden, in denen er von seinen Heldentaten in jungen Jahren berichtet, als Zeichen der Redseligkeit eines alten Mannes deuten möchte, wird in der Ilias keinen Gesinnungsgenossen finden. Dort hören alle mit größtem Respekt zu, allein schon weil er der einzige ist, der authentisch über alte Zeiten Auskunft geben kann. Sie wissen ihn also als mündlichen Vorläufer der Geschichtsschreibung zu schätzen.[13]

Da Nestor sich in Buch 1 und 9 so für die ›Aussöhnung‹ eingesetzt hat, hätte er es verdient, in Buch 19 dankbar erwähnt zu werden. Doch er wird von Homer der motivischen Struktur aufgeopfert. Wenn die Kontrahenten sich einigen, wird der Vermittler nicht mehr gebraucht.

Aber Homer hat Nestor vorher noch eine andere, für die Struktur der Ilias sehr wichtige Aufgabe zugeteilt. Er dient nämlich als Anknüpfungspunkt für die Patroklos-Handlung und bereitet damit indirekt Achills Eingreifen vor (→ 14.1). Achill schickt in Buch 11 Patroklos zu ihm, um zu fragen, ob der von ihm gerettete Verwundete der Arzt Machaon war. Nestor drängt Patroklos, Achill zum Eingreifen zu überreden, oder er solle es wenigstens ihm, Patroklos, erlauben und ihm dazu seine Rüstung leihen, damit die Tro-

13 Von Nestors »Redseligkeit« oder gar »Geschwätzigkeit« zu sprechen wie manche Homerinterpreten ist also ein modernistisches Mißverständnis.

er ihn für Achill halten. Achill folgt also Nestors Vorschlag, wenn er in Buch 16 Patroklos in den Kampf ziehen läßt.

10.4 Achills Mutter Thetis und der Plan des Zeus

Achill verläßt sich nicht darauf, daß seine während des Streits in Buch 1 als Schwur geäußerte Erwartung, sein Ausscheiden werde Agamemnon eine Niederlage mit »vielen Toten« kosten, sich automatisch erfüllt. Er wendet sich daher an seine Mutter, die als Meeresnymphe und niedere Gottheit Mittlerdienste zwischen ihrem Sohn und den höheren, den Olympischen Göttern leisten kann. Bei Zeus erwirkt sie in Buch 1 für ihn die Niederlage der Griechen und von Hephaistos besorgt sie ihm später in Buch 18 eine neue Rüstung. Beide zollen ihr hohen Respekt; denn sie haben ihr viel zu verdanken. Für Zeus hatte sie einst Hilfe geholt, als die anderen Götter vorhatten, ihn abzusetzen (1,396), und Hephaistos hatte bei ihr Zuflucht gefunden, als seine Mutter Hera ihn wegen seiner verkrüppelten Füße nicht als Kind akzeptieren wollte und kurzerhand vom Olymp herabgeworfen hatte (18,395).

Anders als die Olympischen Götter, die sich für ihre Schützlinge – auf dem Schlachtfeld oder anderswo – direkt einsetzen, kann Thetis ihrem Sohn nur auf dem Weg über Zeus helfen. Aber sie macht sich im Kleinen nützlich, wo sie kann, und will in Buch 19 die Fliegen von Patroklos' Leiche verscheuchen, weil Achill den Freund erst nach dem Kampf mit Hektor bestatten will.

Aber vor allem ist sie die Mutter und die Vertraute ihres Sohnes. Sie weiß, daß er jung sterben wird, und eilt sofort herbei, wenn er sie ruft oder sie ihn klagen hört. Ihr schüttet er sein Herz aus, als Agamemnon ihn gekränkt hat, und sie klagt mit ihm um Patroklos. Aber sie ruft ihn auch zweimal mütterlich zur Ordnung, in Buch 19, er solle »dem Zorn entsagen« und sich mit Agamemnon aussöhnen, und in Buch 24 im Auftrage der Götter, er solle Hektors Leiche freigeben.

Als sie sich in Buch 1 an Zeus wendet, um Achill Genugtuung zu verschaffen, bittet sie (505):

> »Ehre meinen Sohn und gib den Troern Stärke!«

Dabei erweist sie sich als geschickte Psychologin. Achill hatte sie an ihre guten Beziehungen zu Zeus erinnert: Sie habe doch damals, als sich Hera und die anderen Götter gegen ihn verschworen hatten, den hundertarmigen Riesen Briareus zu Hilfe gerufen, der sich, »froh seiner Stärke«, neben Zeus gesetzt habe, ein Anblick, der die Revolte in sich zusammenbrechen ließ. Doch Thetis hütet sich, den Freund an die frühere Hilfe zu erinnern oder gar mit ihrem Mißfallen zu drohen, falls er ihren Wunsch abschlage. Im Gegenteil, sie fügt ihrer Bitte die Aufforderung hinzu, ganz frei zu entscheiden, appelliert aber indirekt zugleich an sein Mitleid und seinen Stolz (515):

> »Du hast nichts zu fürchten, sage also ruhig nein –
> damit jeder sehen kann, wie verachtet ich bin.«

Was bleibt Zeus da anderes übrig, als ihre Bitte, den Troern zu helfen, zu erfüllen, obwohl er weiß, daß er sich damit Ärger mit Hera einhandelt.

10.4.1 Zeus' autoritäres Schweigen

Wenn auch für den Leser der Ilias feststeht, daß Troja eines Tages untergehen wird, so gilt das nicht für die Götter. Zwar klingt es manchmal so, als ob da ein übergeordnetes Schicksal walte, aber es ist Zeus, der in Übereinstimmung mit diesem Schicksal die Entscheidungen trifft. Wenn wir Hera glauben wollen, hat er ihr irgendwann einmal die Zerstörung Trojas versprochen. Aber das heißt nicht, die protroische Partei auf dem Olymp hätte resigniert; Apollon, Ares und Aphrodite verhalten sich so, als ob das Ende des Krieges noch offen sei, und setzen sich entsprechend für Troja ein. Hera, Athene und Poseidon auf der anderen Seite arbeiten weiter auf dessen Untergang hin und verlassen sich nicht darauf, daß Zeus und das Schicksal es schon in ihrem Sinne richten würden. Doch im großen und ganzen sieht es so aus, als ob die Sache der Trojagegner günstig steht. Zwar haben die neun Jahre der Belagerung noch zu keinem Erfolg geführt, aber allein die Tatsache, daß die Troer die Griechen nicht haben vertreiben können, zeigt deren prinzipielle Überlegenheit.

Wenn Zeus nun in Buch 1 Achills Mutter Thetis verspricht, die Troer vorübergehend siegen zu lassen, damit Agamemnon einsieht, wie falsch es war, Achill vor den Kopf zu stoßen, heißt das, die Troer sollen Oberwasser bekommen, vor der Stadt kämpfen und die Griechen in Schwierigkeiten bringen. Der bisherige Verlauf der Dinge wird dadurch anscheinend umgekehrt. Es wäre am einfachsten gewesen, wenn Zeus diesen Plan den Trojagegnern unter den Göttern offen mitgeteilt hätte, aber er behält ihn (nach seinem bzw. Homers Willen) für sich, und daraus ergeben sich Komplikationen.

Hera, die das Gespräch mit Thetis beobachtet hat, wittert sofort Gefahr für ihr Ziel, die Zerstörung Trojas. Doch als sie ihren Mann zur Rede stellt, verweigert er die Auskunft. Diese Weigerung des göttlichen Familienoberhauptes benutzt der Erzähler, um eine spezielle Spannung in die Ilias einzuführen.

Wir als Leser erfahren in Buch 1 aus dem Gespräch mit Thetis, daß Zeus nicht Troja verschonen, sondern nur den Griechen vorübergehend eine Niederlage beibringen will, Hera dagegen und die anderen Götter werden im unklaren gelassen. In Buch 4 tut Zeus gar so, als ob wirklich die Möglichkeit bestünde, den Krieg abzublasen, und heizt die Spannung damit an. Erst in Buch 8 kündigt er Achills Eingreifen und damit die Wende an, läßt aber offen, wann das sein wird. In Buch 15 macht er noch einmal eine solche Ankündigung, diesmal sogar mit dem Zusatz, die Zerstörung Trojas werde folgen, d.h., sie stehe prinzipiell außer Frage. Diese Spannung bringt zwar, wie schon gesagt, Zeus' Plan nicht in Gefahr (→ 9.5), bereichert aber die Handlung der Ilias auf göttlicher und als Folge davon auch auf irdischer Ebene.

In Buch 18 weist Zeus Hera dann darauf hin (358), daß die angekündigte Wende eingetreten sei; Achill habe sich erhoben, um zu kämpfen, worauf sie es ja angelegt habe (→ 18.4).

10.5 Achill und Agamemnon im weiteren Verlauf

Nach dem Gespräch mit Thetis in Buch 1 läßt Homer Achill für längere Zeit in der Versenkung verschwinden. So vermißt Helena während der ›Mauerschau‹ zwar ihre Brüder Kastor und Polydeukes (lat. *Pollux*), nicht dagegen Achill, was eigentlich viel näher läge. Und als in Buch 3 der ›Zweikampf Menelaos – Paris‹ vereinbart wird, der doch den Krieg beenden soll (und damit Achills »Zorn« ins Leere laufen lassen würde), erfahren wir nicht, wie Achill darauf reagiert oder warum er nichts davon bemerkt. Er tritt erst wieder bei der ›Bittgesandtschaft‹ in Buch 9 auf und nach den ›Verwundungen‹ in Buch 11, als er das Schlachtfeld beobachtet und Patroklos zu Nestor schickt. Dann wird er wieder unsichtbar, d.h. wir hören nichts von einer Reaktion auf den ›Mauerkampf‹ in Buch 12 und auf das weitere Vordringen der Troer und andererseits die (dank Poseidons Hilfe) so erfolgreichen griechischen Gegenangriffe in den Büchern 13 und 14. Beides müßte ihn sehr beunruhigen, das eine, weil es ihn trotz seines Zorns auf Agamemnon zum Eingreifen zwingen könnte, das andere, weil sich dabei seine Entbehrlichkeit herausstellen könnte.

Indirekt läßt Homer ihn weiter präsent bleiben (in den Äußerungen anderer) als den herausragenden Kämpfer, der als Vorbild dient und auf dessen Einlenken man hofft. Das geschieht etwas sporadisch und unter ganz unterschiedlichen Perspektiven, aber der aufmerksame Leser wird in den Büchern 4–8 und 10–15 solche eingestreuten Äußerungen finden.

Ab Buch 16 ist Achill dann wieder voll da. Er erlaubt Patroklos zu kämpfen und greift nach dessen Tod selbst ein und beweist, daß tatsächlich sein Ausscheiden die Ursache für die Niederlage der Griechen war.

Agamemnon bleibt nach dem Streit dagegen direkt präsent. Homer hat darauf geachtet, ihn von Zeit zu Zeit auftreten zu lassen. Das ergibt sich z. T. automatisch aus seiner Rolle als Oberbefehlshaber, dessen ordnende Hand über dem Aufmarsch seines Heeres waltet und der bei den weiteren Aktionen der Griechen formell die Entscheidungen trifft wie etwa bei der ›Bittgesandtschaft‹. Darüber hinaus tritt Agamemnon mehrfach als tüchtiger Kämpfer hervor, so in den Büchern 5 und 6 und dann besonders in seiner Aristie in Buch 11.

Damit endet diese Linie, d.h., wir hören nicht, wie Agamemnon auf das zunächst so erfolgreiche Eingreifen des Patroklos reagiert und den erneuten Rückschlag nach dessen Tod und das erschrockene Innehalten der Troer, als Achill sich ihnen in Buch 18 zeigt. Homer läßt ihn erst wieder bei der ›Aussöhnung‹ in Buch 19 auftreten. Dort sucht er nach einer Erklärung für sein ihm selbst inzwischen ganz unverständliches Verhalten in Buch 1. Danach verschwindet Agamemnon wieder. Wir erleben ihn nicht als Zuschauer bei Achills Kampf und Hektors Tod.

Durch die ›Aussöhnung‹ ist das Verhältnis zu Achill wieder in Ordnung. Bei den ›Leichenspielen‹ in Buch 23 gibt Achill ihm in der Disziplin Speerwerfen außer Konkurrenz den ersten Preis (890):

> »wegen deines hohen Ranges und weil doch jeder weiß, wie gut du mit dem Speer umgehen kannst – natürlich nur, wenn du damit einverstanden bist.«

Respektvoller kann man kaum mit jemand sprechen. Aber das ist nur der normale Umgangston gegenüber Agamemnon. Auch Nestor redet so, als er in Buch 9 die Bittgesandtschaft vorschlagen will (97):

> »Du bist das A und O, weil du den Oberbefehl über diese große Kriegsmacht hast und Zeus dir die Entscheidungsgewalt bei allen Vorschlägen gegeben hat.«

10.5.1 Der verunsicherte Oberbefehlshaber

Agamemnons eigentliche Rolle ist die des Verunsicherten, der Rat sucht und zur Resignation neigt. Man sollte das nicht als allgemeines Charaktermerkmal Agamemnons verstehen. Es scheint vielmehr das wachsende Bewußtsein, einen verhängnisvollen Fehler gemacht zu haben, zu sein, das seine Enschlußkraft behindert und manchmal geradezu lähmt.

Statt zu überlegen, ob und wie man den Krieg ohne Achill weiterführen kann, verläßt er sich in Buch 2 auf einen fragwürdigen siegverheißenden ›Traum‹, in dem Achills Ausscheiden schlicht ignoriert wird (→ 11.1). Als sich durch den ›Zweikampf Menelaos – Paris‹ theoretisch die Möglichkeit zu bieten scheint, den Krieg zu beenden und auf die Eroberung der Stadt zu verzichten, möchte er am liebsten zugreifen (4,15). Als Hektor zum ersten Mal bis zu den Schiffen vorgedrungen ist, betet Agamemnon zu Zeus, er möge die Griechen doch wenigstens lebend davonkommen lassen (8,243). Er geht in Buch 9 auch sofort auf Nestors Anregung zur ›Bittgesandtschaft‹ ein, klagt sich selbst an und will Achill Entschädigung in maßloser Höhe anbieten. Als die Gesandtschaft keinen Erfolg hat, kann er vor Sorgen nicht schlafen und sagt über sich selbst, aller Mut sei ihm entfallen und die Glieder zitterten ihm (10,95). Nach seiner Verwundung in Buch 11 und dem Fall der Mauer in Buch 12 tritt er erst wieder in Buch 14 auf und schlägt erneut vor, den Krieg abzublasen und nach Hause zu fahren (14,76).

10.5.2 Achill, der überschattete Heros

Achill ist durch den Streit mit Agamemnon in eine Lage geraten, die seinem Status als dem Besten der Besten eigentlich widerspricht, weil er nun passiv dasitzen und abwarten muß, wie die Dinge sich entwickeln. Erst als er wieder auf dem Schlachtfeld erscheint, kann er seinen Rang als Kämpfer unter Beweis stellen. Der Erfolg ist, wie nicht anders zu erwarten, durchschlagend. Die Troer erstarren vor Schreck bei seinem bloßen Anblick, obwohl er unbewaffnet ist, und sobald er kämpft, tötet er zahllose Troer, und die übrigen fliehen in die Stadt. Das ist eine Aristie par excellence.

Trotzdem wird Achill dadurch nicht zum strahlenden Helden, weil ein Schatten über seinem Handeln liegt, der Tod seines Freundes, den er nicht verhindern konnte und an dem er sich nicht schuldlos fühlt. Daher folgt auf seine Aristie keine Siegesfeier, sondern die Bestattung des Patroklos.

Auch die angebliche »Mordlust« und »Grausamkeit«, die man an ihm gefunden hat, hängen damit zusammen. Daß Homer ihn zahllose Feinde töten läßt, stellt nicht nur seine überlegene Kampfkraft unter Beweis, sondern ist auch Ausdruck seiner buchstäblich wütenden Trauer, die ihn schließlich sogar dazu bringt, den Leichnam Hektors um Patroklos' Grab zu schleifen und vorher zwölf gefangene Troer an seinem Scheiterhaufen zu schlachten. Da zeigt sich zwar immer noch nicht ganz das »Vieh« aus Christa Wolfs *Kassandra*, aber selbst Homer kommentiert das kritisch (23,176):

»Schlimm war, was er sich da ausgedacht hatte.«

Achill verletzt damit nicht heroische Spielregeln, aber er handelt exzessiv, wie er es ohne den Tod des Freundes nicht getan hätte. Wir können sagen, Achill verläßt damit die Rolle des edlen Siegers, als den wir ihn eigentlich sehen möchten.

Doch von Anfang an liegt noch ein anderer Schatten über ihm. Er weiß von seiner Mutter, daß ihm selbst ein früher Tod beschieden ist. Er empfindet die Kränkung durch Agamemnon deswegen als besonders schmerzlich. Bei der ›Bittgesandtschaft‹ erfahren wir dann von ihm selbst, daß der frühe Tod nicht unausweichlich ist, sondern davon abhängt, ob er Kriegsruhm erwerben oder friedlich zu Hause leben will (9,411). Es geht um die Wahl zwischen zwei Lebensformen, durchaus vergleichbar mit der Wahl, vor der Paris seinerzeit stand (→ 3.1). Wenn Achill sich für den Kriegsruhm entschieden hat, wird man ihn aus heutiger Sicht nicht gerade als tragischen Helden oder gar Leidensfigur bezeichnen wollen. Aber er ist jemand, der nicht einfach so dahinleben, sondern es zu etwas bringen will und dabei auch sein Leben zu riskieren bereit ist. Der Menschheit zu dienen sieht er allerdings nicht als seine Aufgabe an. Vielleicht wäre Achill daher heute bei denjenigen zu finden, die, um sich vom bürgerlichen Dasein zu distanzieren und berühmt zu werden (d.h. in die Medien zu kommen), möglichst spektakuläre und lebensgefährliche Abenteuer suchen.

Doch wenn wir nach Achills eigentlicher Rolle in der Ilias fragen, wird sehr schnell klar, daß seine Kriegstaten nur das Vehikel sind, um ihn reden zu lassen. Man sollte es kaum glauben: Wenn man von den längeren Geschichten absieht, die andere, wie Nestor, zu erzählen haben, ist wohl Achill derjenige, der in der Ilias am meisten redet. Homer verschafft ihm immer wieder Gelegenheit dazu: beim Streit mit Agamemnon, bei der Bittgesandtschaft, bei der Aussöhnung, ebenso in den Gesprächen mit Thetis, bei seiner Klage um Patroklos und schließlich bei der Begegnung mit Priamos.

Dabei kehrt der Gedanke an den frühen Tod wie ein Leitmotiv ständig wieder. Als er sich bei Thetis über Agamemnons Undank beklagt, erinnert er daran. Ebenso spricht er bei der Bittgesandtschaft davon, daß er jung sterben wird. Das Motiv durchzieht auch seine Klage um Patroklos, der nun wider Erwarten vor ihm gestorben sei: Das beginnt im Gespräch mit Thetis in Buch 18 und setzt sich fort in seiner Anrede an den toten Freund in Buch 19 und dann in Buch 23 in seinem Traum, in dem ihm Patroklos erscheint, und schließlich sogar in Buch 24 im Gespräch mit Priamos.

10.5.3 Lügt Achill? Achills Drohung abzufahren

Im Streit mit Agamemnon erklärt Achill, er werde nach Hause fahren (1,169):

> »Jetzt werde ich nach Phthia fahren.«

In Buch 9 während der Bittgesandtschaft (→ 13) bekräftigt er diese Absicht (363):

> »Ich werde übermorgen in Phthia sein.«[14]

In Platons *Kleinem Hippias* wird die Frage gestellt, ob es eine Lüge sei, wenn Achill seine Abreise ankündige, aber dann doch bleibe. Tatsächlich kündigt Achill nichts an, sondern er droht nur damit. Seine Abreise wäre der

14 Dieser Vers (»am dritten Tag werde ich wohl zur scholligen Pthia gelangen«) wird in Platons *Kriton* von Sokrates im Sinne seines bevorstehenden Todes zitiert.

schlimmste Fall, weil sein Ausscheiden nicht mehr rückgängig zu machen wäre. Es ist für die Handlung wichtig, daß diese Drohung im Raume steht und Agamemnon und die Griechen nicht darauf vertrauen können, Achill werde auf jeden Fall wieder mitmachen.

Wenn Diomedes nach dem Scheitern der Bittgesandtschaft, um die anderen zu ermutigen, über Achill sagt (9,702):

»Er wird schon wieder kämpfen«,

gilt das nur für den Fall, daß Achill nicht abfährt, sondern dableibt. Auch nach Achills halbem Einlenken in dieser Frage bei der Bittgesandtschaft (→ 13.2) ist das eine zwar berechtigte, aber keineswegs sichere Erwartung.

11 Der Aufmarsch der Heere

Zeus überlegt am Anfang von Buch 2, wie sein Plan, »Achill durch viele Tote zu ehren«, am besten auszuführen sei. Wir an seiner Stelle hätten vielleicht die naheliegendste, weil einfachste Lösung gewählt: Die Troer erfahren irgendwie (z.B. durch die Götterbotin Iris) von Achills Ausscheiden, machen einen Ausfall und bringen den Griechen schwere Verluste bei. Vielleicht wären wir auch auf einen etwas komplizierteren Gedanken gekommen: Zeus könnte Agamemnon irgendwie (z.B. durch einen siegverheißenden Traum) verleiten, die Stadt direkt anzugreifen, aber der Sturm auf die Mauer scheitert und führt zu schweren Verlusten.

Doch Zeus bzw. Homer hat sich gewissermaßen für eine Kombination dieser beiden Möglichkeiten entschieden, er will nämlich Griechen und Troer in einer regulären Feldschlacht gegeneinander antreten lassen. Das hat zwei erzählerische Vorteile. Erstens kann von einem szenenreichen ›Aufmarsch der Heere‹ erzählt werden, zweitens bietet eine Feldschlacht die Möglichkeit, die abstrakte Quantität der »vielen Toten« der Griechen durch die Bewegungen auf dem Schlachtfeld qualitativ zu konkretisieren und zu strukturieren – und Gelegenheit für viele weitere, auch unkriegerische Szenen. (»Einlagen« → 9.2.1–5)

Ein Problem ist dabei Achills Ausscheiden; denn es widerspricht der Symmetrie des Aufmarschs, weil es für die Troer ein Vorteil, für die Griechen ein Nachteil ist. Hier Achill einfach in der Versenkung zu lassen (→ 10.5), d.h. sein Ausscheiden zu ignorieren, würde der Leser wahrscheinlich nicht ohne weiteres mitmachen. Homer versteht es, diese Lücke in einen erzählerischen Gewinn umzumünzen, indem er uns die Verunsicherung Agamemnons indirekt, aber besonders eindrucksvoll vorführt.

11.1 Agamemnons Traum oder Der verdrängte Achill

Nach Achills Weigerung, künftig an den Kämpfen teilzunehmen, müßte Agamemnon entscheiden, wie es weitergehen soll, d.h. ob er trotzig bei seinem »Ich brauche dich nicht« bleiben oder ob er irgendwie berücksichtigen will, daß sein überragender Kämpfer ausgefallen ist. Er könnte z.B. erst einmal abwarten und sehen, wie sich die Lage ohne Achill entwickelt. Zwar ist die Überlegenheit der Belagerer nun weniger groß, aber das heißt nicht, daß die Troer automatisch die Oberhand gewinnen müßten.

Der junge Diomedes zeigt nach dem Scheitern der Bittgesandtschaft in Buch 9 die nüchterne Haltung, die man in Buch 2 von Agamemnon erwarten könnte. Diomedes schließt den schlimmsten Fall, Achills Heimkehr nach Phthia, nicht aus und empfiehlt, sich darauf einzustellen (9,701):

> »Ob er nach Hause fährt oder bleibt, sollte uns gleichgültig sein.«

Aber er rechnet auch mit der Möglichkeit, daß Achill irgendwann wieder kämpfen wird:

»Wenn er bleibt, wird er schon wieder kämpfen.«

Ebenso hätte Agamemnon sich am Anfang von Buch 2 sagen können, Achill werde, wenn er nicht im ersten Zorn abgereist sei, auf die Dauer nicht tatenlos zusehen wollen, wie andere kämpfen. Doch er stellt weder hier noch irgendwann später derartige Überlegungen an.

Homer führt statt dessen einen von Zeus geschickten »schädlichen« Traum ein, in dem Agamemnon von Nestor aufgefordert wird, das Heer zum Kampf bereitzumachen; denn die Eroberung der Stadt werde ihm jetzt gelingen, weil die Götter auf Bitten Heras nun alle dafür seien. Agamemnon erzählt diesen Traum in der beratenden Versammlung. Der reale Nestor sagt, an sich würde er das für einen »falschen«, d.h. irreführenden Traum halten,[15] aber da es sich hier um einen Traum des Oberfeldherrn handle, empfehle er, sich zum Kampf bereit zu machen. Er sagt also ausdrücklich, daß seine Empfehlung nicht auf kritischer Prüfung des Traumes angesichts der aktuellen Lage beruht. Skepsis wäre in diesem Fall besonders angebracht, weil der Traum auf das Ausscheiden Achills gar nicht eingeht und man eigentlich fragen müßte, warum ausgerechnet jetzt die Eroberung der Stadt gelingen soll.

Wenn Agamemnon sich diese Frage nicht stellt, weicht er einer kritischen Prüfung der Lage aus und verläßt sich auf einen fragwürdigen Traum und eine nichtssagende Empfehlung. Er folgt damit einer vagen Hoffnung, als ob

15 Nach antiker Meinung können Träume die Zukunft offenbaren und daher auch die Erfüllung von Wünschen ankündigen. Aber man wußte natürlich aus Erfahrung, daß das zu Enttäuschungen führen kann und Träume »gedeutet« werden müssen, um »falsche« von »wahren« zu unterscheiden. So will sich in der Odyssee Penelope einen Traum, der ihr die Rückkehr ihres Mannes verheißt, von dem fremden Gast deuten lassen (→ 26.5).

es das Problem Achill gar nicht gäbe. Das ist schon der verunsicherte Oberfeldherr, der später bei Rückschlägen umgekehrt die Hoffnung allzuschnell aufgibt (→ 10.5.1).

Durch den von Homer eingeführten Traum wird äußerlich vom Thema Achill abgelenkt, aber gerade deswegen wird es als virulentes Problem um so deutlicher. Man braucht kein Anhänger der Psychoanalyse zu sein, um hier von einem »Wunschtraum« Agamemnons und »Verdrängung« zu sprechen.

11.2 Iris bei Priamos. Warum erwähnt sie nicht Achill?

Auf troischer Seite wird der Aufmarsch des Heeres veranlaßt durch die von Zeus geschickte Götterbotin Iris in Gestalt des Priamossohnes Polites, der als Vorposten das Lager der Griechen im Auge behalten und Bewegungen melden soll. Da die Griechen tatsächlich ausrücken, scheint die Götterbotin unnötig zu sein, weil sie nur das zu melden hat, was auch Polites selbst melden müßte (ganz abgesehen davon, daß jetzt eigentlich ein doppelter Polites auftreten müßte). Aber Polites-Iris spricht für den Leser und offensichtlich auch für die Troer mit anderer Autorität als der echte Polites, wenn er Priamos tadelt (2,796):

> »Du redest immer noch, als ob Frieden herrschte. Es ist Krieg!«,

und seinem Bruder Hektor befiehlt, das Heer vor der Stadt aufmarschieren zu lassen.

Man hat gesagt, diese Aufforderung und der Aufmarsch der Troer paßten besser zum Beginn des Krieges nach der Ankunft der griechischen Flotte. Der Gedanke liegt nahe, und hier könnte tatsächlich Material aus einer Erzählung von dieser Anfangssituation benutzt sein. Aber das heißt natürlich nicht, daß der beiderseitige Aufmarsch der Truppen in der Ilias fehl am Platze ist.

Interessanter ist die Frage, warum dieser Polites, wenn er doch in Wirklichkeit die Götterbotin Iris ist, nicht auf das Fehlen Achills hinweist und z. B. sagt:

»Achill will nicht kämpfen. Nutzt die Gelegenheit!«

Denn es steckt ein gewisser Widerspruch darin, daß die Troer nach neun Kriegsjahren, in denen sie sich aus Furcht vor Achill nicht vor die Stadt wagten, nun auf einmal zur offenen Feldschlacht antreten, ohne von seinem Ausscheiden zu wissen. Wir hatten das Problem unter dem Stichwort »Glättung der Oberfläche« (→ 5.2.4) oben angesprochen.

Hier liegt zweifellos kein Versehen Homers vor, sondern es handelt sich um eine bewußte strukturelle Maßnahme. Achills Ausscheiden soll auf troischer Seite nicht erwähnt werden, damit der Leser nicht veranlaßt wird zu fragen, warum die Griechen bei ihrer Beratung nicht auf Achill zu sprechen gekommen waren.

11.3 Die Erprobung des Heeres und Odysseus

Nach der Beratung über den Traum kündigt Agamemnon an, er werde zum Schein dem Heer empfehlen, den Krieg aufzugeben und abzufahren (2,73).

Zu dieser sog. Peira (»Versuch«) sind zwei Fragen diskutiert worden, erstens ob so etwas psychologisch sinnvoll sein kann, d. h. ob ein realer Feldherr jemals auf die Idee kommen könnte, seinen Truppen einen solchen Vorschlag zu machen, statt sie durch ermunternde Reden auf den bevorstehenden Kampf einzustimmen. Aber vielleicht gibt es Situationen, in denen ein Befehlshaber die Herzen seiner Leute erforschen möchte, um die Spreu vom Weizen zu sondern, damit hinterher alle um so eifriger Weizen sein wollen.

Zweitens haben Analytiker die Frage gestellt, ob es sich

nicht ursprünglich um einen ernstgemeinten Vorschlag des resignierenden Agamemnon gehandelt habe, so wie er später am Anfang von Buch 9 tatsächlich vorkommt, dort allerdings nicht vor dem Heer, sondern bei einer Beratung der Anführer, wo sein Vorschlag durch Diomedes sofort scharf zurückgewiesen wird. Es ist also gut möglich, daß es vor Homer eine Szene gab, in der Agamemnon dem Heer ernstlich die Abfahrt vorschlug und die Homer für seine Peira benutzt hat.

Wie kaum zu bestreiten ist, wirkt die Einfügung der Peira etwas künstlich, aber es geht Homer wohl weniger um die Peira selbst als um die daran anschließenden Szenen. Hera schickt Athene zu Odysseus, die ihn – anscheinend ohne erst noch menschliche Gestalt anzunehmen – auffordert, die Flüchtenden aufzuhalten. Odysseus leiht sich Agamemnons Szepter aus und macht zunächst die Könige, die bei der Beratung nicht dabei waren, darauf aufmerksam, es könne sich um eine Erprobung handeln. Dabei deutet er sogar eine Strafgewalt Agamemnons an (2,195):

> »Sein Zorn könnte fürchterlich für die Griechen sein.«

Dieses Strafgericht hätte sich Agamemnon jedoch nur bei sehr kleinen Königen erlauben können (→ 10.2), und so meint Odysseus wohl eher das einfache Volk, auf das er dann auch mit Agamemnons Szepter einschlägt und dem er zu verstehen gibt, Meinungsäußerungen irgendwelcher Art seien nicht gefragt. Sein Eingreifen gipfelt in dem berühmten Ausspruch (204):

> »Vielherrschaft taugt nichts, einer sei Herr!«

Schnell ist die Ordnung wiederhergestellt. Alle setzen sich hin und warten auf den Befehl ihres Herrn. Nur einer widerspricht, und das ist der berüchtigte Thersites (→ 11.3.1).

Odysseus bewährt sich bei der Peira als energischer Ratgeber, der sogar versteht, mit einer aufgeregten Volksmasse fertig zu werden.

Er macht auch sonst seinem Ruf, klug und vorbedacht zu sein, alle Ehre. Während Achill und Aias ihre Schiffe an den äußersten Enden der Reihe, also an besonders gefährdeter Stelle, aufs Land gezogen haben, liegen seine in der gut geschützten Mitte. Als in Buch 8 die Griechen zu den Schiffen fliehen und Nestor nicht folgen kann, weil eins seiner Pferde getroffen worden ist, stellt der fliehende Odysseus sich taub und überläßt es Diomedes, Nestor zu retten. In Buch 10 beruhigt er den Gegenspäher Dolon mit freundlicher Miene, um ihn auszuhorchen – und dann von Diomedes umbringen zu lassen. Aber im großen und ganzen ist er doch ein mutiger Kämpfer, der in Buch 11 trotz seiner Verwundung noch seinen Mann steht, und ein Ratgeber und Mahner, auf den man hört. Nach der Peira erinnert er an eine Prophezeiung des Sehers Kalchas, der seinerzeit beim Aufbruch von Aulis vorausgesagt habe, man werde im zehnten Jahr Troja erobern.

(Zu seinem Sieg über Aias im Ringkampf bei den Leichenspielen → 16.1.)

11.3.1 Thersites, der politisch inkorrekte Antiheld

Thersites ist eine Figur, die in der Ilias völlig aus dem Rahmen fällt. Er ist der Prototyp des Meckerers und in jeder Hinsicht ein Antiheld. Er sieht schon ganz unheldisch aus. Nach heroischen Maßstäben ist er äußerst häßlich (2,216), d. h. er hat krumme Beine (ob sie o- oder x-förmig waren, hat die Forschung bisher nicht klären können), hinkt auf einem Fuße, einen Buckel hat er auch, die Brust ist eingefallen, sein Kopf hat eine komische Ei-Form, und sein Haarwuchs ist spärlich.

Was aber noch schlimmer ist, er vertritt Ansichten, die

den wohlansehnlichen Helden und auch Homer gar nicht gefallen – und eben deswegen für den modernen Leser besonders interessant sein können.

Seine Leidenschaft ist es, so sagt Homer, sich besonders mit Agamemnon und Achill anzulegen, die er bei jeder sich gebenden Gelegenheit kritisiere. So meint er jetzt, Agamemnon benutze seine Führungsrolle nur dazu, um sich zu bereichern, während sie ein Unglück für die Griechen sei. Man solle deswegen einfach nach Hause fahren und ihn seinen Krieg alleine machen lassen. Für Agamemnons Versagen nennt er den Streit mit Achill als Beispiel. Da er dann jedoch im gleichen Atemzug Achill selbst angreift und sich damit zwischen die Stühle setzt, scheint er wirklich kein Politiker zu sein, sondern leidet wohl tatsächlich an Kritik- oder Schmähsucht. Er wirft (dem nicht anwesenden) Achill vor, Agamemnon während des Streites nicht erschlagen zu haben, aber Achill sei nun einmal ein »schlapper Typ« (241).

Odysseus antwortet, Thersites sei zwar wortgewandt, aber als Außenseiter solle er den Mund halten, und es sei ganz unpassend, so über Agamemnon zu reden. Und da Odysseus anscheinend nichts einfällt, was sich sachlich gegen den Vorschlag, Agamemnon im Stich zu lassen, sagen läßt, greift er wieder zum Szepter und schlägt auf Thersites ein. Da dieser kein Held ist, setzt er sich nicht zur Wehr, sondern (266)

> »krümmte sich vor Schmerz, brach in Tränen aus und setzte sich erschrocken hin und wischte sich die Tränen ab.«

Da alle Anwesenden (die eben noch zu den Schiffen gerannt waren) demonstrativ Weizen sein wollen (→ 11.3) und jede Kritik an Agamemnon und seinem Krieg für unerhört und frech halten, finden sie, Odysseus habe in der einzig richtigen Weise reagiert, und außerdem lachen sie noch über Thersites.

Thersites ist natürlich kein Friedensfreund und kein sog. Querdenker, und sein Verhalten ist auch aus heutiger Sicht ungeschickt, aber man muß eigentlich seinen Mut bewundern, mit dem er sich nicht nur gegen Mächtige und Starke, sondern auch gegen die herrschende Meinung stellt. Doch da er mit seinem Protest gegen die damalige politische Korrektheit verstößt, ist es kein Wunder, daß er unter dem Beifall der Öffentlichkeit Prügel bezieht.

11.4 Der Zweikampf Paris – Menelaos

Als die Heere sich am Anfang von Buch 3 kampfbereit gegenüberstehen, tritt überraschend Paris vor die Reihen und fordert die tapfersten der Griechen zum Zweikampf heraus. Wir kennen das Motiv aus dem Alten Testament (der Riese Goliath, der »Israel Hohn sprach«), und Hektor macht es in Buch 7 ebenso. Doch als Menelaos gegen ihn antreten will, zieht Paris sich zurück und ist erst nach Ermahnungen Hektors bereit, sich zum Kampf zu stellen, bei dem es um

»Helena und alle Schätze[16]«

gehen soll (3,91). Der Kampf endet mit einer lächerlichen Situation: Menelaos, dessen Schwert zerbrochen ist, hat Paris am Helm gepackt und schleift ihn hinter sich her. Da greift Aphrodite ein, zerreißt den Kinnriemen, so daß Menelaos den leeren Helm in Händen hat, und »entrückt« Paris.

An dieser Szene zeigt sich die Zwiespältigkeit der Rolle, die Paris in der Ilias spielt. Er muß zwar auch sonst gelegentlich von seinem Bruder Hektor ermahnt werden, aber auf dem Schlachtfeld ist er ein durchaus passabler Kämpfer. Er ist außerdem der Bogenschütze, der in Buch 11

16 Die Paris bei der Entführung hatte mitgehen lassen (→ 2.4.1).

Diomedes, Machaon und Eurypylos verwundet. Daß er eines Tages durch einen Pfeilschuß Achill töten wird, prophezeit in Buch 22 der sterbende Hektor. Er hat durch die Entführung Helenas den Krieg verursacht und ist nicht bereit, sie kampflos zurückzugeben. Insofern ist er der Exponent der troischen Seite, und darum tritt er hier in Buch 3 als Herausforderer auf. Daß er durch die Entführung Helenas den Krieg verschuldet hat, ist den Troern bewußt; Hektor klagt einmal darüber, sich ständig solche Reden anhören zu müssen (6,523), und ist auch selbst nicht besonders gut auf den Bruder zu sprechen. Zweimal redet er ihn als »Dys-Paris« (Unglücksparis) an. Aber auch er kann oder will ihn nicht zwingen, Helena zurückzugeben.

Wenn Paris beim Zweikampf mit Menelaos in Buch 3 keine gute Figur abgibt, so liegt das vor allem daran, daß hier zwei entgegengesetzte Männertypen gegeneinander antreten: der solide Heros und der weichliche Frauenheld.[17] Paris wird von Aphrodite gerettet und von ihr dorthin versetzt, wohin er ihrer Meinung nach gehört, nämlich in Helenas Schlafzimmer. Paris schämt sich dessen nicht; denn als Hektor ihn wegen seines Zurückweichens vor Menelaos tadelt und »Schönheit und Saitenspiel« als nutzlos hinstellt, meint er, bei allem Respekt vor kriegerischen Leistungen dürften »Aphrodites liebreizende Gaben« (64) nicht verachtet werden. Da deutet sich der Konflikt zwischen nüchterner Lebenspraxis und künstlerischem Dasein an, den wir aus dem Mythos von Zethos und Amphion kennen.

Menelaos ist sozusagen Agamemnons ›kleiner Bruder‹. Agamemnon hat seinetwegen den Krieg gegen Troja arrangiert, ist äußerst besorgt um ihn, als er in Buch 4 durch den hinterhältigen Pfeilschuß des Pandaros verwundet wird, und untersagt ihm in Buch 7, im Zweikampf gegen

17 Paris ist kein Don Juan. In Troja lebt er anscheinend als treuer Ehemann an Helenas Seite.

Hektor anzutreten, weil das seinen sicheren Tod bedeuten würde. Natürlich hat Agamemnon nichts dagegen, daß sein Bruder an den normalen Kämpfen teilnimmt. Dabei bewährt sich Menelaos, wie gegenüber Paris, als tüchtiger, wenn auch nicht herausragender Kämpfer, so besonders in Buch 17 beim Kampf um Patroklos' Leiche.

11.5 Helena in der Ilias

Als Helena von der Götterbotin Iris in Gestalt ihrer Schwägerin Laodike eingeladen wird (3,121), bei dem Zweikampf zwischen Menelaos und Paris zuzuschauen, verspürt sie Sehnsucht nach ihrem ersten Mann und ihrer Heimat. Auf der Stadtmauer sind Priamos und die Ältesten von Troja schon versammelt. Die alten Herren sind von ihrer Schönheit tief beeindruckt und meinen (156):

> »Man kann Troer und Griechen nicht tadeln, daß sie um diese Frau schon so lange Krieg führen.«

Aber sie würden sie natürlich gern ziehen lassen, wenn der Krieg dadurch beendet würde:

> »Aber wie (schön) sie auch immer ist, sie sollte heimfahren, um uns weiteren Schaden zu ersparen.«

Priamos lädt sie ein, sich neben ihn zu setzen, damit sie ihren früheren Mann ansehen könne, und fügt wohlwollend hinzu (165):

> »Nicht du, die Götter sind schuld an diesem Krieg.«

Dann fragt er nach den Namen der griechischen Anführer unten im Feld. Als sie Agamemnon sieht, wird erneut die Erinnerung an die Heimat und die zurückgelassene Tochter wach, und sie zeigt heftige Gefühle der Reue wegen ihrer Entscheidung, Paris zu folgen. Von Menelaos ist während dieser ›Mauerschau‹ nicht weiter die Rede.

Helena, deren Bild in der Antike manchen Wandlungen unterworfen war, ist in der Ilias die Frau des Menelaos, die ihrem Entführer Paris freiwillig nach Troja gefolgt ist und dort seit nahezu zwanzig Jahren mit ihm zusammenlebt, anscheinend als reguläre Ehefrau. Da Paris dadurch vom Entführer zum Ehemann geworden ist, ist ihr Verhältnis jetzt normal temperiert, was nicht heißt, Helena warte nur darauf, von den Griechen zurückgeholt zu werden. Aber sie empfindet ihre Situation als zwiespältig, wie ihr beim Anblick des griechischen Heeres bewußt wird.

Der Krieg, der doch ihretwegen geführt wird, scheint sie nicht zu berühren. In der Ilias macht sie sich keine Sorgen, was aus ihr werden wird, wenn die Griechen die Stadt erobern. In der Tragödie *Troerinnen* von Euripides muß sie damit rechnen, von Menelaos mit dem Tode bestraft zu werden. Nicht einmal die Frage, wer in dem Zweikampf zwischen Menelaos und Paris, bei dem es doch um sie gehen soll, siegen wird, scheint sie zu interessieren. Man sollte sich jedoch hüten, diese Neutralität als Charakterzug, etwa als weiblichen Opportunismus, zu deuten; denn sie ist wahrscheinlich nur die Folge einer motivischen Eingrenzung durch den Erzähler.

Was Helena während des Zweikampfs denkt, d.h. wem sie den Sieg wünscht und ob sie um das Leben eines der beiden fürchtet, erfahren wir von Homer nicht. Der für Paris wenig rühmliche Ausgang ist ihr jedoch äußerst peinlich. Als Aphrodite ihr mitteilt, Paris erwarte sie zu Hause, wird sie geradezu aggressiv (406):

> »Geh doch selber hin, ich denke gar nicht daran, ich will mich doch nicht lächerlich machen!«

Doch da sie der Göttin gehorchen muß, geht sie nach Hause und setzt sich in den Sessel, den Aphrodite dicht neben Paris, der schon auf dem Bett liegt, hingestellt hat. Dann sagt sie ihm ausführlich die Meinung (428):

»Wärst du doch bloß umgekommen! Mein früherer Mann ist doch ein ganz anderer Kerl als du! Und du hast mir immer erzählt, du seist stärker als er! Fordere ihn sofort wieder heraus! Nein, besser nicht, der würde dich ja im Handumdrehen erledigen!«

Paris, der etwas ganz anderes im Sinn hat, antwortet leichthin, sie solle doch nicht mit ihm schimpfen, was heiße es schon, wenn Menelaos jetzt gesiegt habe, ein andermal sei er wieder dran. Und dann erweist er sich als der schmeichelnde Verführer, dessen Überredungskunst Helena früher erlegen war und auch jetzt nicht widerstehen kann.

In Buch 6 bei seinem Gang in die Stadt (→ 9.4.1) will Hektor auch nach Paris sehen, der sich bisher auf dem Schlachtfeld nicht hatte blicken lassen. Dabei trifft er Helena im Kreis ihrer Mägde als schaffende Hausfrau an (323). Sie ist wieder gar nicht gut auf Paris, der dabeisitzt und seine Waffen putzt, zu sprechen (350):

»Ich wünschte mir einen besseren Ehemann, dem es etwas ausmacht, wie die Leute über ihn reden, aber der hier ist ein Leichtfuß und wird es immer bleiben.«

Sie lädt Hektor ein, sich zu ihr zu setzen, um ihm ihr Leid zu klagen; denn sie ist unglücklich, weniger wegen Paris als wegen ihres eigenen Schicksals, das sie vielen Menschen zum Abscheu hat werden lassen. Doch er kann nicht bleiben und antwortet:

»Das ist lieb von dir, aber ich muß zurück in die Schlacht und will vorher noch meine Frau und meinen kleinen Sohn aufsuchen, weil ich nicht weiß, ob ich je zurückkomme.«

In ihrem kleinen Nachruf auf den toten Schwager in Buch 24 erinnert Helena an ihr vertrautes Verhältnis und klagt, sie habe in ihm ihren besten Freund verloren (767):

»Nie habe ich von dir ein böses Wort gehört, immer warst du freundlich; nun habe ich niemand mehr.«

Das sind fast schon die Schlußworte der Ilias; denn es folgt nur noch die Bestattung des Toten. Helena erhält damit vom Erzähler einen Ehrenplatz zugewiesen.

Helena, die schönste aller Frauen, ist in der Ilias nicht nur schön, sondern auch klug und menschlich sympathisch. Selbst der Erzähler Homer muß ein Verehrer von ihr gewesen sein.

11.6 König Priamos

Seine Rolle als König von Troja ist nicht sehr ausgeprägt; er ist mehr Zuschauer als Mitwirkender. Er scheint zwar wie Agamemnon die oberste Entscheidungsgewalt zu haben, aber wegen seines fortgeschrittenen Alters läßt er Hektor freie Hand bei allen Fragen, die die Kämpfe betreffen. Er wirkt wie ein netter alter Herr, der schon etwas über den Dingen steht. Bei der ›Mauerschau‹ soll Helena neben ihm sitzen und ihm die Namen der griechischen Anführer nennen. Als es jedoch ernst wird und der Zweikampf beginnen soll, zieht er sich zurück (3,306):

»Ich könnte nicht mit ansehen, wie mein Sohn mit dem erfahrenen Krieger Menelaos kämpft.«

Als später jemand bei einer Beratung vorschlägt, Helena zurückzugeben, um den Krieg zu beenden, genügt Paris' Protest, um den Vorschlag vom Tisch zu wischen (7,362). Daß Priamos bei der anschließenden Totenbestattung den Troern das Klagen untersagt (427), klingt dagegen geradezu energisch. Anders als der alte Nestor wünscht er sich niemals, noch mitkämpfen zu können, und erzählt auch nicht von Taten in seiner Jugend.

Ganz anders sieht seine Rolle als Hektors Vater aus. Als Hektor in Buch 22 allein vor der Stadt ausharrt, ist Priamos der erste, der das Herannahen Achills bemerkt (25), und er bittet seinen Sohn flehentlich hereinzukommen. Dabei denkt er auch an das Schicksal Trojas, das allein von Hektor abhänge (56). Als Achill seinen toten Sohn zu den Schiffen schleift, muß er mit Gewalt gehindert werden, durch ein Stadttor hinauszustürzen und Achill um Erbarmen anzuflehen (412). Als ihn in Buch 24 die Götterbotin Iris auffordert, zu Achill zu gehen, um Hektors Leiche freizukaufen, läßt er sich auch von Hekabe nicht zurückhalten. Ihm kann es nicht schnell genug gehen, und er beschimpft die Helfer, die den Wagen mit Gaben für Achill beladen sollen. Als er mit göttlicher Hilfe ungesehen bis zu Achill vorgedrungen ist (477), fällt er ihm zu Füßen und

> »küßt die mörderischen Hände, die ihm so viele Söhne getötet hatten.«

Seinem Sohne zuliebe nimmt er selbst die tiefste Erniedrigung auf sich. (→ 17.2)

12 Seitenblicke während der Kämpfe

12.1 Wer darf als erster angreifen?

Da der für den Zweikampf Paris – Menelaos vereinbarte Waffenstillstand in Buch 4 durch den Pfeilschuß des Pandaros gebrochen wird, geht der Aufmarsch der Heere weiter. Agamemnon mustert seine Truppen, wobei es zu der erwähnten Konfrontation mit Odysseus kommt, bei der Agamemnon sofort einlenkt und sich entschuldigt. Gegen Ende von Buch 4 stoßen dann schließlich die Heere zusammen, und damit stellt sich für den Erzähler die Frage, wer den Kampf eröffnen soll.

Auf griechischer Seite müßte es eigentlich Agamemnon sein, da er ein guter Kämpfer ist und als Anführer den Angriff einleiten müßte. Wenn wir ihm wegen des Oberbefehls über ein so großes Heer eine anfängliche Zurückhaltung zugestehen, müßte es sein bester Kämpfer sein. Das wäre Aias, »der Stärkste nach Achill«.

Doch erzähltaktisch ist beides nicht zu empfehlen, weil dabei die Gefahr besteht, daß der Erzähler sein Pulver vorzeitig verschießt. So beginnt Thomas Mann die *Buddenbrooks* nicht mit geschäftlichen Erfolgen des alten Konsuls, sondern mit dem Aufsagen des Katechismus durch die kleine Tony. Ebenso schon Homer. Es ist nämlich der junge Antilochos, der den ersten Feind erschlägt. Als zweiter darf dann Aias einen bescheidenen Einzelsieg erringen, der nur deswegen bemerkenswert war, weil der Getötete ein hoffnungsvoller junger Mann ist und von Homer durch ein schönes Gleichnis geehrt wird. Agamemnon kommt hier gar nicht vor, ebensowenig der gleich darauf in Buch 5 äußerst angriffslustige Diomedes.

12.2 Diomedes, ein jugendlicher Held besonderer Art

Er ist der jüngste der Könige, was sich darin äußert, daß er zugleich weniger und mehr darf als die vollgültigen Heroen. Einerseits ist er der junge Mann, der unter Älteren bescheiden den Mund hält; so läßt er sich von Agamemnon in Buch 4 im Gegensatz zu Odysseus widerspruchslos abkanzeln (→ 10.2). Doch andererseits läßt Homer ihn Taten vollbringen, die bei den anderen Heroen ganz undenkbar sind, er darf nämlich Götter verwunden.

Er ist ein staunenswerter Kämpfer; seine mit Buch 5 beginnende Aristie[18] endet eigentlich erst in Buch 11 mit seiner Verwundung. Er dringt unaufhaltsam vor, verwundet Aphrodite, als sie ihren Sohn Äneas schützen will, und dann sogar (mit Athenes Hilfe) den Kriegsgott Ares. Die Troer »fürchten ihn mehr als Achill«, und seinetwegen

18 Sie ist durch eingeschobene Siege anderer erweitert (→ 19.1).

Diomedes will Äneas töten, Aphrodite greift ein (Il. 5,31 ff.)
Attischer rotfiguriger Krater, 5. Jh. v. Chr.
(Boston, Museum of Fine Arts)

geht Hektor in Buch 6 in die Stadt, um einen Bittgang zum Tempel der Stadtgöttin anzuordnen. In Buch 8 wird er nur durch den Blitz des Zeus vom weiteren Vordringen abgehalten (133). Bei den ›Leichenspielen‹ in Buch 23 tritt er im Waffenkampf gegen Aias an, und der junge Mann ist auf dem besten Wege – man wundert sich schon gar nicht mehr –, den »Stärksten nach Achill« zu besiegen, woraufhin der Kampf abgebrochen wird, da man um Aias' Leben fürchtet. – Es ist klar, daß Diomedes, der vor der Ilias wahrscheinlich ein relativ unbekannter Heros war, diesen Spielraum der Abwesenheit Achills zu verdanken hat.

Auch als Ratgeber tut sich Diomedes hervor. Als Agamemnon in Buch 9 vorschlägt, den Krieg abzubrechen und nach Hause zu fahren, ergreift er als erster das Wort (31) und widerspricht zugleich im Namen seines Freundes Sthenelos:

> »Du magst nach Hause fahren.
> Wir bleiben, bis Troja gefallen ist!«

Dabei fügt er eine bis heute geläufige Formel hinzu, die besagen soll, daß man überzeugt sei, für eine gerechte Sache zu fechten:

> »Wir sind mit (einem) Gott gekommen.«

Alle sind begeistert, und Nestor schlägt die Bittgesandtschaft vor. Nach deren Scheitern ist es wieder Diomedes, der den anderen Mut macht (701):

> »Wir werden schon ohne Achill auskommen, bis er wieder bereit ist zu kämpfen.«

In Buch 14, als Agamemnon erneut die Abfahrt vorgeschlagen und diesmal Odysseus heftig widersprochen hat, empfiehlt Diomedes (128):

> »Wir wollen trotz unserer Verwundungen auf das Schlachtfeld gehen, um die Kämpfer zu ermuntern.«

Anstandslos folgen Agamemnon und die anderen seinem Rat.

Diomedes ist als Ratgeber ein echter Konkurrent für Nestor und Odysseus. Homer mußte deswegen darauf achten, daß keiner dem anderen die Schau stiehlt. Wir können dem hier nicht im einzelnen nachgehen.

12.3 Die Begegnung Hektor – Andromache

Hektors Frau Andromache stammt aus einer Stadt in der Nähe von Troja, die während des Krieges, als Andromache bereits in Troja lebte, von den Griechen überfallen, ausgeplündert und zerstört worden war. Dabei waren ihr Vater und ihre sieben Brüder von Achill erschlagen worden. Sie hat also keine Familie und Heimat, wo sie Zuflucht finden könnte, sondern ihr Leben hängt einzig am Schicksal Hektors und Trojas.

Als Hektor in Buch 6 nach seinem Besuch bei Helena und Paris (→ 11.5) noch Andromache aufsuchen will, trifft er sie nicht zu Hause an. Sie nimmt nicht an dem Bittgang der Frauen zum Tempel der Stadtgöttin teil, sondern war mit ihrem Kind, dem kleinen Astyanax, auf die Stadtmauer gestiegen, als sie gehört hatte, es stehe schlecht um die Sache der Troer. Als Hektor schon auf dem Wege zum Stadttor ist, um auf das Schlachtfeld zurückzukehren, kommt sie ihm zufällig entgegen.

Andromache versucht ihren Mann aufzuhalten. Sie will ihm einreden, es sei nur unangebrachter Kampfeseifer, der ihn treibe, gegen die Übermacht der Griechen anzutreten. Er solle doch an Frau und Kind denken, und sie stellt ihm ihre Situation vor, wenn er fiele. Sie würde dann niemand mehr haben, denn (429)

»Du bist mir Vater, Mutter, Bruder und Gatte.«

Er solle deswegen in der Stadt bleiben.

Sie greift sogar – als Frau! – zu einem kriegstaktischen Argument. Da gebe es doch eine besonders gefährdete Stelle der Stadtmauer, die zu verteidigen sei doch wichtiger als der Kampf im offenen Feld.

Aber sie weiß natürlich, daß er zurück in die Schlacht muß. Und sie bleibt auch gefaßt, als er düster den Untergang Trojas voraussagt und sich ihr Los als Gefangene der Griechen ausmalt.

Als Hektor das Kind vom Arm der Amme nehmen will und es vor seinem Helmbusch erschrickt und sich schreiend an die Amme schmiegt, muß auch Andromache lachen. Er nimmt den Helm ab, küßt das Kind, wiegt es in den Armen und gibt es der Mutter, die unter Tränen lächelt. Hektor streichelt sie, verweist auf das unausweichliche Fatum, und zum Abschied rät er ihr, sich der Tagesarbeit zuzuwenden. Auf dem Heimweg blickt sie oft weinend zurück, und zu Hause kommt es zu einer Klageszene mit den Mägden, weil alle glauben, Hektor werde nicht lebend wiederkehren.

12.4 Andromaches Klage

Andromache tritt erst wieder in Buch 22 auf. Sie ist damit sozusagen (auch im Interesse des Erzählers) Hektors Rat gefolgt, im Hause zu bleiben und ihrer Arbeit nachzugehen. Wir hören daher nichts davon, wie sie auf die dazwischen liegenden Ereignisse reagiert. Selbst als Hektor am Anfang von Buch 22 allein vor der Stadt geblieben ist, hat sie anscheinend nichts davon erfahren. Sie ist mit Webarbeiten beschäftigt und will gerade vorsorglich ein Bad für Hektor richten lassen, als sie plötzlich von der Stadtmauer her Jammergeschrei und laute Klagerufe hört (447). Sie fürchtet, es könne Hektors Tod bedeuten, und stürzt mit klopfendem Herzen »wie eine Rasende« davon. Auf der Mauer angekommen, sieht sie, wie der tote Hektor in schneller Fahrt zu den Schiffen der Griechen geschleift wird, und bricht ohnmächtig zusammen.

Ins Bewußtsein zurückgekehrt klagt sie über ihrer beider unglückliches Schicksal. Durch seinen Tod haben sie und ihr Kind ihre Stütze verloren. Dann spricht sie nur noch von dem Kind. Selbst wenn Astyanax den Krieg überlebe, werde er vaterlos als herumgestoßenes Waisenkind aufwachsen müssen. Und dann wieder Hektor und die Gegenwart (22,507):

> »Du allein hast Troja geschützt, und nun liegst du tot da, nackt – und ich habe für dich die schönsten Gewänder im Hause, nun nützen sie dir nichts mehr, ich werde sie verbrennen, dir zu Ehren.«

Als Priamos in Buch 24 mit Hektors Leiche zurückkommt, sind Andromache und seine Mutter Hekabe als erste bei dem Wagen, um den Toten ins Haus zu geleiten. Dort eröffnet Andromache die Klage. Wieder beginnt sie mit seinem Tod und dem Schicksal, das ihr und dem Kind nun bevorsteht. Jetzt rechnet sie fest mit dem Untergang Trojas. Astyanax wird nicht nur Waise, sondern auch Sklave sein. Dann kommt ihr sogar der Gedanke, ein rachedurstiger Grieche könne das Kind von der Stadtmauer stürzen. Homer deutet damit auf die Fortsetzung der Geschichte hin, in der die Griechen Astyanax von der Mauer stürzen, damit er nicht zum Rächer heranwachsen kann. Dann ist sie wieder bei Hektor und schließt mit den Worten (24,742):

> »Aber mein größter Kummer ist: Du konntest mir nicht sterbend die Hände reichen und mir ein Abschiedswort sagen, an das ich Tag und Nacht denken kann, wenn ich um dich weine.«

Andromache bricht nicht in theatralische Klagerufe aus, und es gibt bei ihr keine rituellen Gesten wie bei Achill, als er um Patroklos klagt (→ 14.5). Um so rührender wirkt es, wie sie – schluchzend – von der Nacktheit des Leichnams auf den vollen Kleiderschrank zu sprechen kommt, der nun unnütz sei, wie sie alles verbrennen will und sich dann faßt und eine Ehrung für Hektor daraus machen möchte. Ähnlich ist es, wie sie den Wunsch nach einem Händedruck und einem Abschiedswort mit ihren künftigen Tränen verbindet.

Es dürfte in der Literatur wenige Trauerszenen geben, die mit so einfachen Mitteln so große Wirkung erzielen.

12.5 Hektor, der edle Verlierer

Hektor gelingt es mehrfach, bis zu den Schiffen der Griechen vorzudringen, aber sein eigentliches Ziel, die Schiffe zu verbrennen und das Heer der Griechen zu vernichten,

Achill tötet Hektor (Il. 22,306ff.), der hier keine Rüstung trägt
Attischer rotfiguriger Stamnos, 5. Jh. v. Chr.
(München, Antikensammlungen)

erreicht er nicht. Schon während der Kämpfe muß er manche Niederlage einstecken. In Buch 11 bringt ihn ein Speerwurf des Diomedes ins Taumeln (354) und läßt ihn auf seinen Wagen steigen und die Flucht ergreifen; in Buch 14 bricht er nach einem Steinwurf des Aias (410) ohnmächtig zusammen und wird in die Stadt getragen. Er muß sich auch Vorwürfe und Tadel von Mitkämpfern anhören, so etwa in Buch 5 von dem verbündeten Lykierkönig Sarpedon (471).

Bei Hektor zeigt sich ein gewisser Zwiespalt des Erzählers. Er soll ein herausragender Held sein, aber all sein Kämpfen ist vergeblich, weil er die Griechen nicht vertreiben kann und am Ende von Achill getötet wird und weil die künftige Zerstörung Trojas in der Ilias ohnehin feststeht. Seine eigentliche Rolle ist daher die des edlen Verlierers, dem man den Sieg gönnen würde, wenn das Schicksal und die Götter nicht anders entschieden hätten. Sein Vordringen zu den Schiffen in Buch 8 führt ihn nur zu falschen Hoffnungen. Als Hektor und die Troer siegesgewiß nachts vor der Stadt bleiben, nehmen die Götter, wie uns der Erzähler wissen läßt, den Rauch ihres Opfers nicht an (8,550),

> »weil ihnen Troja und Priamos und das Volk der Troer verhaßt war«.

Hektor ist an sich kein Mann eitler Hoffnungen. Er hat, wie er bei der Begegnung mit Andromache in Buch 6 sagt, gelernt (444),

> »tapfer zu sein und unter den Ersten zu kämpfen«,

und er weiß auch, daß er dem Tod nicht ausweichen kann, und ahnt sogar den Untergang Trojas voraus (448):

> »Der Tag wird kommen, an dem Troja untergeht.«

Doch als Achill sich in Buch 18 den Troern gezeigt hat und sein Eingreifen zu erwarten ist, lehnt Hektor unter dem Beifall der Troer den Rat des klugen Polydamas ab, das freie Feld preiszugeben und den Rückzug in die Stadt anzuordnen. Er will weiterhin die Entscheidung auf dem Schlachtfeld suchen, obwohl er nur noch auf das bloße Kriegsglück vertrauen kann, das manchmal auch dem Schwächeren hilft (18,309):

> »Der Gott des Krieges hat oft schon den Tötenden getötet.«

Der Erzähler Homer setzt hinzu, daß Hektors Entscheidung ein Fehler war. Wir hatten die Stelle schon oben zitiert (→ 8.5.1). Falsche Hoffnung und Resignation kommen hier bei Hektor zusammen. Ebenso in Buch 20, als Achill wieder auf dem Schlachtfeld erschienen ist und Hektor, der seine Troer ermutigen möchte, sagt (369):

»Auch Achill erreicht nicht alles, was er will.«

Als dann die Troer nach schweren Verlusten doch in die Stadt geflohen sind, bleibt er in Buch 22 allein außerhalb der Mauer, nicht weil er noch Hoffnung hätte, Achill besiegen zu können, sondern weil er Vorwürfe scheut (100):

»Was würden Polydamas und die Troer sagen.«

Er sieht, daß er sich selbst überschätzt hat und den Troern schweren Schaden zugefügt hat. So geht er verunsichert in den Kampf mit Achill. Den Gedanken »Helena und alle Schätze zurückgeben« verwirft er sofort wieder, weil Achill ihn trotzdem gnadenlos töten würde, und hofft noch einmal auf das Kriegsglück (130):

»Wir wollen sehen, wen Zeus siegen läßt.«

Doch als Achill vor ihm steht, ergreift er erschrocken die Flucht, von Achill verfolgt. Der Erzähler urteilt (158):

»Ein Tapferer floh, ein Besserer verfolgte ihn«,

und weist damit auf den Ausgang voraus. Es war, so der Erzähler, kein sportlicher Wettlauf, sondern es ging

»um Hektors Leben«.

Dreimal umkreisen sie so die Stadt, bis Hektor plötzlich seinen Bruder Deiphobos an seiner Seite sieht. Er bleibt stehen und stellt sich Achill zum Kampf, wieder auf das Kriegsglück hoffend (253):

»Ich töte oder werde getötet.«

Daß seine Hoffnung, Achill töten zu können, nicht sehr groß ist, zeigt sein Vorschlag, wer auch immer siege, solle den Toten den Angehörigen überlassen. Achill weist jede Vereinbarung schroff zurück. Als Hektor seinen Speer wirft, will er damit nur noch seinen Mut beweisen, auch wenn es ihn das Leben kostet. Der Speer prallt von Achills

Schild ab, und als Hektor den des Bruders nehmen will, ist der vermeintliche Helfer verschwunden. Es war eine göttliche Täuschung, wie Hektor sofort klar ist. Er weiß, daß dies das Ende ist, und stürzt sich mit dem Schwert auf Achill, dessen Speer ihn tödlich trifft. Als Achill seine flehentliche Bitte, ihn gegen Lösegeld seinen Eltern zu überlassen, hart wie zuvor zurückweist, erinnert Hektor ihn sterbend an den Zorn der Götter, der ihn treffen werde (359),

> »wenn Paris und Apollon dich am Skaiischen Tor töten werden.«

Doch dieser prophetische Ausblick in die Zukunft ändert nichts daran, daß Hektor der Verlierer in diesem Kampf ist. Es ist nicht einmal ein drohender Hinweis auf eine Strafe, die Achill erleiden werde; denn dieser soll zwar, wie Thetis ihm gesagt hat, bald nach Hektor sterben, aber ein ursächlicher Zusammenhang besteht deswegen nicht. So ist auch Hektors Prophezeiung nicht mehr als der hilflose Wunsch eines Sterbenden nach Vergeltung.

12.6 Die zweifelhafte Ehre, der Zweitbeste zu sein

12.6.1 Hektor und Aias

Aias und Hektor sind – wenn wir den Sonderfall Diomedes beiseite lassen – nach Achills Ausscheiden unbestritten die besten Kämpfer der beiden Seiten. Aber das nützt ihnen wenig; denn beide dürfen nicht wirklich siegen. Hektor kann die Griechen nicht vernichten und wird schließlich von Achill getötet, und Aias darf das Vordringen der Troer nicht verhindern, weil das Achill überflüssig machen würde. Bei Hektor kommt der Zwiespalt hinzu, daß er zwar ein herausragender Held ist, aber offensichtlich nicht besser sein soll als die besten Kämpfer der Griechen, nämlich Aias und Diomedes.

Bei dem Zweikampf mit Aias in Buch 7 (→ 9.2.3) wird das ganz deutlich. Nach Hektors Herausforderung erhebt sich auf griechischer Seite zunächst ein betretenes Schweigen, weil niemand wagt, gegen ihn anzutreten (92). Erst nach Nestors Mahnung melden sich neun Freiwillige, aus denen dann Aias ausgelost wird. Nun aber ist auf einmal Hektor der Ängstliche und Unterliegende, der nur deswegen lebend davonkommt, weil der Kampf vorzeitig abgebrochen wird. Ein ähnlicher Widerspruch ist es, wenn Homer Agamemnon bei dieser Gelegenheit zum Ruhme Hektors sagen läßt, sogar Achill sei ihm ausgewichen (113), ihn aber in Buch 22 vor Achill zurückschrecken und dreimal (165) um die Stadt fliehen läßt.

12.6.2 Warum muß Hektor so oft ausweichen?

Grundsätzlich versucht Homer natürlich, solch ein widersprüchliches Nebeneinander zu vermeiden. So darf man sich nicht wundern, daß Agamemnon und Hektor auf dem Schlachtfeld nicht zusammentreffen, was bei ihnen als den Anführern der beiden Seiten doch eigentlich naheläge. In Buch 11 wird Hektor eigens deswegen von Zeus »entrückt« (163) und wird zusätzlich ermahnt abzuwarten, bis Agamemnon verwundet ausgeschieden sei (191). Später flieht er vor Diomedes (360). Auch sonst wird Hektor öfter vom gerade erzählten Geschehen ferngehalten; es heißt dann etwa, er sei an anderer Stelle gewesen und habe nichts bemerkt. Oder er wird gar nicht erwähnt, wie etwa in Buch 4, als Pandaros durch seinen Pfeilschuß den Waffenstillstand bricht, wo wir uns eine Reaktion Hektors, als des troischen Anführers, vorstellen könnten.

Sogar beim Tod des Patroklos in Buch 16, der doch der Anlaß für Achills Eingreifen ist und ihn speziell gegen Hektor aufbringt, ist Hektor nur halb dabei. Es gibt, anders als man erwarten könnte, keinen Zweikampf, sondern Patroklos wird von Apollon gelähmt (791) und entwaffnet, dann von einem gewissen Euphorbos hinterrücks schwer verwundet und schließlich von Hektor mühelos getötet. Hektor wird hier gewissermaßen ein Opfer der Absicht des Erzählers, Patroklos als fast unüberwindlichen Helden hinzustellen. Hektors Ruhm soll dadurch natürlich nicht geschmälert werden, ganz abgesehen davon, daß die Tötung eines Verwundeten und Unbewaffneten den heroischen Spielregeln nicht widerspricht.

12.6.3 Aias und seine Rückwärts-Aristien

Aias ist »der Stärkste nach Achill«. Das ist ein großes Lob, erweist sich aber in der Ilias als Nachteil, weil dort das »nach« entscheidend ist. Aias muß die undankbare Rolle des zweiten Mannes spielen, der, so tüchtig er ist, den Protagonisten nicht in den Schatten stellen darf.

Das führt zu einem ähnlichen Zwiespalt wie bei Hektor. Aias, über den Idomeneus einmal sagt, er würde selbst vor Achill nicht zurückweichen, darf nicht siegen, weil sich durch die Niederlage der Griechen die Unentbehrlichkeit Achills erweisen soll. So ist er zwar der zähe Verteidiger der Schiffe, aber auch er kann nicht verhindern, daß in Buch 16 das Schiff, das er schützen will, in Brand gesteckt wird. Man könnte diesen Kampf, bei dem er sich stufenweise vom Erdboden auf das Schiff und dann noch auf eine erhöhte Bank zurückzieht, aber unermüdlich weiter Feinde abwehrt, eine Rückwärts-Aristie nennen, ebenso seine Rückzugsgefechte nach den ›Verwundungen‹ anderer in Buch 11 und beim ›Kampf um die Leiche des Patroklos‹ in Buch 17.

Seinen Quasi-Sieg im Zweikampf mit Hektor in Buch 7 und den Steinwurf in Buch 14, der Hektor für einige Zeit außer Gefecht setzt, darf man sozusagen als Akte der poetischen Gerechtigkeit verstehen, als Kompensation des Erzählers dafür, daß Aias sonst aus strukturellen Gründen nur bedingt zeigen darf, was in ihm steckt.

12.6.4 Äneas, der vorgeschickte Platzhalter

Äneas ist Aphrodites Sohn, hat aber von ihren spezifischen Gaben anscheinend nichts mitbekommen, sondern ist in der Ilias ein grundsolider Heros, weswegen die Römer ihn später problemlos zu ihrem Stammvater machen konnten.

Er gilt als der beste troische Kämpfer nach Hektor. Das »der Beste nach« ist (wie wir schon bei Aias gesehen haben) ein zweischneidiges Kompliment; denn es bedeutet, daß Äneas nicht nur inhaltlich, sondern auch strukturell die zweite Geige spielt.

Zwar hat er auf dem Schlachtfeld seine Erfolge, aber wenn man sich das genauer ansieht, stellt er für die Griechen keine große Gefahr dar. Während Hektor mehrfach kurz davor ist, die Schiffe in Brand zu stecken, scheint Äneas niemals so weit vorzudringen. Man kann auch den Eindruck haben, daß der Erzähler ihn als Platzhalter für Hektor benutzt, d.h. ihn vor allem dann auftreten und länger kämpfen läßt, wenn eigentlich Hektor erscheinen müßte, aber herausgehalten werden oder erst später ins Spiel kommen soll. So ist Äneas in Buch 5 der Gegner des vorstürmenden Diomedes, während Hektor fast beiläufig am Rande erscheint, obwohl er den Kampf mit Diomedes suchen müßte. Ähnlich sieht Äneas' Rolle in Buch 20 aus. Eigentlich müßten Achill und Hektor als die Hauptkämpfer der beiden Seiten sofort aufeinandertreffen, ganz abgesehen davon, daß Achill Hektor unbedingt töten will, ihn also herausfordern oder suchen müßte. Doch Apollon (sprich Homer) schickt zunächst Äneas vor, und zur ersten Begegnung zwischen Achill und Hektor kommt es erst wesentlich später. Diese Disposition ist sofort zu erkennen, wenn man sich die Abfolge ihres Auftretens klarmacht:

Buch 5	Äneas	(166)
	Hektor	(471)
Buch 20	Äneas	(79)
	Hektor	(364)

Äneas kann sich damit trösten, daß dieser poetischen Zurücksetzung eine sehr positive Seite gegenübersteht, er darf nämlich anders als Hektor die Ilias und den Trojanischen Krieg überleben.

Hinter dem in Buch 13 einmal erwähnten Zorn (oder Groll), den Äneas gegenüber Priamos hegt (460), sollte man keine besondere Geschichte vermuten. Das ist wohl nur eine Ad-hoc-Begründung, um zu erklären, warum er erst jetzt wieder vom Erzähler einbezogen wird.

12.6.5 Sarpedon, der prominente Tote

Der erste Auftritt des Königs von Lykien, der keinen Geringeren als Zeus zum Vater hat, besteht darin, Hektor scharf zu tadeln (5,471). Aber das führt zu keinem Streit, und im weiteren ist er ein wichtiger Helfer der Troer, der sich besonders in Buch 12 beim ›Mauerkampf‹ hervortut. Er reißt ein Stück der Oberkante ein, doch den eigentlichen Durchbruch erreicht Hektor mit seinem Steinwurf, der ein Tor zerschmettert. In Buch 16 ist Sarpedon der bedeutendste Gegner, der von Patroklos getötet wird, und sein Tod hat ihn berühmter gemacht als seine vorhergehenden Taten.

Mindestens bis ins 19. Jh. war Sarpedon in bildender Kunst und Literatur eine relativ bekannte Figur, was auf zwei eindrucksvolle, sehr bildhafte Szenen der Ilias zurückzuführen ist:

In Buch 5 wird er von einem Speer in den Schenkel getroffen, von Freunden weggetragen und unter einer

Schlaf und Tod heben den toten Sarpedon auf (Il. 16,682)
Attischer rotfiguriger Krater, 6. Jh. v. Chr.
(New York, Metropolitan Museum of Art)

»schönen Zeus-Eiche« (693) niedergelegt. Erst dort wird der mitgeschleifte Speer herausgezogen, Sarpedon wird ohnmächtig, kommt aber bald wieder zu sich.

In Buch 16 läßt Zeus »blutige Tropfen« (459) regnen, als der Tod seines Sohnes bevorsteht, und nachdem Sarpedon gefallen ist, läßt er den Leichnam von Apollon entrücken und waschen und anschließend durch

»die Zwillingsbrüder Schlaf und Tod«

in seine Heimat Lykien bringen, damit er dort bestattet werden kann (666).

13 Die Bittgesandtschaft

13.1 Die Gesandten: Odysseus, Aias und Phoinix

In Buch 9 schickt Agamemnon Odysseus, Aias und Phoinix zu Achill, um ihn zum Einlenken zu bewegen. Phoinix ist der alte Erzieher Achills, und man darf sich wundern, wieso er bei Agamemnon und nicht bei Achill ist. Dies um so mehr, als im griechischen Originaltext der Ilias eindeutig von »zwei« Gesandten die Rede ist, die sich auf den Weg zu Achill machen. Wahrscheinlich liegt ein Versehen eines späteren Redaktors vor, dem nicht klar war, daß Phoinix von vornherein bei Achill ist und sich dort spontan in das Gespräch mit den beiden Gesandten einschaltet. Doch derartige (in der Homerforschung häufig angestellten) Spekulationen sind müßig; denn von der Frage, ob drei oder zwei Männer von Agamemnon zu Achill gehen, hängt nichts ab, da auf jeden Fall bei Achill drei das Wort ergreifen.

Eigentlich könnte man erwarten, daß der »honigsüß redende« Nestor, der schon in Buch 1 zu schlichten versucht hatte, zu Achill geschickt wird. Ihn vertritt gewissermaßen Odysseus, der ebenfalls ein guter Redner ist; ihm kommen die Worte »wie Schneegestöber« (3,222) aus dem Munde. Aias als »der Stärkste nach Achill« ist der Repräsentant der anderen Heroen. Über das Zusammentreffen von Odysseus und Aias bei dieser Gelegenheit darf man sich ebenfalls etwas wundern. Die Ilias kennt, wie es scheint, zwar noch nicht den Streit um Achills Waffen nach dessen Tod, der sie zu Feinden gemacht hat,[19] aber sie sind bereits der personifizierte Gegensatz zwischen Intelligenz und Körperkraft, der manchmal auch als Gegensatz zwischen hinterhältiger Schlauheit und offener Geradheit verstanden werden kann. Bei den ›Leichenspielen‹

19 Wie sich bei der Begegnung im Totenreich in Buch 11 der Odyssee und in der Tragödie *Aias* von Sophokles zeigt.

Die Ankunft der Bittgesandtschaft, rechts Achill,
»den Ruhm der Männer singend« (Il. 9,189)
Frühapulischer Krater, um 400 v. Chr.
(Heidelberg, Archäologisches Institut)

in Buch 23 besiegt im Ringkampf Odysseus den viel stärkeren Aias durch hinterlistiges (von ihm anscheinend neu erfundenes) Beinstellen. Doch es hat natürlich seinen guten Sinn, Aias zum Gesandten zu machen, gerade weil ihm die Worte nicht so flott vom Munde gehen. Sein Beitrag zum Gespräch ist dementsprechend kurz.

13.2 Die Reden: Psychologie und Rhetorik

Als die Gesandten bei Achill eintreffen, ist er gerade dabei, den »Ruhm der Männer zu singen«, d.h. er trägt sich und seinem Freund Patroklos ein Heldenlied vor. Da das eigentlich Sache eines Sängers wäre, darf man darin ein Zeichen sehen, daß Achill Schwierigkeiten hat, die Zeit des Nichtstuns hinzubringen. So begrüßt er die Gesandten freudig. Dabei nimmt er als selbstverständlich an, sie seien gekommen, weil sie in »Not« seien. Obwohl sie als Vertreter der Gegenpartei auftreten, will er seinen »Zorn«, wie er ausdrücklich sagt, ruhen lassen, weil er sie privat als gute Freunde betrachte. Und so gibt es zunächst eine Mahlzeit.

Dann ergreift Odysseus das Wort. Damit beginnt eine Folge von drei Redenpaaren. Odysseus, Phoinix und Aias tragen ihr Anliegen vor, und Achill antwortet jedesmal darauf. Wir können die z. T. sehr langen Reden hier nur auf die Argumente reduziert wiedergeben. Sie zeigen, daß Homer mit den wichtigsten psychologischen Tricks der praktischen Rhetorik vertraut war, lange bevor die entsprechende Theorie entstand.

Odysseus redet nicht drum herum und nennt sofort den Grund ihres Kommens, die Notlage und die Dringlichkeit der Sache. Dann wechselt er zu Achills Jugendzeit, zieht gewissermaßen dessen Vater Peleus als Fürsprecher hinzu und kommt damit unauffällig zum Thema Zorn. Erst danach fällt das Reizwort, der Name »Agamemnon«, aber gleich verbunden mit der verführerisch langen Liste der angebotenen Bußzahlungen (wozu auch eine Tochter Agamemnons gehört). Danach läßt er Agamemnon und sein Angebot wieder beiseite und schiebt »uns andere« in den Vordergrund. Zum Schluß noch – wie beiläufig – ein zusätzlicher Köder, »Hektor«, der sich einbilde, jetzt freie Bahn zu haben (9,225):

»Wir sind in Not und brauchen dich. Die Troer sind bei den Schiffen und schaffen schon Feuerbrände heran. Hektor ist kaum noch aufzuhalten.
Wenn überhaupt, dann mußt du jetzt helfen, sonst ist es zu spät. Hinterher würde es dir leid tun.
Denke an deinen Vater Peleus und seinen Spruch ›Freundlichkeit nützt, Zorn schadet‹.
Agamemnon (gesteht seinen Fehler ein und) ist zu Bußzahlungen bereit.
Wenn du es nicht für Agamemnon tun willst, dann für uns andere.
Übrigens bestünde jetzt die Chance, daß du Hektor zu fassen bekommst.«

Achill greift Odysseus' Argumente nur teilweise auf und verfällt zwischendurch in die gereizte Stimmung und ins Schimpfen wie beim Streit mit Agamemnon in Buch 1:

»Ich kann keinen Unterschied zwischen Agamemnon und euch machen. Mir paßt das ganze System der Beuteverteilung nicht. Ich verlange leistungsgerechte Verteilung, jetzt bekommt doch jeder Drückeberger dasselbe wie ich, und Agamemnon behält den Löwenanteil für sich.
Mir nimmt er meine Briseis weg, während ich für seine Helena kämpfen soll. Wie geht das zusammen?
Nein, nein, mit ihm ist ein für allemal Schluß.
(*Höhnisch.*) Das Feuer und Hektor kann er ja mit euch und eurer schönen Mauer abwehren. Als ich noch mitmachte, ließ Hektor sich kaum blicken.
Morgen geht's nach Hause, und du kannst zusehen, am dritten Tag bin ich in Phthia.
Im Grunde habe ich hier genug Beute zusammengebracht.
(*In Erinnerung an den Streit.*) Aber eine Unverschämtheit war es doch!
Seine Geschenke und seine Tochter kann er behalten!

Ich werde friedlich zu Hause mein Erbe verzehren.
Warum sein Leben riskieren, um Beute zu machen?
Das Leben ist doch nun einmal der höchste Wert.
Auch ihr solltet nach Hause fahren; denn mit der Eroberung Trojas wird es ohnehin nichts.
Mein Fazit: Agamemnon muß sich schon etwas anderes ausdenken, weil ich im Zorn verharre.
Phoinix kann, wenn er will, mit mir fahren.«

Die Abfahrt scheint für ihn beschlossene Sache zu sein.

Phoinix redet zunächst über ihre seit vielen Jahren enge Beziehung und seine Rolle als Erzieher, um dann eine direkte Mahnung anzubringen und wie ein guter Lehrer die entsprechende allgemeine Lebensregel und ein abschreckendes Beispiel zu nennen:

»Wie könnte ich ohne dich hierbleiben? Schließlich hat mich dein Vater seinerzeit als deinen Lehrer mitgeschickt.
Ich erinnere mich noch, wie ich als Flüchtling zu ihm kam und er mich freundlich aufnahm.
Ich war dein Erzieher und muß daran denken, wie du auf meinem Schoß saßest und ich dich fütterte und ich es abbekam, wenn du manchmal alles wieder ausgespuckt hast. Du warst mir wie ein eigenes Kind.
Bezähme deinen Zorn!
Man darf die Bitten eines Bereuenden nicht zurückweisen. Agamemnon tut doch, was er kann. Die Heroen der Vergangenheit waren stets bereit zu verzeihen.
Meleager ist ein Beispiel, wie man es nicht machen soll. Er schlug alle Bitten zu kämpfen ab und mußte am Ende doch eingreifen, weil der Feind schon auf der Mauer stand, und hatte damit seinen Anspruch auf Dank verspielt.[20]

20 Die Meleager-Erzählung enthält eine kleine Unklarheit, weil anscheinend zwei verschiedene Geschichten vermischt sind, der ›Krieg zwischen Kureten und Ätolern‹ und die ›Kalydonische Jagd‹. Beim Krieg weigert sich

Mache es nicht so! Warte nicht den Brand der Schiffe ab, sondern lenke auf Grund der Bitten ein.«

Achill, zunächst ganz ablehnend, aber dann doch in der Frage der Abfahrt schon etwas einlenkend:

»Phoinix, mein Vater, ich bin mir selbst genug und brauche keinen Dank anderer.
Ich werde bei den Schiffen bleiben (d.h. ich werde nicht kämpfen)!
Im übrigen solltest du nicht für Agamemnon eintreten, sondern solltest auf meiner Seite stehen.
Morgen können wir überlegen, ob wir abfahren oder bleiben.«

Damit ist die Abfahrt wieder offen.

Aias:

»Odysseus, wir wollen gehen! Man wartet auf uns.
Achills Zorn sitzt so tief, daß auch wir, seine Freunde, nichts daran ändern können.
(*Zu Achill gewandt.*) Du bist zu hart. Selbst bei einem Mord ist es üblich, Bußzahlungen zu akzeptieren.
Die eine Frau ist das doch nicht wert.
Du solltest Rücksicht auf uns Freunde nehmen!«

Achill:

»Du hast ja recht, aber wenn ich an Agamemnon denke, kocht der Zorn in mir wieder hoch. Mich zu behandeln wie irgendeinen Hergelaufenen!

der Ätoler Meleager zu kämpfen. Der Grund ist ein Fluch seiner Mutter, deren Brüder er bei der Kalydonischen Jagd im Streit um die Beute erschlagen hatte. Die Schwierigkeit ist, daß Phoinix sagt, ein Streit mit den Kureten bei der Jagd habe den Krieg ausgelöst, der Fluch der Mutter aber erst während des Krieges ausgesprochen worden sein kann, weil Meleager anfangs noch gekämpft hatte. Wahrscheinlich hatten die Kureten ursprünglich mit der Jagd gar nichts zu tun, und der Kriegsgrund war ein anderer. Die Version, daß Meleagers Mutter im Zorn ein Holzscheit verbrennt, an dem sein Leben hängt, scheint Homer nicht zu kennen.

Sagt ihm also: Ich werde erst wieder kämpfen, wenn
Hektor eure Schiffe in Brand setzt.
Von meinem Schiff, schätze ich, wird er wohl die Finger lassen.«

Die Abfahrt scheint damit endgültig vom Tisch zu sein.

14 Der Tod des Patroklos

14.1 Patroklos als Achills Bote

Patroklos ist ein Gefolgsmann Achills und ist wahrscheinlich erst in der Ilias zu dem gewaltigen Kriegshelden geworden, als der er sich in Buch 16 erweist, und zu dem Freund, dessen Tod Achill so schwer trifft. Von einer homoerotischen Zuneigung, die man den beiden später angedichtet hat, ist in der Ilias nichts zu finden. Homer nennt die beiden weiblichen Wesen, die sie nachts bei sich haben, sogar mit Namen: Diomede und Iphis (9,664).

Für die Handlung der Ilias sind an sich nur seine Freundschaft mit Achill und sein Tod von Bedeutung, weil es dadurch zur Wende in Achills Haltung kommt. Aber er wird vorher von Achill bzw. Homer zu einem relativ komplizierten Botengang eingesetzt, der seinen entscheidenden Auftritt in Buch 16 vorbereitet.

Als Achill in Buch 11 vom Deck seines Schiffes aus sieht, wie Nestor einen Verwundeten, der der Arzt Machaon sein könnte, auf seinem Wagen zu den Schiffen bringt, schickt er Patroklos zu Nestor, um zu erkunden, ob es wirklich Machaon war. Nestor erzählt ihm, daß Agamemnon, Diomedes, Odysseus und Eurypylos verwundet worden sind, und beauftragt ihn, Achill zum Eingreifen zu bewegen oder wenigstens zu erreichen, ihn selbst kämpfen zu lassen. Auf dem Rückweg trifft Patroklos den verwundeten Eurypylos, bleibt bei ihm und kommt erst in Buch 16 zu Achill zurück.

Mit seiner Ankunft dort verliert er seine ursprüngliche Botenrolle; denn er sagt über Machaon kein Wort und gibt das, was er von Nestor erfahren hatte und was dieser ihm für Achill aufgetragen hatte, wie seine eigene Meinung wieder. Von dem ›Mauerkampf‹ in Buch 12 und dem weiteren Vordringen der Troer scheint er nichts zu wissen.

14.2 Zwei Nebenfiguren mit struktureller Funktion

14.2.1 Der Arzt Machaon

Als Kämpfer wird er von Homer wohl nur eingeführt, weil er zugleich Arzt ist und seine Verwundung in Buch 11 dem Kreterkönig Idomeneus einen gehörigen Schrekken einjagen soll, denn:

> »Ein Arzt wiegt viele andere auf«,

wie dessen Ausspruch etwas verkürzt bis heute von Ärzten gern zitiert wird. Eigentlich sagt Idomeneus (514):

> »Ein Arzt versteht besser als andere, zu operieren und Verbände anzulegen.«

Er hebt ihn damit aus der Masse der Heroen, die notgedrungen alle etwas von Wundbehandlung verstehen, heraus. Es ist also ein Zeichen besonderer Fürsorge, wenn Agamemnon in Buch 4, als sein Bruder Menelaos verletzt ist, nicht selbst Hand anlegt, sondern Machaon rufen läßt. Ebendeswegen scheint sich auch Achill so sehr dafür zu interessieren, ob der Verwundete, den er bei Nestor auf dem Wagen gesehen hat, Machaon ist.

Doch Machaon erfüllt in Buch 11, obwohl er als Arzt so hochgeschätzt wird, nur eine strukturell verknüpfende Aufgabe, die darin besteht, von Paris verwundet und von Nestor abtransportiert zu werden, dadurch Achills Interesse zu erregen, damit er Patroklos zu Nestor schickt und dieser von Nestor den Vorschlag mitbringen kann, Achill möge ihn kämpfen lassen und ihm dazu seine Rüstung leihen. Es ist also nicht sehr erstaunlich, daß Patroklos bei seiner Rückkehr zu Achill anscheinend vergessen hat, weswegen er losgeschickt worden war.

14.2.2 Der verwundete Eurypylos

Er wird in den Büchern 5–8 gelegentlich als Kämpfer genannt, wird aber erst in Buch 11 wichtig, als er verwundet zu seinem Schiff hinkt. Patroklos begegnet ihm auf dem Rückweg von Nestor zu Achill und nimmt sich seiner an (und zeigt, daß er, obwohl nicht Arzt, einen Pfeil herausoperieren und die Wunde versorgen kann). Er bleibt bei ihm und trifft bei Achill erst am Anfang von Buch 16 ein, d.h. nach den Ereignissen der Bücher 12–15 (Fall der Mauer, Hilfe Poseidons, Aias' letzter Abwehrkampf bei den Schiffen), die aber bei dem Gespräch mit Achill nicht erwähnt werden.

Eurypylos ist also gewissermaßen dafür verantwortlich, daß all dies geschehen kann, bevor Patroklos zu Achill zurückkehrt, und die Lage der Griechen viel schlimmer ist als vor seinem Gang zu Nestor. Wie schlimm, das weiß allerdings nur der Leser, weil er schon die Bücher 12–15 kennt; Patroklos meldet, wie gesagt, nur, was Nestor ihm erzählt bzw. er selbst gesehen hatte, die Verwundung des Diomedes, Odysseus, Agamemnon und Eurypylos.

14.3 Patroklos, der Mitleidige

Patroklos wird von Homer als überaus sympathische Figur gezeichnet. Er kümmert sich rührend um Eurypylos und verläßt ihn in Buch 15 nur notgedrungen, weil er zu

Achill zurückkehren muß. Er vergießt Tränen, als er am Anfang von Buch 16 von den Verwundeten berichtet, ist voller Mitleid mit den Griechen und kann Achills starre Haltung nicht verstehen (16,29):

> »Wie kannst du da mitleidlos zusehen?
> So zornig könnte und wollte ich nie sein.«

Als Briseis in Buch 19 nach der ›Aussöhnung‹ zu Achill zurückgebracht wird, klagt sie um Patroklos als guten Freund, der sich ihrer angenommen habe, als ihre Heimatstadt von Achill erobert worden war und ihr Mann und ihre Brüder dabei getötet worden waren.[21]

So geht es ihm bei seinem Wunsch, kämpfen zu dürfen, nicht darum, selbst einen kriegerischen Erfolg zu erringen, sondern er möchte nur helfen (16,38):

> »Laß mich und die Myrmidonen kämpfen und leihe mir dazu deine Rüstung, damit die Troer mich für dich halten.
> Eine kurze Atempause würde den Bedrängten schon nützen.
> Da wir ausgeruht sind, könnten wir die Troer leicht von den Schiffen vertreiben.«

Nun wird auch Achill von Mitleid erfaßt, und er erlaubt dem Freund einzugreifen, um die Gefahr von den Schiffen abzuwehren. Er setzt jedoch hinzu, diese Erlaubnis gelte nur für die Vertreibung der Troer von den Schiffen, nicht dagegen für weiteres Vordringen gegen die Stadt. Für diese Einschränkung nennt er zwei Gründe:

1. Sein Eigeninteresse; er selbst will nicht überflüssig werden, und der Druck auf Agamemnon soll weiter bestehen bleiben.
2. Die Sorge um den Freund, der dadurch in Gefahr geraten könnte, dem Gott Apollon in die Quere zu kommen.

21 Zum Motiv, er habe sie mit Achill habe verheiraten wollen, → 8.5.1.

Hier (16,102) folgt jetzt die Fortsetzung der Szene, mit der Buch 15 endete, wo Aias in äußerster Bedrängnis ein Schiff vom Deck aus verteidigt. Nun wird erzählt,

»wie die Schiffe zuerst in Brand gerieten«.

Hektor zerschlägt Aias' Speer, so daß Aias sich zurückziehen muß und das Schiff von den Troern angezündet werden kann. Achill sieht das Feuer und mahnt Patroklos zur Eile.

14.4 Aristie und Tod des Patroklos

Als Patroklos an der Spitze der Myrmidonen angreift, halten ihn die Troer wegen seiner Rüstung tatsächlich zunächst für Achill und sind entsprechend erschrocken, aber dann gerät dies Motiv in Vergessenheit, und es entwickeln sich normale Kämpfe, an denen u. a. auch Menelaos und Aias beteiligt sind, wobei Patroklos jedoch die beherrschende Figur bleibt und andere mit dem Spruch ermahnt (16,630):

»Im Krieg heißt es kämpfen, im Rat kann man reden.«

Obwohl die Troer schnell von den Schiffen vertrieben sind und das Feuer gelöscht werden kann, dauern die Kämpfe mit einigem Hin und Her länger an. Dabei tötet Patroklos den Lykierkönig Sarpedon (→ 12.6.5) und dringt weiter vor, was den Erzähler zu dem Kommentar veranlaßt (686):

»Der Tor! Wenn er den Befehl Achills befolgt hätte, wäre er lebend davongekommen.«

Patroklos ist bei der Verfolgung der Troer und Lykier so erfolgreich, daß er, wie es heißt, Troja eingenommen hätte, wenn ihn nicht Apollon daran gehindert hätte. Vor dem Gott weicht Patroklos zwar zurück, aber er kämpft weiter und gerät dadurch in die Situation, die sein Ende bedeutet. Der Gott lähmt ihn, schlägt ihm den Helm vom Kopf und löst die Riemen seines Panzers. Der Troer Euphorbos nutzt die Gelegenheit und stößt ihm seinen Speer in den Rücken. Patroklos versucht noch, sich in den Schutz seiner Mitkämpfer zurückzuziehen, aber Hektor ist schneller und tötet ihn mit seinem Speer. (→ 12.6.2)

Damit fällt Hektor auch Achills Rüstung in die Hände, so daß Achill erst in Buch 20 selbst kämpfen kann, nachdem ihm Thetis in Buch 18 eine neue verschafft hat, und Zeit für die Aussöhnung mit Agamemnon in Buch 19 bleibt. Man kann daraus schließen, daß das Motiv des Rüstungstauschs von Homer weniger eingeführt wurde, um die Troer irrezuführen, als vielmehr um Achills eigenes Eingreifen weiter hinausschieben zu können.

14.5 Achills Klage

In Buch 17 wird heftig und lange um Patroklos' Leichnam gekämpft. Menelaos und Aias wollen ihn bergen, während die Troer ihn in die Stadt schaffen möchten.

Patroklos war mit Achills Wagen in die Schlacht gezogen. Nach seinem Tod trauern die Pferde mit gesenkten Köpfen und rühren sich nicht von der Stelle. Alles gute Zureden des Wagenlenkers hilft nichts. Sie stehen da »wie ein Steinmal (Stele)« und vergießen sogar Tränen, bis Zeus, von Mitleid erfaßt, ihnen neuen Mut einhaucht. Das göttliche Mitleid erstreckt sich auch auf die Menschen und führt Zeus zu dem Ausspruch (17,446):

> »Nichts ist beklagenswerter als der Mensch von allem, was auf Erden kriecht und atmet.«

Wir als Leser und Menschen nehmen diese göttliche Einsicht mit Befriedigung und voller Selbstmitleid zur Kenntnis.[22]

Aias meint, man solle Achill benachrichtigen, und fordert Menelaos auf, er solle Antilochos suchen und zu Achill schicken. Antilochos trifft in Buch 18 bei Achill ein und überbringt unter eigenen Klagen die Todesnachricht.

Achill »streut Asche auf sein Haupt« und wirft sich zu Boden, so daß Antilochos fürchtet, er könne sich etwas antun. Das zeigt Achills tiefe Trauer, trägt aber auch Züge einer rituellen Totenklage, wie sich daran zeigt, daß zugleich von Achill erbeutete Frauen laut jammern und sich die Brust schlagen.[23] Als nach der Bergung der Leiche Achill den toten Freund vor sich sieht, setzt sich diese Linie fort. Achill klagt und verspricht (18,336), zwölf Troer rituell an seinem Scheiterhaufen zu schlachten. (→ 10.5.2)

Persönlicher und für uns eindrucksvoller ist es, als Achill sich später an den lebenden Patroklos erinnert (19,315):

> »Du hast mir oft den Tisch gedeckt, und nun liegst du tot da.«

Ebenso nach den Leichenspielen. Während alle anderen schlafen, denkt Achill an Patroklos und erinnert sich daran (24,7),

> »wieviel sie gemeinsam getan und erlitten hatten.«

22 Wie man sieht, haben sich die Menschen schon in heroischen Zeiten nicht nur als Krone der Schöpfung betrachtet, sondern gemeint, dafür hätten sie es eigentlich nicht gut genug und müßten bemitleidet werden und das müßte ihnen auch noch von einer übergeordneten Instanz bestätigt werden. Das ist der allgemeine sog. griechische Pessimismus, den man nicht mit der Tragik von Einzelschicksalen gleichsetzen darf, auf der die griechische Tragödie beruht. (→ 17.2)

23 Wie Homer an späterer Stelle (19,302) dazu sagt, denken die Frauen dabei, was man gut verstehen kann, weniger an Patroklos als an ihr eigenes Unglück.

Das ist der menschliche schlichte Ton, den wir auch in Andromaches und Hekabes Klage um Hektor finden (→ 12.4 und 17.3).

15 Achills Einlenken und Kampf

15.1 Achills Einsicht

Als Achill am Anfang von Buch 18 die Todesnachricht erhalten hat, hört seine Mutter Thetis sein lautes Stöhnen, eilt herbei und fragt, was die Klagen zu bedeuten hätten, wo er doch erreicht habe, was er sich von Zeus gewünscht hatte (18,74):

> »Die Griechen sind zu den Schiffen geflohen und verlangen nach dir in ihrer Not.«

Achill antwortet:

> »Wie soll ich mich darüber freuen, da Patroklos tot ist?«

Er möchte sich nach dieser Klage direkt in die Schlacht stürzen, um Hektor zu töten. Thetis erinnert ihn daran, daß ihm der Tod bald nach Hektor beschieden sei (96). Doch dieser Gedanke kann Achill nicht schrecken, er sieht jetzt nur den Schaden, den er durch sein Verhalten angerichtet hat. Patroklos ist tot, und auch »die vielen Toten«, die er sich gewünscht hat, sind in Wahrheit »Freunde« (*hetairoi*), die er verloren hat. Ihnen hätte er helfen sollen, aber er sitze bei den Schiffen als (104)

> »eine nutzlose Last der Erde«.

Der Verlust des Freundes führt ihn nicht nur zu einer neuen Einsicht in sein eigenes Verhalten, sondern läßt ihn auch rekapitulieren, wie es zu der jetzigen Situation gekommen ist, und so kommt Achill zu einem eigentlich ganz unheroischen Wunsch nach Eintracht und zu einem Einblick in psychisches Geschehen, über den die heutige Emotionspsychologie anscheinend kaum hinausgekommen ist (107):

> »Möchte es doch keinen Streit geben und keinen Zorn, der den Verstand raubt. Er gleitet süß wie Honig die Kehle hinunter und breitet sich dann im Innern des Menschen aus wie eine Qualmwolke.«

Damit ist der Streit mit Agamemnon für Achill erledigt. Er hat jetzt nur noch das Ziel, Hektor zu töten.

15.2 Aussöhnung: Agamemnon entdeckt das Es

Bei der Bittgesandtschaft hatte Achill ein Einlenken zurückgewiesen und hatte als Bedingung die Gefährdung der Schiffe genannt (→ 13.2). Als diese Situation in Buch 16 erreicht ist und Patroklos ihn bittet, will er zwar noch nicht selbst eingreifen, sondern nur den Freund kämpfen lassen, aber sein Zorn gegenüber Agamemnon scheint im Schwinden zu sein, wenn er sagt (16,60):

> »Das Geschehene wollen wir ruhen lassen!«

Er kann inzwischen (anders als bei der Bittgesandtschaft) ohne erneuten Zornesausbruch an Agamemnon denken und fügt nur noch hinzu, es wäre nicht so weit gekommen,

> »wenn Agamemnon mir freundlicher gesonnen wäre«.

Nach dem Tod des Freundes steht der Aussöhnung nichts mehr entgegen, außer daß Achill, als Thetis ihm in Buch 19 die neuen Waffen gebracht hat, lieber sofort kämpfen und Hektor töten möchte. Wenn Thetis ihn mahnt (35), »dem Zorn zu entsagen«, meint sie, er solle eine offizielle

Aussöhnung arrangieren. Achill lädt daraufhin zu einer Ratssitzung ein, zu der auch, trotz ihrer Verwundung, Diomedes, Odysseus und natürlich Agamemnon kommen.

Achill eröffnet die Sitzung und kommt gleich zur Sache (19,56):

> »Agamemnon, hätte es für uns beide nicht Besseres gegeben, als uns wegen einer Frau zu streiten?
> Wenn sie nicht gewesen wäre, hätte es nicht meinen Zorn und so viele Tote gegeben.
> Aber lassen wir das Geschehene ruhen! Hiermit ist mein Zorn beendet. Wir wollen schleunigst an die Arbeit gehen und kämpfen!«

Agamemnon, der wegen seiner Verwundung aus Buch 11 sitzen bleibt und von seinem Platz aus spricht, antwortet (85):

> »Oft schon bin ich in dieser Angelegenheit getadelt worden.[24]
> Ich muß damals von allen guten Geistern verlassen gewesen sein,[25] als ich Achill Briseis wegnahm.
> Aber was hätte ich gegen die Macht der Verblendung tun können? Selbst Zeus ist ihr schon einmal erlegen.
> Ich will meinen Fehler wiedergutmachen und die Bußzahlung leisten, die ich dir gestern durch die Bittgesandtschaft angeboten habe.«

Achill antwortet entsprechend entgegenkommend (147):

24 Damit ist wohl weniger die äußerst vorsichtige Kritik Nestors in Buch 1 und 9 gemeint als ein allgemeines Murren des Heeres, von dem sonst in der Ilias nicht die Rede ist.

25 Wenn Agamemnon sagt, »ich bin nicht schuldig«, und auf »Schicksal, Zeus und Erinye« verweist, will er nicht die Schuld von sich schieben, sondern sucht nach einer Erklärung für sein Verhalten. Da er sie in seinem »Ich« nicht finden kann, sucht er sie woanders. Agamemnon bzw. Homer ist damit praktisch der Entdecker dessen, was in unserer Zeit als Freuds »Es« Karriere gemacht hat.

»Ob du eine Bußzahlung leisten willst, überlasse ich dir.
Jetzt wollen wir kämpfen!«

Odysseus erinnert daran, daß das Heer erst noch essen müsse, und so bleibt Zeit für eine förmliche Versöhnungszeremonie. Anschließend werden Briseis und die angebotenen Geschenke zu Achill gebracht.

Bemerkenswert ist, daß Achill den Tod des Patroklos nicht anspricht, sondern nur auf die »vielen Toten« (61) verweist, die der Streit und sein Verharren im Zorn gekostet habe. Es sieht so aus, als ob hier sein Einlenken vorwiegend aus der Einsicht in die Sinnlosigkeit des Streites mit Agamemnon hergeleitet werden soll und der Tod des Freundes als persönliches Problem davon getrennt bleiben soll.

15.3 Achill, der Beste der Besten, greift ein

Achill beendet durch sein Eingreifen die Niederlage der Griechen. Die Troer fliehen in die Stadt, wodurch die alte Überlegenheit der Griechen, d.h. die Belagerungssituation wiederhergestellt ist. Außerdem erschlägt er Hektor, der ihm den Freund getötet hatte.

Da Achill ein so herausragender Kämpfer ist, daß er die Wende herbeiführen kann, bringt das ein erzählerisches Problem mit sich: Wie soll sich sein Kampf von dem der anderen griechischen Heroen unterscheiden? Auch sie haben in ihren Aristien viele Troer erschlagen, und die begrenzten Variationsmöglichkeiten der Kampftechnik bieten nicht genug Spielraum, um an »dem Besten von allen« ganz besondere kämpferische Fähigkeiten zu zeigen.

Der erste erzählerische Kunstgriff besteht darin, daß Achill anscheinend allein auf weiter Flur ist; kein anderer griechischer Einzelkämpfer, auch der Große Aias nicht, wird neben ihm erwähnt.

Dazu kommen »Einlagen«, die Achills Auftreten mit besonderem erzählerischen Glanz versehen. Es kommt zu einem Kampf der Götter untereinander, und Achill bekommt es mit dem Fluß Skamander zu tun. Die ›Verfolgungsjagd‹ hatten wir schon oben angesprochen (→ 9.3.2).

Der Flußkampf (21,222–384)

Achill wütet so unter den Troern, daß der Fluß Skamander die Leichen nicht mehr fassen kann. Empört tritt er über die Ufer, wodurch Achill zur Flucht gezwungen wird und zu ertrinken fürchtet. Doch Hera schaltet Hephaistos ein, der den Fluß durch ein tüchtiges Feuer zum Kochen und damit zur Räson bringt.

Man sieht: Wenn der große Achill kämpft, gibt es nicht nur viele Tote (das können auch andere), sondern geraten sogar die Elemente in Aufruhr.

Zwei Götterschlachten (20,31–75 und 21,385–519)

Während die Griechen unter Achills Führung und die Troer sich am Anfang von Buch 20 schon kampfbereit gegenüberstehen, befiehlt Zeus den Göttern, als Troer- bzw. Griechenfreunde gegeneinander anzutreten. Er will dadurch, wie er erklärt, verhindern, daß Achill Troja erobert, was doch vom Schicksal nicht vorgesehen sei. Seine Begründung leuchtet nicht ganz ein; denn, wie sich zeigt, das kurze Gefecht, das die Götter sich liefern, bleibt eine rein interne Angelegenheit der Götter. Weder Griechen noch Troer haben einen Vorteil davon. Auch macht Achill keinerlei Anstalten, Troja anzugreifen.

In Buch 21 geraten die Götter zum zweiten Mal und ausführlicher aneinander. Diesmal nicht auf höchsten Befehl, sondern weil nach dem ›Flußkampf‹ Eris (»Streit«) in sie gefahren ist. Wir sind hier weit entfernt von dem mythischen Kampf zwischen Titanen und Olympischen Göttern. Es ist eine schlichte Balgerei, bei der sich zwei Göttinnen besonders hervortun. Athene setzt Ares durch einen Steinwurf außer Gefecht und schleudert Aphrodite mit einem kräftigen Boxhieb zu Boden. Hera schlägt der Jagdgöttin Artemis ihren Köcher um die Ohren, so daß deren Mutter Leto die verstreuten Pfeile aufsammeln muß. Apollon, Poseidon und Hermes ziehen es vor, den Frauen das Feld zu überlassen. Hermes sagt zu Leto (21,498):

> »Ich werde mich doch nicht mit Zeus' Frauen prügeln. Du kannst gern überall herumerzählen, du habest mich besiegt.«

Zeus hat dem Geschehen, was wir ihm nicht verdenken können, mit großem Vergnügen zugeschaut. Wie Homer sagt (389):

> »Er lachte von Herzen.«

Warum nicht alle Götter so vernünftig wie Hermes sind, läßt sich kaum theologisch erklären, aber um so besser aus dem Interesse des Erzählers, uns eine unterhaltsame Szene zu bieten.

Man sieht: Wenn der große Achill wieder kämpft, geraten nicht nur die Elemente in Aufruhr, sondern müssen die Götter erzählerische Begleitmusik liefern, die in Buch 20 noch ernsthaft klingt, in Buch 21 dann aber ausgesprochen witzig und amüsant ist.

16 Die Leichenspiele für Patroklos (23,257–897)

Leichenspiele sind eigentlich eine Sache für Friedenszeiten, wenn ein König gestorben ist. Nestor erzählt (629), wie er in seiner Jugend daran teilgenommen habe, als die Söhne eines benachbarten Königs ihren verstorbenen Vater ehrten. Berühmt waren die Leichenspiele für Ödipus

(679).[26] Als in Buch 7 der Ilias während einer vereinbarten Waffenruhe die Gefallenen verbrannt und bestattet werden (417), ist von Leichenspielen nicht die Rede. Im Krieg ist anscheinend keine Zeit dafür. Außerdem ist Patroklos kein König, sondern nur ein Gefolgsmann. Die Leichenspiele für ihn sind also eine Ausnahme in doppelter Hinsicht. Sie sind ein Zeichen für Achills grenzenlose Trauer um den Freund.

Für den Erzähler der Ilias sind sie offensichtlich ein willkommener Anlaß, die griechischen Heroen in friedlichem Wettkampf noch einmal Revue passieren zu lassen. Man sollte sich also nicht wundern, wenn Agamemnon, Diomedes und Odysseus (die in Buch 11 lebensgefährlich verwundet worden waren, sich in Buch 14 beim Gehen auf ihre Lanzen stützen mußten und in Buch 19 bei der offiziellen Aussöhnung – so jedenfalls Agamemnon – beim Reden sitzen blieben) in Buch 23 stillschweigend als völlig gesund gelten.

16.1 Alte strukturelle Rivalitäten

Eigentlich bieten solche Wettkämpfe die Gelegenheit, die paradoxe Hierarchie von »Besten« zu entschärfen, indem jeder sich in einer Disziplin als »Bester« erweist. Doch da die Zahl der Heroen größer ist als die der Disziplinen, kehren die alten strukturellen Probleme des »Zweitbesten«, unter denen besonders der Große Aias zu leiden hat (→ 12.6.1 und 3), wieder. Er wird von Odysseus im Ringkampf, von Diomedes im Waffenkampf und von einem gewissen Polypoites im Diskuswurf besiegt. Das steht in Widerspruch zu seinem sonstigen Rang als »der Beste nach Achill«, als der er eigentlich in allen Disziplinen siegen müßte.

26 Falls es ein ›Lied‹ darüber gab, könnte es das Vorbild für die Leichenspiele in der Ilias gewesen sein.

Beim Ringkampf ist der Veranstalter Achill deswegen so taktvoll, vorzeitig abzubrechen, als Odysseus sich (durch seine Technik des Beinstellens, gegen die Aias kein Gegenmittel weiß) als überlegen erweist, und beide zum Sieger zu erklären (736).

Die latente Rivalität zwischen Agamemnon und Achill (dem Mächtigen und dem Starken) wird umgangen, da Achill als Veranstalter an den Kämpfen nicht teilnimmt. Dabei behandelt er Agamemnon so respektvoll, wie dieser es in Buch 1 Achill gegenüber hätte tun sollen. Er bestätigt ihm, als der Speerwurf ansteht, vorweg seine herausragende Tüchtigkeit in dieser Disziplin, die über alle Konkurrenz erhaben sei. Wir hatten die Stelle oben schon zitiert (→ 10.5).

16.2 Poetische Gerechtigkeit für den Kleinen Aias

Dieser Aias (Sohn des Oileus) ist mit seinem großen Namensvetter (Sohn des Telamon) nicht verwandt, aber sie treten im Kampf gelegentlich als Paar auf. Er ist ein guter Kämpfer und gilt als schneller Läufer, hat jedoch einen etwas ruppigen Charakter. Als Zuschauer beim Wagenrennen pöbelt er den würdigen Idomeneus an, ohne sich hinterher dafür zu entschuldigen (→ 16.3.1), ist also offensichtlich schlechter erzogen als der junge Antilochos (→ 16.3.3). Wir gönnen es ihm daher, daß er beim Wettlauf, bei dem er als Favorit gilt und tatsächlich in Führung liegt, kurz vor dem Ziel stolpert und kopfüber in einen nahegelegenen Misthaufen schießt. Überraschenderweise trägt er das mit Fassung und regt sich auch nicht auf, als alle anderen vergnügt darüber lachen.

Bei der Eroberung Trojas soll er Kassandra am Altar der Stadtgöttin vergewaltigt haben, aber darauf gibt es in der Ilias keinen Hinweis; das Motiv scheint also später zu sein.

Daß es mit ihm wegen seines blasphemischen Hochmuts ein böses Ende nahm, wird in der Odyssee erwähnt (→ 22.5.2).

16.3 Das Wagenrennen

Fünf Heroen nehmen daran teil: Eumelos, der Sohn des berühmten Admet,[27] Diomedes, Menelaos, Antilochos und der Kreter Meriones. Eumelos hat das schnellste Gespann, Diomedes das zweitschnellste, Menelaos muß sich ein Pferd von seinem großen Bruder Agamemnon ausleihen, Meriones hat von vornherein nur eine Chance unter »ferner liefen« (er siegt später beim Bogenschießen).

Antilochos, dessen Pferde eher langsam sind, wird deswegen von seinem Vater Nestor mit guten Ratschlägen versehen (323):

> »immer den kürzesten Weg[28] nehmen, jeden Vorteil nutzen und bei der Wendemarke niemand innen vorbeilassen.«

Da Eumelos durch einen Wagenschaden ausfällt, erreicht Diomedes unangefochten als erster das Ziel. Menelaos und Antilochos sind vor einer engen Stelle, die kein Nebeneinanderfahren erlaubt, ungefähr gleichauf. Antilochos, der die Ratschläge seines Vaters anscheinend allzu wörtlich nimmt, fährt leichtsinnig ungebremst weiter, so daß ein Zusammenstoß nur durch das kluge Nachgeben des Menelaos vermieden wird. Durch dies unfaire und äußerst riskante Manöver wird Antilochos zweiter. Menelaos kündigt schon während der Fahrt offiziellen Protest an.

27 Admet kennt man heutzutage vor allem, weil seine Frau Alkestis bereit war, an seiner Stelle zu sterben. In der Tragödie *Alkestis* von Euripides erscheint Eumelos als Kind auf der Bühne.

28 Da das Rennen auf freiem Feld mit natürlichen Hindernissen stattfindet, ist es wichtig, das zu finden, was man heute die »Ideallinie« nennen würde.

Wenn Antilochos seinen Pferden die Schlachtbank androht, falls sie sich nicht mehr anstrengten (410), sollte man das nicht ernst nehmen. Vermutlich läßt sich heute bei Pferderennen mancher Reiter oder Rennstallbesitzer zu ähnlichen Drohungen und Flüchen hinreißen.

16.3.1 Streit unter Zuschauern

Als der schon etwas bejahrte Kreterkönig Idomeneus, der auf dem höchsten der Zuschauerplätze sitzt und daher die beste Aussicht auf die Rennstrecke hat, während des Rennens sagt, ihm scheine Diomedes die Führung übernommen zu haben, fährt der Kleine Aias, der sich einbildet, es besser zu wissen, ihn grob an (474):

> »Rede kein dummes Zeug! Du bist doch zu alt und schwachsichtig, um hier mit uns Jüngeren mitreden zu können. Selbstverständlich hat Eumelos noch die Führung!«

Idomeneus bietet ihm daraufhin eine Wette an, was den rechthaberischen Aias noch wütender werden läßt, so daß Achill einschreiten muß, um eine weitere Eskalation zu verhindern.

Wie den Kleinen Aias für sein schlechtes Benehmen später beim Wettlauf die gerechte Strafe ereilt, haben wir schon gesehen (→ 16.2).

16.3.2 Preisvergabe

Achill stiftet als Veranstalter auch die Preise. Daß beim Wagenrennen eine Frau, die sich auf Hausarbeit versteht, als erster Preis dient und sie damit höher eingeschätzt wird als der zweite Preis, eine wertvolle Zuchtstute und zwei Talente Gold, wird man heute als zweifelhaftes Kompliment für das weibliche Geschlecht ansehen.

Als Achill dem verunglückten Eumelos, der das Ziel nur zu Fuß erreicht, aus Mitleid den zweiten Preis geben will, protestiert Antilochos. Achill lenkt sofort ein und stiftet für Eumelos großzügig einen zusätzlichen Sonderpreis.

Den deswegen übriggebliebenen fünften Preis, eine doppelhenklige Schale, vergibt Achill als Erinnerungsstück an Nestor, der daraufhin von den schon erwähnten Leichenspielen erzählt, bei denen er in seiner Jugend außer beim Wagenrennen alle Preise gewonnen hatte.

Daß Achill Agamemnon besonders ehrt, indem er ihm vorweg ehrenhalber den Preis im Speerwurf zuerkennt, ist ebenfalls schon erwähnt worden (→ 16.1).

16.3.3 Protest und Versöhnung

Menelaos klagt Antilochos wegen seines unfairen Verhaltens vor den anderen Heroen an und fordert ihre schiedsrichterliche Entscheidung, schlägt dann aber ein anderes in solchen Fällen gängiges Verfahren vor: Antilochos solle schwören, er habe ihn nicht vorsätzlich um den zweiten Preis betrügen wollen.[29]

Antilochos, der sich seiner Schuld bewußt ist, lenkt sofort ein, gibt seinen aus jugendlichem Leichtsinn begangenen Fehler unumwunden zu und bietet Menelaos an, ihm den zweiten Preis, den er eben gegenüber Achill so entschlossen verteidigt hatte, zu überlassen.

Menelaos, der Antilochos als an sich vernünftigen jungen Mann kennt, verzeiht ihm – auch aus Rücksicht auf seinen Vater Nestor – gern, überläßt ihm sogar generös die Stute und begnügt sich mit dem dritten Preis.

29 Ein Meineid würde eine Selbstverfluchung bedeuten.

17 Der Freikauf von Hektors Leiche

17.1 Konsensbildung statt göttlichen Dekrets

Wir sind in Buch 24. Achill hat den toten Hektor, wie angekündigt, nicht zur Bestattung freigegeben und schleift ihn jetzt sogar um das Grab seines Freundes Patroklos. Aphrodite und Apollon bewahren den Leichnam vor Verwesung und Zerfetztwerden.

Im Kreis der Götter regt sich Mitleid, und man diskutiert den Plan, den Leichnam durch Hermes stehlen zu lassen. Wie zu erwarten, sind Poseidon, Hera und Athene wegen ihres Hasses auf Troja dagegen, während Apollon sich vehement für Hektor einsetzt und Achills Verhalten kritisiert.

Zeus ist für die Bestattung, aber anders als in Buch 1, wo er seinen Plan, Achill zu unterstützen, ausführt, ohne Hera und die anderen Götter nach ihrer Meinung zu fragen, liegt ihm diesmal an ihrer Zustimmung. Sogar Achill soll einverstanden sein und sich freiwillig auf das übliche Verfahren (Freikauf durch die Angehörigen) einlassen. Zeus bittet darum Thetis zu sich auf den Olymp, die auch gleich bereit ist, sich bei ihrem Sohn für den Plan einzusetzen. Achill wiederum fügt sich ohne weiteres dem durch die Mutter übermittelten Wunsch des Zeus (139): »So sei es!« Später (592) bittet er noch den toten Patroklos um Verständnis, daß er sein Versprechen, Hektor nie zur Bestattung freizugeben (23,182), nicht eingehalten habe. Zeus erweist sich hier als weiser Politiker, der das Gute nicht einfach dekretiert, sondern es versteht, Interessen auszugleichen und persönliche Beziehungen spielen zu lassen. Er ist ein Weltenlenker, wie man ihn sich nicht besser wünschen kann.

Gleichzeitig[30] schickt Zeus Iris zu Priamos, die ihn in

30 Man kann die ›doppelte Götterversammlung‹ in der Odyssee vergleichen, nach der sich Athene zu Telemach bzw. Hermes zu Kalypso begeben (→ 22.2).

seinem Namen auffordert, mit entsprechenden Gaben zu Achill zu gehen, um Hektor freizukaufen, und ihm göttliche Hilfe und Schutz bei dem Unternehmen zusagt.

17.2 Die Begegnung Priamos – Achill

Priamos kann dank Hermes (der ihm unterwegs in der Gestalt eines hilfsbereiten jungen Myrmidonen begegnet) unbemerkt zu Achill, der gerade sein Abendessen beendet hat, vordringen und fällt dem überraschten Feind zu Füßen. (→ 11.6)

Er umschlingt seine Knie, erinnert ihn an seinen alten Vater und appelliert an sein Mitleid mit ihm, dem Vater, der mit Hektor seinen besten Sohn verloren habe und keine Erniedrigung scheue, um seinen Leichnam freizubekommen.

Achill geht auf die Parallelisierung von Peleus[31] und Priamos ein, und so klagen die beiden gemeinsam, Priamos um Hektor, Achill um Peleus und Patroklos. Dann richtet er Priamos auf und dehnt die Gemeinsamkeit auf die gesamte Menschheit aus (525):

> »Kummer und Sorgen sind Menschenschicksal.«[32]

Und er greift zu einem – wahrscheinlich schon älteren – Bild:

> »Zwei Gefäße stehen bei Zeus, das eine mit guten, das andere mit schlechten Gaben.
> Wer nicht gerade vom Unglück verfolgt wird, der erhält sie gemischt.

31 Achill und der Leser wissen, daß der alte Peleus mit Achill bald seinen einzigen Sohn verlieren wird.

32 Wenn ein Mensch das sagt, klingt diese pessimistische Sicht weniger theatralisch, als wenn sie dem Göttervater Zeus, der die ganze Welt überschaut, in den Mund gelegt wird (→ 14.5).

Priamos, Achills »Hände küssend« (Il. 24,478)
Silberbecher, 1. Jh. n. Chr.
(Kopenhagen, Nationalmuseum)

> So war Peleus einst glücklich und ist im Alter einsam und wird bald seinen einzigen Sohn verlieren.
> So warst auch du einst glücklich und bist nun vom Krieg heimgesucht.«

Achills Fazit (bei dem er auch das künftige Schicksal Trojas, den Untergang der Stadt, andeutend einbezieht) lautet (549):

> »Klagen haben keinen Sinn. Deinen Sohn kannst du nicht zum Leben erwecken, und sein Tod ist wohl noch nicht das Ende deines Unglücks.«

Als Priamos jetzt auf Freigabe des Toten dringt, weist Achill das zurück, er wisse schon selbst, was zu tun sei. Er nennt als Grund den Besuch seiner Mutter und die Tatsache, daß Priamos so einfach zu ihm vorgedrungen sei (u. a. den schweren Torriegel habe zurückschieben können), also göttliche Hilfe gehabt haben müsse.

Die psychologische Situation ist äußerst heikel. Achill erkennt das offenbar besser als Priamos. Ein falsches Wort könnte seinen Zorn auf Hektor und Priamos wieder aufleben lassen und das Gefühl der Gemeinsamkeit zunichte machen. Er verwehrt daher Priamos den sofortigen Anblick des Toten und läßt ihn insgeheim waschen und einkleiden. Außerdem gibt er der ungewöhnlichen Begegnung die Form eines normalen Besuchs. Wie es sich bei Gästen gehört, wird Priamos und dem begleitenden Herold eine Mahlzeit vorgesetzt und ein Nachtlager bereitet. Auf diese Weise gelingt es Achill, die latente Spannung zu verdrängen, so daß er und Priamos sich wie neutrale Beobachter gegenübersitzen, die von der heroischen Idealität bzw. der Alterswürde ihres Gegenübers tief beeindruckt sind (629). In dieser freundlich sachlichen Atmosphäre wird ein elftägiger Waffenstillstand für die Bestattung Hektors vereinbart.

Nachts weckt Hermes Priamos und läßt ihn unbemerkt mit seinem Wagen, auf dem jetzt Hektors Leichnam liegt, aus dem Lager der Griechen hinausgelangen. Damit wird die Gefahr, an die auch Achill schon gedacht hatte, Agamemnon könnte etwas von dem Besuch erfahren und sich einmischen, ausgeschaltet.

17.3 Hektors Mutter Hekabe (lat. *Hecuba*)

Sie ist die Mutter von Hektor und Paris und von weiteren siebzehn der fünfzig Söhne des Priamos. Ihre Töchter sind Laodike und Kassandra.

Nachdem Diomedes am Ende von Buch 5 mit Athenes Hilfe den Kriegsgott Ares, dessen Hilfe die Troer vordringen ließ, verwundet und vertrieben hat, weichen sie wieder zurück und sind nahe daran, in die Stadt zu fliehen. Das ist die Situation, in der Hektor auf Rat seines Bruders, des Sehers Helenos, in die Stadt zu Hekabe geht, um den Bittgang zu veranlassen, den sie zusammen mit anderen Frauen zum Tempel der Stadtgöttin unternehmen soll, wo sie um Erlösung aus der Gefahr beten soll (→ 9.4.1 und 12.3).

Am Stadttor umringen ihn Frauen, die nach ihren Söhnen und Männern fragen. Im Königspalast begrüßt ihn die Mutter. Sie vermutet, er wolle einen Bittgottesdienst durchführen, und bietet ihm Wein zur Erfrischung an. Er lehnt ab und trägt ihr den Bittgang auf; er müsse wieder zurück in den Kampf und werde auf dem Rückweg noch Paris aufsuchen (→ 11.5), um ihn, der das Unglück über die Troer gebracht habe, zum Kampf zu bewegen.

Hekabe läßt Frauen zu ihrer Begleitung zusammenrufen, während sie das schönste Prachtgewand, das sie im Hause hat, holt, um es der Göttin darzubringen. Im Tempel betet sie (6,306):

> »Zerbrich Diomedes' Speer und laß ihn umkommen!«

Doch ihr Gebet wird – wie uns der Erzähler wissen läßt (und wie sich dann auf dem Schlachtfeld bestätigt) – nicht erhört.

Bei der Begegnung mit Andromache (→ 12.3) spricht Hektor ahnungsvoll vom Untergang Trojas und den Folgen für seine Familie, wobei er Andromache besonders hervorhebt (451):

> »Nicht bekümmert mich der Schmerz um Hekabe und Priamos und meine Brüder so sehr wie der um dich.«[33]

33 Das »nicht so sehr wie« müßte eigentlich mit »mehr noch als« wiedergegeben werden, um das Mißverständnis, die Liebe zu Eltern und Brüdern werde hier abgewertet, auszuschließen. Im Prinzip ähnlich steht es an der berühmt-berüchtigten Stelle in der *Antigone* von Sophokles (905), wo (die unverheiratete) Antigone sagt, was sie für ihren Bruder getan habe, hätte sie nicht für »Mann und Kinder« getan.

Diese Stelle ist der Ursprung der wohl durch Bismarck sprichwörtlich gewordenen Wendung

»Das ist mir Hecuba«,

im Sinne von »Das interessiert mich nicht«, das dann durch eine Umdeutung den Sinn »Das verstehe ich nicht« erhalten hat.

Als Hektor in Buch 22 allein vor der Stadt ausharrt und schon der heranstürmende Achill zu sehen ist, steht Hekabe auf der Stadtmauer neben Priamos, der den Sohn beschwört hereinzukommen. Sie entblößt weinend ihre Brust und bittet ihn, sich um ihretwillen in den Schutz der Mauer zu begeben. Während Priamos ihn mahnt, sein Tod wäre ein sinnloses Opfer, da er nur lebend die Troer weiter schützen könnte, hält ihm Hekabe die Szene vor Augen, wie er tot bei den Schiffen der Griechen liegt, wo ihn die Hunde fressen, und Mutter und Frau nur aus der Ferne um ihn klagen können. Als Hektor gefallen ist, reißt sie ihren Schleier (oder ihr Kopftuch) herunter, rauft sich die Haare und klagt (22,433):

»Du warst mein Stolz, und nun bist du tot!«

In Buch 24, als Priamos durch die Götterbotin Iris die Botschaft erhalten hat, er solle zu Achill gehen, um Hektors Leiche freizukaufen, fragt er Hekabe nach ihrer Meinung. Sie meint, es sei der helle Wahnsinn, sich in die Gewalt des Mannes zu begeben, der ihm schon so viele Söhne getötet habe und auch keine Scheu haben werde, den Vater umzubringen. Doch sie will ihn nicht halten, rät ihm aber, vorher ein Zeichen von Zeus zu erbitten. Als sich daraufhin ein Adler zeigt, läßt sie ihn, etwas erleichtert, ziehen.

Achill hatte den toten Hektor Tag für Tag um das Grab des Patroklos geschleift, aber Apollon hatte dafür gesorgt, daß der Leichnam dabei keinen Schaden nahm. Außerdem hatte Achill ihn, bevor er ihn Priamos übergab, waschen und salben lassen. Als Hekabe den toten Sohn wie einen eben Verstorbenen vor sich sieht, bricht sie in Tränen aus, scheint aber in dem friedlichen Anblick auch einen gewissen Trost zu finden (24,757):

> »Du liegst da, taufrisch, wie eben gestorben.«[34]

Das ist der unheroische, intim persönliche Ton, wie wir ihn von Andromache kennen (→ 12.4).

Doch an Hekabe zeigt sich auch eine ganz andere Seite: die grenzenlos Hassende, die

> »Achill mit meinen Zähnen das Herz aus dem Leibe reißen«[35]

möchte (24,212). So erscheint sie auch später in der Tragödie *Hekabe* von Euripides, wo sie ihren Sohn Polydoros durch Blendung seines Mörders rächt.

Hekabes Tochter Kassandra erscheint nur kurz in Buch 24, um die Rückkehr des Vaters mit der Leiche Hektors zu melden (699). In der Ilias ist sie noch nicht die Unglücksprophetin der späteren Tradition; auch von ihrem Tod bei der Ermordung Agamemnons durch seine Frau Klytämnestra scheint die Ilias nichts zu wissen.

18 Nachtrag: Die allzumenschlichen Götter

18.1 Die boshafte Schwester und der arme Ares

Anfangs kümmert Zeus sich nicht darum, wenn seine Kinder sich in die Kämpfe einmischen und dabei auch ihre privaten Zwiste austragen. Ares scheint ein bißchen beschränkt zu sein und fällt auf alle faulen Tricks seiner

34 Das »als ob man mit dir reden könnte«, das man in älteren Übersetzungen lesen kann, wird heute aus lexikalischen Gründen von der Homerforschung abgelehnt, obwohl der Originaltext es zuließe und es uns eigentlich auf der Zunge liegt.

35 Wörtl.: »ich möchte mich in seine Leber verbeißen und sie essen«. Die Leber galt wie bei uns das Herz als Sitz des Lebens.

Schwester Athene herein. Als in Buch 5 Diomedes mit seiner Aristie beginnt, nimmt Athene Ares beiseite und macht den Vorschlag, sie beide sollten sich heraushalten. Der naive Kriegsgott geht darauf ein und übersieht, daß er damit Athenes Schützling Diomedes freie Bahn gibt. Als dieser verwundet wird, ist sie ihrerseits sofort zur Stelle, um ihn zu heilen und zu ermutigen. Den dabei hinzugefügten Rat, nicht mit Göttern zu kämpfen, versieht sie mit einer Ausnahme, die wie ein dringender Wunsch aussieht: Wenn Aphrodite käme, solle er sich nicht scheuen, ihr eins überzuziehen (131). Als Diomedes Aphrodite tatsächlich an der Hand verwundet hat, läßt Ares sich von Apollon gegen Diomedes vorschicken. Das wieder läßt Athene nicht ruhen. Gemeinsam mit Hera holt sie von Zeus die Erlaubnis ein, gegen Ares vorzugehen, und ermuntert Diomedes, nun doch gegen Götter und speziell gegen Ares zu kämpfen. Sie übernimmt sogar die Rolle seines Wagenlenkers und setzt dazu eine Tarnkappe auf, damit ihr Bruder sie nicht erkennt. Als der nichtsahnende Ares meint, Diomedes erledigen zu können, lenkt Athene seine Lanze ab und führt Diomedes die Hand, so daß Ares sehr schmerzhaft verwundet wird und überrascht laut

»wie neun- oder zehntausend Männer«

schreit (860). Als er sich beim Vater über die hinterhältige Schwester beklagt, wird er als ständiger Störenfried und Raufbold zornig abgewiesen. Daß er den Troern helfen wollte, also eigentlich im Sinne seines Vaters gehandelt hat, interessiert Zeus anscheinend nicht.

18.2 Himmlische häusliche Gewalt

In Buch 8 richtet Zeus eine Rede an sein Volk. Er untersagt den Göttern, sich in die Kämpfe der Troer und Griechen einzumischen. Und damit sich niemand einbildet, er könne ihm widerstehen, empfiehlt er ein Gedankenexperiment, ein Tauziehen, bei dem eine Kette als Tau dient, natürlich eine Kette aus Gold,[36] wie es sich für Götter gehört: Er werde auf dem Olymp sitzend das eine Ende halten, und sie sollten alle gemeinsam versuchen, ihn herunterzuziehen. Spielend werde er sie dann mitsamt Erde und Meer hochziehen und sein Kettenende oben festmachen, so daß sie in der Luft schweben blieben (scil. und mit den Beinen zappeln könnten). Keiner hat Lust, sich auf das Experiment einzulassen, und daher halten alle den Mund.

Damit jeder weiß, daß er es ernst meint, nennt Zeus als denkbare Sanktion, den Zuwiderhandelnden hinab in den Tartarus zu schleudern. Bei nächster Gelegenheit erinnert er an die Gewalt seines Blitzes (405), der ihnen Wunden zufügen könne, die in zehn Jahren nicht heilen würden.

Doch Zeus verschmäht es auch nicht, zu vergleichsweise harmlosen Mitteln zu greifen, die Homer anscheinend aus irdischen Haushalten seiner Zeit kannte, wie Mobiliar zertrümmern (1,581) und die Familie geschlossen verprügeln, ohne viel nach Schuld oder Unschuld zu fragen (15,137).

Kluge Kinder wie Hephaistos (1,586) und Athene (15,123) warnen die Familie daher, es nicht soweit kommen zu lassen, und mahnen die anderen, den Vater nicht unnötig zu reizen.[37]

Daß Zeus Hera einmal daran erinnert, wie sie zur Strafe an den Armen aufgehängt worden war mit Gewichten an den Füßen (15,18), entspricht hoffentlich nicht einer damaligen Realität, was Ehefrauen betrifft; bei Sklaven können wir das leider gar nicht ausschließen.

Bei solchen, wenig partnerschaftlichen Verhältnissen wundert es uns nicht, daß Zeus in Buch 1 seinen Plan, die

36 Versuche, darin einen tieferen mythologischen (etwa kosmologischen) Sinn zu finden, sind ohne überzeugenden Erfolg geblieben.

37 Ähnlich warnt Odysseus bei der ›Erprobung‹ das Heer vor dem Zorn Agamemnons (2,193; → 11.3).

Troer siegen zu lassen, um Achill Genugtuung zu verschaffen, für sich behält und seiner Frau die Auskunft verweigert, als sie wissen will, was er da mit Thetis beredet hatte (→ 10.4.1).

18.3 Widerspenstige Frauen: Hera und Athene

Nachdem Zeus in Buch 8 durch seine Rede, wie er glaubt, ein für allemal klargestellt hat, daß seine Autorität und Befehlsgewalt nicht in Frage gestellt werden sollten, erklärt Athene in schmeichelndem Ton, Hera und sie wollten den Griechen doch nur »beratend« zur Seite stehen. Zeus reagiert freundlich, schickt sich aber zugleich an, die Griechen zur ›Flucht zu den Schiffen‹ zu veranlassen.

Damit beginnt eine Art Katz-und-Maus-Spiel. Hera läßt es sich, trotz Strafandrohnung, nicht nehmen, den Griechen weiter nach Kräften zu helfen. Als Zeus den vordringenden Diomedes durch seinen Blitz in die Flucht geschlagen hat, versucht sie, Poseidon zum Aufstand gegen Zeus zu bewegen, was der aber ablehnt (200). Dann wendet sie sich an Athene, die sich von ihrem Vater schlecht behandelt fühlt und auf der Stelle bereit ist, gemeinsam mit Hera gegen die Troer vorzugehen (350). Sie sind schon im Aufbruch, als Zeus sie bemerkt und durch seine Botin Iris zurückrufen läßt, nicht ohne erneute Drohungen.

Die beiden resignieren, kehren um und wollen ihn durch beleidigtes Schweigen strafen (445). Doch als er sie gar noch süffisant auf ihr mißlungenes Unternehmen anspricht und sie sich von ihm neue Reden über seine Stärke und ihre Schwäche anhören müssen, kann Hera nicht länger den Mund halten. Auch sie behauptet jetzt, es sei nur um »Beratung« gegangen (467), obwohl sie vorher im Gespräch mit Athene ziemlich blutrünstige Absichten geäußert hatte. Immerhin stellt Zeus in Aussicht, Achill werde irgendwann wieder eingreifen. Damit hat er die Ordnung in seinem Sinne hergestellt.

Als Hera in Buch 14 ihre weiblichen Reize einsetzt, um Zeus abzulenken (→ 9.4.2), nutzt sie die Gelegenheit nicht, um sich von ihm etwas versprechen zu lassen oder ihm etwas abzuschmeicheln. Wie man als Frau (sogar ohne jeden erotischen Hintergrund) einen Wunsch bei einem Mann durchsetzen kann, hätte sie von Thetis, deren Bittaktion bei Zeus sie in Buch 1 beobachtet hatte, lernen können (→ 10.4).

Doch Hera ist schließlich mit ihm verheiratet und glaubt gewisse Rechte zu haben. Daher bringt sie es nicht über sich, ihm zu schmeicheln. Sie versucht es statt dessen mit Vorwürfen, Anklagen und droht sogar mit ihrem Zorn – und bietet damit das Vorbild für viele spätere literarische und andere Ehefrauen.

18.4 Gespräche zwischen Eheleuten: Zeus und Hera

Als Zeus in Buch 1 nach dem Geheimtreffen mit Thetis in der Hoffnung, es sei unbemerkt geblieben, zu seiner Familie ins olympische Zimmer tritt, geschieht das, was er befürchtet hatte, es gibt Ärger mit Hera. Er hat sich gerade erst hingesetzt, da geht es schon los (540):

»Mit wem hast du da geredet?
Immer hast du Heimlichkeiten vor mir!«

Er mauert höflich und gibt sich überlegen und fürsorglich:

»Grundsätzlich sollst du als meine Frau meine Beschlüsse vor allen anderen erfahren. Aber es gibt Fälle, wo das nicht möglich ist, auch weil das Wissen dir schaden würde. Also dringe bitte nicht in mich!«

Sie tut gekränkt und behauptet, vermutlich nicht ganz bei der Wahrheit bleibend:

»Das habe ich doch noch nie getan! Habe ich dich schon jemals mit Fragen bedrängt?«

Dann wechselt sie die Methode. Sie versucht ihn zu überrumpeln, indem sie ihm das, was sie vermutet, auf den Kopf zusagt:

»Du hast ihr versprochen, Achill zuliebe viele Griechen zu töten.«

Zeus fällt darauf nicht herein und wehrt den Angriff ab:

»Was du nur immer für Vermutungen hast.«

Aber ihm ist klargeworden, daß er sie auf diese Weise nicht zum Schweigen bringen wird, und er schlägt andere Töne an:

»Du kannst vermuten, soviel du willst. Damit erreichst du gar nichts, außer mich zu verärgern. Ich tue, was ich für richtig halte. Halte also endlich den Mund!«

Und wie bei ihm üblich fügt er sicherheitshalber noch eine Drohung hinzu (566):

»Sonst setzt es was!«

Hera gehorcht erschrocken, und die Stimmung im Saale ist dahin. Da greift ihr Sohn Hephaistos ein. Er mahnt zum Frieden und schenkt Nektar aus. Da ihm sein angeborenes Fußleiden Mühe beim Gehen macht und er außer Atem kommt, finden die anderen den Anblick lustig, was er anscheinend auch durch Übertreibung beabsichtigt hat, und brechen in das sprichwörtliche »homerische Gelächter« aus. Für den Rest des Tages feiern sie ein fröhliches Göttermahl, wozu Apollon und die Musen die Tafelmusik liefern.

Da Hera durch solch einen Zusammenstoß nicht auf Dauer zu beeindrucken ist, kommt es noch mehrfach zu etwas gereizten Unterhaltungen zwischen den Eheleuten.

Dabei zeigt Hera, daß sie über eine ganze Palette weiblicher Argumente verfügt. So in Buch 4, als Zeus so tut, als wolle er den Trojanischen Krieg abblasen. Da er das gar nicht ernstlich vorhat, führt ihr enttäuschtes (26)

»und ich habe mir solche Mühe gemacht«

leicht zum Erfolg. Anders in Buch 8, wo sie eine demonstrativ finstere Miene aufsetzt (445). Ihren Mann beeindruckt das nicht. Er erklärt rundheraus (477): »Dein Zorn kümmert mich nicht!«

Doch im Grunde wissen die beiden sich zu nehmen und kommen gar nicht schlecht miteinander aus. Von Scheidung ist jedenfalls nie die Rede. Das zeigt sich besonders nach der bewußten Täuschung mit Hilfe der erotischen Attacke in Buch 14. Zwar ist Zeus zu Recht, wie man sagen muß, in Buch 15 anfangs sehr wütend. Das ist die Stelle, wo er sie an die Gewichte an ihren Füßen erinnert. Aber als sie unschuldig tut und Stein und Bein schwört, sie habe Poseidon nicht zum Eingreifen veranlaßt – und dabei den Boten vergißt, der ihn in ihrem Auftrag zum Weitermachen ermuntert hatte –, zeigt sich, daß Zeus mehr am häuslichen Frieden als an der Wahrheit liegt. Er bietet ihr nämlich freundlich an, ihre Loyalität durch einen Botengang zu beweisen, obwohl er sich denken kann, sie werde nicht aufgeben. Tatsächlich versucht sie kurz danach schon wieder, die anderen Götter gegen ihn aufzuhetzen. Der Erzähler verrät uns ihr süß-saures Mienenspiel (15,101):

»Sie lachte mit den Lippen, aber runzelte die Stirn.«

Diesmal ist es Athene, die vor den Folgen einer Auflehnung gegen Zeus warnt.

Als nach Patroklos' Tod Achill zum Eingreifen bereit ist, wodurch die Niederlage der Griechen, gegen die Hera so entschlossen angekämpft hatte, ein für allemal überstanden ist, erweist sich Zeus als wahrhaft generöser Ehemann. Er stellt es nämlich so dar, als ob sie damit ihren Willen durchgesetzt habe (18,357):

> »Nun ist es dir endlich gelungen, Achill aufzuscheuchen.«

Wir, die Leser, wissen, daß Patroklos' Tod, der Achill zum Eingreifen veranlaßte, nicht ihr Werk war, sondern dem ›Plan des Zeus‹ entsprach. Aber man kann auch die Resignation des obersten Gottes heraushören, der selbst nichts gegen Troja hat und jetzt den Krieg weitergehen läßt, nur weil Hera es so will.

19 Nachtrag: Zur Struktur der Kämpfe

19.1 Grundformen der Kämpfe

Die ausgedehnten Kampfdarstellungen der Bücher 5, 8, 11 und 13–17 bestehen weitgehend aus Einzelkämpfen Mann gegen Mann, wobei die Kämpfer namentlich genannt werden. Aber es gibt auch allgemeine Massenbewegungen, bei denen das Subjekt dann »die Troer« oder »die Griechen« heißt. Eine einheitliche Kampftaktik, etwa die des Heerhaufens mit Vorkämpfern oder der späteren Hoplitenphalanx, läßt sich daraus nur bedingt ablesen, wenn auch öfter von »Reihen« die Rede ist. Bogenschützen sind normale Einzelkämpfer, die sich zusätzlich des Bogens bedienen. Nur gelegentlich wird vom Wagen aus gekämpft, hauptsächlich dient er zum schnellen Vordringen oder zur Flucht.

Die meisten Einzelkämpfe bestehen nur aus einem tödlichen Speerwurf. Das kann jedoch erweitert werden. Wenn der Speer fehlgeht, greift man zum Schwert oder zum Stein. Der Sieger versucht, dem Toten die Rüstung auszuziehen, die Freunde des Toten wollen das verhindern und die Leiche bergen. Vor dem Kampf versucht man, den

Gegner durch Reden einzuschüchtern, der Sieger kann lautstark triumphieren.

Bei besonders prominenten Kämpfern kann eine Rüstungsszene (Agamemnon) vorausgehen oder der Kampf um den Leichnam besonders ausgedehnt werden (Patroklos).

Die einfachen Einzelkämpfe bilden in der Erzählung häufig kürzere oder längere Reihen. Dabei können Siege verschiedener Kämpfer einer Seite aufeinanderfolgen, oder die Siege können zwischen den beiden Seiten wechseln.

Wenn ein Kämpfer eine ganze Reihe von Einzelsiegen vollbringt und darüber hinaus wegen seines unaufhaltsamen Vordringens gerühmt wird, spricht man von einer Aristie (von *áristos* ›der Beste‹).

Gewöhnlich steht der gerade erzählte Einzelkampf für das Schlachtgeschehen schlechthin. Doch gelegentlich wird auch gesagt, daß jemand an anderer Stelle ist. Es gibt also die Vorstellung von mehreren Schauplätzen, an denen gleichzeitig gekämpft wird.

Die von Zeus gewollte Niederlage der Griechen besteht in ihrem Zurückweichen zu den Schiffen bis hin zum ›Brand der Schiffe‹. Diese grundsätzliche Bewegungsrichtung wird durch Gegenbewegungen überdeckt, und das Kampfgeschehen wird dadurch manchmal etwas unübersichtlich. Doch im ganzen ist an ein einheitliches Hin und Her auf dem Schlachtfeld zwischen den Schiffen und der Stadt gedacht.

19.2 Topographie des Schlachtfeldes

Die Griechen haben ihre Schiffe nebeneinander mit dem Heck voran[38] aufs Land gezogen und Hütten zum Wohnen errichtet. Dies Schiffslager ist durch einen Wall mit Graben geschützt.

38 Deswegen kann »beim Heck der Schiffe« gekämpft werden.

Manchmal kann man den Eindruck haben, daß das Schiffslager während der Kämpfe wächst, um mehr Zwischenstationen bei der Rückwärtsbewegung der Griechen einschalten zu können. Zwischen den Schiffen und der Befestigung scheint es einen (an sich wenig sinnvollen) größeren Freiraum zu geben, wo gekämpft werden kann, ohne daß die Schiffe schon in Gefahr sind. In Buch 14 erfahren wir etwas überraschend, die Schiffe lägen gestaffelt auf dem Lande, d.h. in mehreren Reihen hintereinander, so daß sogar dazwischen noch Kämpfe stattfinden können. Die in Buch 7 errichtete Mauer scheint mit der Vorstellung eines Walles als Lagerbefestigung zu konkurrieren.

Da bei dem Hin und Her auf dem Schlachtfeld die Befestigungsanlage mehrfach überquert werden müßte, was zu neuen Verteidigungskämpfen Gelegenheit gäbe, wird der Graben einmal von Apollon eingeebnet, um den Troern ungehindertes Vordringen zu ermöglichen (15,355) – und kritischen Lesern den Wind aus den Segeln zu nehmen.

All dies könnte man genauer untersuchen und erzähltechnisch interessante Beobachtungen dabei machen. Aber man sollte nicht in den Fehler der Analytiker verfallen und klar unterscheidbare Stufen der Entstehung finden wollen. Man sollte auch nicht ein widerspruchsfreies reales Geschehen daraus rekonstruieren wollen. Und man sollte sich schließlich dadurch nicht von den wichtigeren Inhalten der Ilias ablenken lassen (→ 8.2).

Teil III
Die Odyssee

Die Odyssee ist zwar, was die Motivstruktur betrifft, leichter zu überschauen als die Ilias, ist aber immer noch wesentlich komplizierter, als es nach gängigen Vorstellungen vom epischen Erzählen der Fall sein dürfte.

A

20 Odysseus' Heimkehr in der Zeit der Lieder

20.1 Der Stoff

Die Erzählung von der Heimkehr des Odysseus dürfte schon vor Homer zur bekanntesten und am weitesten ausgestalteten der Heimkehrgeschichten geworden sein, die als Fortsetzung an den Trojanischen Krieg angehängt worden waren (→ 3.1).

Wenn wir von der Odyssee zurückschließen, könnte sie in den Grundzügen ungefähr so ausgesehen haben: Der kluge Odysseus, König der kleinen Insel Ithaka, durch dessen List (das Hölzerne Pferd) die Stadt Troja nach zehn Jahren endlich erobert wurde, wird auf der Heimfahrt durch ungünstige Winde in weite Fernen verschlagen. Während der zehnjährigen Irrfahrt verliert er sein Schiff mit allen »Gefährten«[1] und kommt schließlich alleine nach Ithaka zurück. Dort findet er »Freier« vor, die den Platz bei seiner Frau Penelope einnehmen möchten. Es kommt zum Kampf, aus dem er als Sieger hervorgeht. Damit ist er wieder Herr in seinem Hause.

1 »Gefährte« ist die übliche Übersetzung von *hetairos*, was auch Freund, Begleiter, Gefolgsmann, Parteigenosse u. ä. heißen kann. Odysseus ist wie Agamemnon in der Ilias der respektierte Anführer, hat aber keine absolute Befehlsgewalt.

20.2 Gefährliche Seefahrt und Gefahr zu Hause

In dieser Geschichte sind zwei Motive kombiniert, die auch schon vorher einzeln (und unabhängig vom Trojanischen Krieg) zum Thema von Erzählungen geworden waren: eine gefahrenreiche Seefahrt und die Heimkehr eines Mannes, der zu Hause ein Problem vorfindet, das durch seine Abwesenheit entstanden ist.

Alte Seefahrergeschichten lagen schon der Fahrt der Argonauten nach dem Goldenen Vlies zugrunde (→ 2.5). Vermutlich gab es auch schon ältere Geschichten zum Problem der Heimkehr, für die das Schicksal des Trojasiegers Agamemnon, der zu Hause von seiner Frau und ihrem Liebhaber ermordet wird, sozusagen ein negatives Beispiel ist.[2] Beide Geschichten werden in der Odyssee als bekannt vorausgesetzt. Odysseus hat das Schicksal Aga-memnons nicht zu befürchten, weil Penelope treu ist, aber da es im Laufe der Jahre immer fraglicher geworden ist, ob er je wiederkommen wird, hat er Rivalen bekommen, eben die »Freier«, die um Penelope werben. Sie haben sein Ausbleiben schon fest eingeplant und würden möglicherweise ihre Absicht nicht kampflos aufgeben und vielleicht sogar vor seiner Ermordung nicht zurückschrecken.

Seine Fahrt besteht, abgesehen von der ständigen Bedrohung durch Wind und Wellen, aus einer Reihe von mehr oder weniger gefährlichen Abenteuern, die er dank göttlicher Hilfe und eigener Klugheit meistert. Dabei bekommt er es mit Riesen und anderen phantastischen Ungeheuern zu tun, wie man sie aus der Herakles- oder Per-

2 Die positive Form des Motivs, in der der Heros das Problem siegreich meistert, gibt es im Herakles-Mythos. Der Heros findet bei seiner Rückkehr aus der Unterwelt seine Familie in den Händen eines Usurpators vor, der sich anschickt, sie umzubringen. Herakles erschlägt ihn. Wir kennen diese Geschichte aus der Tragödie *Herakles* von Euripides, wo an diesen Sieg der ›Wahnsinn des Herakles‹ angeschlossen ist, der ihn Frau und Kinder töten läßt.

seussage kennt, die also eigentlich einer älteren Heroengeneration zugehören (→ 2.4).

Das Problem zu Hause entspricht dagegen der normalen Realität der Heroengeneration der Ilias. Er muß als einzelner mit einer Vielzahl von menschlichen Feinden fertig werden.

20.3 Die Erzählung vor Homer

Wahrscheinlich sind diese beiden Motive lange vor Homer miteinander kombiniert worden. Der Kampf mit den Freiern war dann das letzte in der Reihe der Abenteuer, die Odysseus zu bestehen hatte.

20.3.1 Die Irrfahrt

Vor Homer kann die Heimfahrt des Odysseus nur in »Liedern«, d.h. in Einzelteilen erzählt worden sein. Eine Folge von Abenteuern bietet sich geradezu dazu an. Da in der Odyssee die einzelnen Abenteuer unterschiedlich ausführlich erzählt werden, kann man vermuten, daß die Geschichte vom Zyklopen, von der Zauberin Kirke, dem Besuch im Totenreich und vom Freierkampf besonders beliebt waren. Die Fahrt im ganzen kann man sich dagegen schwer als Lied vorstellen. Die Kurzfassung, in der Homer Odysseus' Bericht für Penelope in Buch 23 wiedergibt, läßt keinen Ansatz zu einem zusammenfassenden Lied erkennen, sondern ist eine Aneinanderreihung von Andeutungen, man möchte fast sagen, von Liedertiteln, wobei dem einen oder anderen ein zusätzlicher kleiner Hinweis auf den Inhalt hinzugefügt ist. Homer sagt, Odysseus habe erzählt (23,310):

Schiffbruch
(Od. 12,405 ff., vielleicht nach einem vorhomerischen Lied)
Attische Kanne, 8. Jh. v. Chr.
(München, Antikensammlungen)

»wie er die Kikonen besiegte
und danach zu den Lotophagen kam,
was der Zyklop tat,
und wie er die Gefährten rächte, die jener mitleidlos gefressen hatte,
wie er zu Aiolos kam,
der für seine Heimfahrt sorgte, wie aber ein Sturm ihn wieder aufs Meer trieb,
wie er zu den Lästrygonen kam,
die alle anderen Schiffe samt Mannschaft vernichteten, und wie nur Odysseus mit seinem Schiff entkam,

und von der List der Kirke erzählte er,
und wie er ins Totenreich kam,
um Teiresias zu befragen, wo er seine Gefährten
und seine Mutter traf,
und wie er die Sirenen hörte
und wie er zu Charybdis und Skylla kam,
und wie die Gefährten Helios' Rinder schlachteten
und ein Blitz das Schiff traf und alle Gefährten
starben und er allein entkam,
und wie er zu Kalypso kam,
die ihn halten und unsterblich machen wollte,
und wie er zu den Phäaken kam,
die ihn reich beschenkt in die Heimat brachten.«

Verstehen kann das nur jemand, der die Odyssee schon gelesen hat, also weiß, was sich hinter den Namen und kurzen Andeutungen verbirgt.

21 Was hat Homer daraus gemacht?

21.1 Irrfahrt und Ithaka-Handlung

Odysseus kehrt nach zehnjähriger Irrfahrt (insgesamt also nach zwanzig Jahren) nach Ithaka zurück und findet dort seine Frau von einer Schar von Freiern umworben vor. Man kann daher von zwei Hälften der Odyssee sprechen; denn in Buch 13 kommt Odysseus auf Ithaka an:

Buch 1–12	Odysseus unterwegs
Buch 13–24	Odysseus in Ithaka

Nachdem ihn die Phäaken nach Ithaka gebracht haben, begegnet ihm zuerst die Göttin Athene, deren Hilfe er, wie er klagt, während der Fahrt hatte entbehren müssen. Unter einem Ölbaum sitzend, planen sie gemeinsam den Tod der Freier.

Da diese beiden Handlungen aufeinanderfolgen, könnte man auch bei Homer den Kampf mit den Freiern als letztes Abenteuer, das Odysseus zu bestehen hat, also sozusagen als letzte (besonders ausführlich erzählte) Station der Fahrt deuten. Tatsächlich ist es nach der Erzählstruktur der Odyssee aber umgekehrt, d.h., die Fahrt ist nur die Vorstufe zu der Auseinandersetzung mit den Freiern. Das hängt mit zwei grundlegenden Eingriffen Homers in die ursprüngliche Form der Geschichte zusammen.

21.2 Rückgriff und Parallelgeschichte

Die Erzählstruktur der Odyssee wird ganz entscheidend durch zwei Maßnahmen bestimmt, die es so in den Liedern der Sänger nicht gegeben haben kann, weil sie größere, eben epische Dimensionen und schriftliches Komponieren voraussetzen.

1. Odysseus befindet sich zu Anfang der Odyssee schon auf der vorletzten Station seiner Irrfahrt, bei der Nymphe Kalypso. In der Odyssee wird also genaugenommen nur vom Ende seiner Fahrt und den Ereignissen nach seiner Ankunft in Ithaka erzählt. Die vorhergehenden Abenteuer seit der Abfahrt von Troja sind als untergeordnete Erzählung in die letzte Station, den Aufenthalt bei den Phäaken, eingeschoben. Dort erzählt Odysseus selbst in den Büchern 9–12 seine Erlebnisse von Anfang an.

Die eigentliche Handlung der Odyssee erstreckt sich dementsprechend nicht über zehn Jahre, sondern umfaßt nur wenige Tage. Das ist wie in der Ilias, die aus dem zehnjährigen Krieg ebenfalls nur einen Zeitabschnitt von wenigen Tagen behandelt, wobei es dort allerdings keinen Rückgriff mit einem Bericht über die vorausgehenden neun Jahre gibt. (→ 5.2.1)

2. Homer hat einen parallelen Erzählstrang eingeführt. Während Odysseus bei Kalypso ist, erfahren wir, was zu-

gleich in Ithaka geschieht, wo man nicht weiß, ob Odysseus noch lebt. Dort haben sich die »Freier« als ungebetene Gäste im Haus des Abwesenden eingenistet und drängen Penelope, sich für einen von ihnen zu entscheiden. Sein Sohn Telemach war bisher noch zu jung, um schon als Hausherr für Ordnung sorgen zu können, doch er versucht jetzt, die Dinge in die Hand zu nehmen: Er fordert die Freier (vergeblich) auf, das Haus zu verlassen, und fährt nach Pylos und Sparta, um sich bei zwei alten Kampfgefährten seines Vater nach ihm zu erkundigen. Dieser Abschnitt, der gleich nach der Götterversammlung in Buch 1 beginnt und bis zum Ende von Buch 4 reicht, wird üblicherweise als ›Telemachie‹ bezeichnet.

Diese sog. Telemachie ist strukturell doppeldeutig; denn in ihr wird einerseits erzählt, was sich während Odysseus' Abwesenheit in Ithaka abspielt, andererseits ist das schon die Vorgeschichte seines Auftretens in Ithaka. Man könnte auch sagen, für Telemach ist es Gegenwart, für Odysseus Zukunft. In Buch 16 vereinigen sich diese Linien, als Telemach nach Ithaka zurückkommt, dort mit Odysseus zusammentrifft und dieser sich ihm zu erkennen gibt.

Auf Grund dieser beiden Maßnahmen ergibt sich eine weiträumige Verschränkung der Motive Irrfahrt und Freierproblem. In die beiden letzten Stationen der Fahrt ist je ein Einschub eingefügt: in die Kalypso-Episode die Telemachie, also die gleichzeitigen Ereignisse in Ithaka, in den Aufenthalt bei den Phäaken die früheren Stationen der Irrfahrt:

Buch	1	Odysseus bei Kalypso
		[Buch 1–4 Telemachie]
	5	Abfahrt von Kalypso
	6–8	Odysseus bei den Phäaken
		[Buch 9–12 Odysseus erzählt]
	13	Abfahrt von den Phäaken, Ankunft in Ithaka

Homer hat damit zwei der wichtigsten Kunstgriffe jedes Erzählens, wenn nicht erfunden, so doch in die Weltliteratur eingeführt, nämlich ein Geschehen durch zusätzliche Perspektiven mit Schauplatzwechsel[3] inhaltlich zu erweitern und einen linearen Stoff durch teilweise Umkehrung der Reihenfolge, also durch spätere Einschaltung früherer Phasen der Geschichte, formal zu verdichten.

Da gleichzeitige Ereignisse nur nacheinander erzählt werden können, ergibt sich durch die Hinzufügung der Telemachie eine äußere Dreiteiligkeit der Odyssee:

Buch	1–4	Telemachie
	5–12	Odysseus unterwegs
	13–24	Odysseus in Ithaka

21.3 List (Intrige) und Kampf (Aristie)

Als Odysseus auf Ithaka angekommen ist, rät ihm Athene, zunächst zu dem Schweinehirten Eumaios aufs Land zu gehen und von dort aus als unbekannter Fremder in sein eigenes Haus in der Stadt zu kommen. Das erinnert an Orest, der als Fremder in sein Elternhaus kommt, um seinen Vater Agamemnon zu rächen und sein Erbe anzutreten. Zeus hat am Anfang der Odyssee diese Geschichte kurz erwähnt. Wir kennen sie vor allem aus den *Choephoren*, dem zweiten Stück der *Orestie* von Aischylos. Dieses listige Vorgehen in der Tragödie nennt man üblicherweise »Mechané« (oder »Mechanema«) oder »Intrige«. Bei Odysseus besteht es darin, daß er sich nicht vorzeitig verrät und es ihm bei der ›Bogenprobe‹, die Penelope veranstaltet, gelingt, seinen eigenen Bogen in die Hand zu bekommen.

Auf die Verstellung muß dann zwangsläufig das Wiedererkennen folgen. In der Tragödie nennt man dieses Wieder-

3 Zu Ansätzen in der Ilias → 7.3 und 19.1.

erkennen von Freunden oder Verwandten »Anagnorismos« oder »Anagnorisis«.

Bei seinem Kampf mit den Freiern könnte man wie in der Ilias von einer »Aristie« (→ 19.1) sprechen. Odysseus tötet einen Freier nach dem anderen, wobei ihm Telemach und Eumaios zur Seite stehen.

21.4 Heimweh und Wiedersehen

In Heroengeschichten alten Stils ist die Heimkehr mehr eine technische als eine emotionale Angelegenheit. Ein Heros kommt nicht nach Hause, um Frau und Kinder wiederzusehen, sondern um dort seinen gewohnten Platz einzunehmen und nach dem Rechten zu sehen. So tritt noch der Trojasieger Agamemnon in der gleichnamigen Tragödie von Aischylos auf. Daher dürfte in der vorhomerischen Erzählung Odysseus' Sieg über die Freier einfach der Höhepunkt und Abschluß seiner Heimkehr gewesen sein.

In der Odyssee dagegen ist die emotionale Seite der Heimkehr und vor allem das Wiedersehen mit Penelope ein eigener Aspekt, der zu dem Kampf mit den Freiern hinzukommt und letzten Endes sogar wichtiger ist, weil das Wiedersehen das eigentliche Ziel ist, während die Freier nur ein Hindernis auf dem Wege dorthin darstellen. Gleich am Anfang der Odyssee heißt es von Odysseus (1,13):

> »Er sehnte sich nach Heimkehr und seiner Frau«.

Man kann daher sagen, daß das Wiedersehen von Anbeginn an das übergeordnete Thema ist. Vermutlich hat erst Homer der vorhomerischen Erzählung das Motiv des Wiedersehens, also den emotionalen Aspekt, hinzugefügt.[4]

4 Wir erinnern uns, daß auch in der Ilias der emotionale Aspekt (der Zorn) das übergeordnete Motiv ist (→ 8.2).

Man kann das auch deswegen annehmen, weil dadurch ein strukturelles Problem entstanden ist. Freierkampf und Wiedersehen stehen sich nämlich in gewisser Weise im Wege. Odysseus kommt in der Gestalt eines alten Bettlers in sein Haus zurück, damit die Freier ihn nicht vorzeitig erkennen, was aber bedeutet, daß auch Penelope ihn nicht erkennen soll und kann. Dadurch wird das eigentliche Wiedersehen der beiden bis nach dem Freierkampf hinausgeschoben, und die Vorbereitungen auf den Kampf erscheinen als selbständige Aktion, bei der nicht immer Rücksicht auf das noch ausstehende Wiedersehen genommen wird.

Bezeichnend für dies Nebeneinander ist die Szene, in der Odysseus nach zwanzig Jahren seine Frau zum ersten Mal wiedersieht. Homer verrät uns nicht, was Odysseus dabei empfindet, sondern läßt ihn nur an das Freierproblem denken (18,281). (→ 26.3)

21.5 Das Personal

Die Odyssee enthält sehr viel weniger Namen als die Ilias, nur beim Freierkampf zeigt sich im Ansatz das, was wir bei der Ilias »Füllmaterial« nannten (→ 8.5.1). Da werden zweimal vier erschlagene Freier, die sonst keine Rolle spielen, mit Namen genannt. Ein Überblick über das eigentliche Personal spiegelt den mehrfachen Schauplatzwechsel und die Dreigliedrigkeit der Odyssee wider, läßt aber zugleich den übergreifenden Zusammenhang erkennen, weil die Personen, von Odysseus abgesehen, in Telemachie und der Ithaka-Handlung ab Buch 13 weitgehend identisch sind.

Die Hauptperson

Odysseus, Irrfahrer und Heimkehrer

Daheimgebliebene
Penelope, seine Frau
Telemach (gr. *Telémachos*), herangewachsener Sohn
Antinoos, Freier, offen skrupellos
Eurymachos, Freier, hinterhältig skrupellos
Antinomos, Freier mit Skrupeln
Laertes, Odysseus' Vater

Heimkehrer von Troja, die Telemach besucht
Nestor, König von Pylos, seit zehn Jahren zu Hause
Menelaos, König von Sparta, seit drei Jahren zu Hause
Helena, seine Frau

Gefährliche Personen, mit denen Odysseus unterwegs redet
Polyphem, menschenfressender Zyklop
Kirke, Zauberin (und seherische Ratgeberin)
Kalypso, Nymphe, will Odysseus für immer festhalten

Schatten, mit denen Odysseus im Totenreich redet
Teiresias, Seher, prophezeit ihm die Heimkehr
Odysseus' Mutter
Agamemnon, warnt vor den Frauen
Achill, beklagt das Totsein

Phäaken
Alkinoos, König
Aréte, seine Frau
Nausikaa, ihre Tochter
Demodokos, ein Sänger

Treue Diener und Helfer in Ithaka
Eurykleia, Odysseus' alte Amme
Eumaios, Schweinehirt, hilft beim Kampf
Philoitios, Rinderhirt, hilft beim Kampf
Theoklymenos, Seher, Gast Telemachs
Argos, ein Hund (stumme, aber wichtige Rolle)

Untreue Dienerschaft
Melantheus (Melanthios), Ziegenhirt, hilft den Freiern
Melantho, seine Schwester, Geliebte des Eurymachos

Weitere Personen in Ithaka
Phemios, ein Sänger
Iros, ein Bettler

21.5.1 Die Götter

In der Odyssee wird zwar dieselbe Götterfamilie wie in der Ilias vorausgesetzt, aber es gibt keine vergleichbaren Familienszenen und keine internen Spannungen. Bis auf Poseidon, der Odysseus verfolgt, weil dieser seinen Sohn, den Zyklopen Polyphem, geblendet hat, hat niemand etwas gegen Odysseus. Aber selbst Poseidon will ihm weder ans Leben noch seine Heimkehr grundsätzlich verhindern, sondern will sie ihm nur so schwer wie möglich machen. Ares und Aphrodite, die in der Ilias Geschwister sind, gelten in der Odyssee als Liebespaar.

Ein Konflikt zwischen Poseidon und Athene, deren Schützling Odysseus ist, wird vermieden, weil Athene erst als direkte Helferin in Erscheinung tritt, nachdem Poseidon in Buch 5 darauf verzichtet hat, Odysseus weiter zu verfolgen, und ihn zu den Phäaken gelangen läßt.

Am Anfang der Odyssee beschließt Zeus, Odysseus solle von Kalypso freigegeben werden und nach Hause kommen. Athene begibt sich daraufhin nach Ithaka zu Telemach und setzt damit die ›Telemachie‹ in Gang, gleichzeitig bzw. danach (→ 22.2) überbringt Hermes Kalypso den Auftrag, Odysseus die Heimfahrt zu ermöglichen.

21.6 Humor?

Angesichts der erzählerisch wenig ergiebigen Einigkeit im Götterhimmel wünschte man sich in Erinnerung an die amüsanten Götterszenen der Ilias fast, daß Hera wenigstens einen kleinen Haß auf Odysseus gehabt hätte. Aber in der Odyssee meldet sie sich kein einziges Mal zu Wort, um ihrem Mann zu widersprechen. Es gibt überhaupt nur zwei olympische Götterszenen, am Anfang von Buch 1 und Buch 5, und beide sind völlig ernsthaft und ohne den kleinsten Streit. Die Hera der Ilias hätte sicher einige spitze Bemerkungen dazu beitragen können.

Das unterhaltsame Lied von ›Ares und Aphrodite‹, das der Sänger Demodokos in Buch 8 vorträgt, kann uns etwas entschädigen, ist aber ein Ausnahmefall. Insgesamt, muß man sagen, hat Homer sonst in der Odyssee auf humoristische Einlagen ganz verzichtet, was nicht heißt, daß es nicht hier und da doch etwas zu lachen oder wenigstens zu lächeln gibt.

Was zynischen Humor betrifft, haben der Zyklop Polyphem und der Freier Eurymachos etwas zu bieten. Der Zyklop verspricht Odysseus als Gastgeschenk (9,369):

> »Ich werde dich als letzten von euch verspeisen.«

Eurymachos macht sich über die (von Athene erzeugte) Glatze des alten Bettlers lustig (18,353):

> »Dieser Mann muß etwas Besonderes sein; sein Kopf leuchtet wie Fackelschein, ist doch kein einziges Haar darauf.«

Beide ahnen nicht, daß diese Witze auf Kosten eines scheinbar hilflosen Fremden sie bald teuer zu stehen kommen werden.

21.7 Markante zusätzliche Situationen

Während man bei der Ilias öfter von »Einlagen« (→ 9.2) sprechen kann, ist dieser Begriff in der Odyssee weniger gut zu gebrauchen. Natürlich könnte man manche Partien und sogar die Erzählung der Bücher 9–12 als Einlagen bezeichnen, aber sie sind inhaltlich weniger eigenständig und daher direkter mit der Handlung verknüpft.

Doch gibt es in der Odyssee einige Szenen, in denen der Weg der Hauptperson durch gewisse von außen hinzutretende Momente markiert wird. So kommt Odysseus auf der Phäakeninsel nicht direkt zu König Alkinoos, der ihm das »Geleit« gewähren wird, sondern trifft zunächst dessen Tochter N a u s i k a a. Obwohl Nausikaa nichts zu entscheiden hat und insofern eine Außenstehende ist, dient diese Begegnung in der Erzählung als wichtiges Anzeichen für die endgültige Rettung des Irrfahrers, und man kann daher von einer markanten zusätzlichen Situation sprechen.

Zu Odysseus' Kampf mit den Freiern und zum Wiedererkennen durch Penelope gibt es Vorstufen, die in ähnlicher Weise durch ein hinzutretendes Zeichen markiert sind. Als Odysseus (von Athene unkenntlich gemacht) zu seinem Haus kommt, wird er von seinem alten H u n d A r g o s erkannt. Bei einem F u ß b a d erkennt ihn seine alte Amme Eurykleia. Der Kampf mit den Freiern hat ein Vorspiel in einem B o x k a m p f mit dem Bettler Iros, der Odysseus als Konkurrenten vertreiben will. Penelope veranstaltet die B o g e n p r o b e, bei der kein Freier den Bogen des Odysseus spannen kann und Odysseus den Bogen in die Hand bekommt.

Die günstigen V o r z e i c h e n, die mit dem Auftreten des Sehers Theoklymenos in Buch 15 beginnen, häufen sich in Buch 20, als Donner bei blauem Himmel, als Seufzer einer jungen Magd, als unsinniges Lachen der Freier und dessen Deutung durch Theoklymenos.

21.8 Schematische Übersicht

Wenn wir versuchen, das bisher Gesagte in einem Schema zusammenzufassen, ergibt sich als vorläufiger Überblick:

(Odysseus ist seit sieben Jahren bei Kalypso)

Buch	1	Die Götter beschließen seine Heimkehr Athene geht nach Ithaka zu Telemach
	2	Telemach fährt von Ithaka ab
	3	Telemach bei Nestor in Pylos
	4	Telemach bei Menelaos in Sparta
	5	Hermes geht zu Kalypso Odysseus kommt von Kalypso zu den Phäaken
	6	Odysseus trifft Nausikaa
	7	Odysseus kommt zu König Alkinoos
	8	Bewirtung, Lied von Ares und Aphrodite
	9–12	Odysseus erzählt von seiner Irrfahrt
	13	Abschied, Odysseus kommt in Ithaka an
	14	Odysseus kommt zu Eumaios
	15	Telemach bricht von Sparta auf
	16	Telemach kommt zu Eumaios Odysseus gibt sich Telemach zu erkennen
	17	Telemach geht zur Stadt und in sein Haus Odysseus kommt als Fremder in sein Haus Der Hund Argos erkennt ihn
	18	Boxkampf mit dem Bettler Iros Odysseus sieht Penelope zum ersten Mal
	19	Das Fußbad, Eurykleia erkennt ihn

20	Günstige Vorzeichen
21	Die Bogenprobe
22	Kampf mit den Freiern
23	Odysseus gibt sich Penelope zu erkennen

Das letzte Buch bringt dann noch anhangartig drei weitere Motive:

24	Ankunft der toten Freier in der Unterwelt Odysseus' Wiedersehen mit seinem Vater Aussöhnung mit den Angehörigen der Freier

Man kann an dieser Übersicht die fünf wichtigsten strukturellen Maßnahmen Homers leicht erkennen:

1. die Zweiteiligkeit (Irrfahrt und Ithaka-Handlung umfassen je zwölf Bücher),
2. den Rückgriff im ersten Teil (die übergeordnete Erzählung enthält nur die Stationen Kalypso und Phäaken, die vollständige Reihe kommt nur im Rückgriff als untergeordnete Erzählung vor),
3. die Verschachtelungsstruktur im ersten Teil (durch Einschaltung der Telemachie in die Kalypso-Station und der Erzählung von den vorhergehenden Stationen in den Aufenthalt bei den Phäaken),
4. die Verknüpfung der beiden Teile (durch die Telemachie als Vorbereitung der Ithaka-Handlung, die mit der Ankunft des Odysseus beginnt),
5. das Nebeneinander im zweiten Teil (Intrige und Anagnorismos).

Zusammen zeigt das deutlich, wie sehr sich die Odyssee von einem linear erzählenden Epos von der Heimfahrt des Odysseus unterscheidet. Sie ist im Kern eine straff komponierte Erzählung von Odysseus' Ankunft in Ithaka, dem Kampf um seinen alten Platz im Hause und dem Wiedersehen mit Penelope.

B

22 Der Anfang der Odyssee und die sog. Telemachie

22.1 Das Proömium und der Anfang der Erzählung

Die Odyssee beginnt in wörtlicher Übersetzung:

> »Vom Mann erzähle, Muse, dem vielgewandten, der viel umhergetrieben wurde, nachdem er Troja zerstört hatte.«

Beim Vergleich mit der Ilias (→ 10.1) fällt zweierlei sofort auf. Erstens wird die Muse nicht zum Singen, sondern zum Erzählen aufgefordert. Die Verbindung zur Sängertradition ist also auch nicht mehr metaphorisch aufrechterhalten (→ 5.1.5).

Zweitens wird der Name des Helden nicht im Titel oder anderswo im Proömium genannt, sondern erst nach Beginn der eigentlichen Erzählung. Der homerische Titel der Odyssee lautet, wie oben gesagt wurde (→ 1.1): ›Der viel umhergetriebene Mann‹, oder kürzer: ›Der Irrfahrer‹. Daß der Name des Irrfahrers (anders als in der Ilias der Name des Zornigen) nicht als Teil des Titels, sondern erst in Vers 21 erscheint, zeigt, daß schon zu Homers Zeiten Odysseus ›Der Irrfahrer‹ schlechthin war, während der Zorn nur als »Zorn Achills« ein eindeutiger Titel für die Ilias war.

Das dem Irrfahrer hinzugefügte Adjektiv »vielgewandt« (*polýtropos*) im Sinne von »wendig, schlau« verweist auf seine List (das Hölzerne Pferd), durch die Troja erobert worden war. Zwar zeigt sich Odysseus auch während seiner Irrfahrt meist als kluger Kopf, aber da geht es in erster Linie um die »Leiden«, die er unterwegs zu ertragen hat. Deswegen wird er sonst auch der »vielduldende«, dessen Stärke im Ertragen von Unbill aller Art liegt, genannt. Er ist, wie ebenfalls schon gesagt wurde (→ 2.5.2 und 7.5), während der Irrfahrt nur eingeschränkt ein Held im eigentlichen Sinne, der wie Herakles die Welt von Ungeheuern befreit oder wie er selbst in der Ilias viele Feinde tötet, sondern ist froh, heil davonzukommen. (Herakles hätte den Zyklopen Polyphem natürlich nicht im Schlaf geblendet, sondern hätte ihn in offenem Kampf erschlagen.) Bei seinem Vorgehen gegen die Freier kommen dann List und heroische Kampfkraft zusammen.

Die auf den Titel folgende ›Inhaltsangabe‹ oder Vorschau beginnt mit »nach der Zerstörung Trojas« (2). Von den Ereignissen während der Irrfahrt[5] werden nur allgemein ›Leiden auf dem Meer‹ (4; also Sturm und Wellen) und die zwei Stationen ›Heliosrinder‹ (8, wo es zum »Verlust der Gefährten durch deren eigene Schuld« kam) und ›Kalypso‹ (14; »die ihn festhielt«) genannt. Sie schließt mit dem Hinweis auf »Kämpfe« (18) nach der Ankunft in der Heimat.

Im Unterschied zur Ilias hält sich diese Inhaltsangabe an die chronologische Reihenfolge der Ereignisse. Homer müßte also vom Freierkampf in Ithaka zu Kalypso zurückspringen, um dort mit der eigentlichen Erzählung zu beginnen. Doch dieser Sprung ist wie in der Ilias vermieden, in der Odyssee durch Verschränkung von Inhaltsangabe und Beginn der Erzählung. Mit der Nennung der Kalypso-Station hat nämlich auch schon die Erzählung eingesetzt (11):

> »Alle anderen überlebenden Trojakämpfer waren inzwischen zu Hause,
> nur ihn, der sich nach Heimkehr und Frau sehnte,
> hielt die Nymphe Kalypso fest.«

5 Die Formulierung »er sah die Städte vieler Menschen und lernte ihre Gesinnung kennen« trifft auf Odysseus strenggenommen nicht zu und klingt eher nach den Erfahrungen eines Kaufmanns oder Forschungsreisenden. Sie mag aus der Tradition allgemeiner Seefahrergeschichten stammen (→ 24.3.2).

Die »Kämpfe«, die er laut Vorschau in Ithaka noch zu bestehen haben wird (18), sind also formal ein Nachtrag nach Beginn der Erzählung.

In der Odyssee wird dem Leser (wieder anders als in der Ilias) gleich zu Anfang explizit mitgeteilt, in welcher Situation innerhalb der Geschichte vom Trojanischen Krieg bzw. der Heimfahrten wir uns befinden. Sogar der Zeitpunkt wird angegeben (16):

> »doch im zwanzigsten Jahr (nach seinem Aufbruch von Ithaka) beschlossen die Götter seine Heimkehr«.

Nach diesem Anfang könnte mancher durch den Titel ›Der Irrfahrer‹ erwartungsfroh gestimmte Leser enttäuscht sein, weil es so aussieht, als ob ihm die vorausgehenden Abenteuer des Odysseus vorenthalten werden sollen. Er darf also überrascht und erfreut sein, wenn Odysseus persönlich das in den Büchern 9–12 ausführlich nachholt.

Außerdem wird noch gesagt, daß alle Götter außer Poseidon mit Odysseus Mitleid hatten, dieser aber zur Zeit verreist gewesen sei. Wir können also wie in der Ilias mit einem Konflikt im Götterhimmel und mit Schwierigkeiten auf Erden für Odysseus rechnen.

Nach diesem Auftakt versetzt uns Homer auf den Olymp, in eine dort stattfindende Götterversammlung.

22.2 Die (doppelte) Götterversammlung

Zeus eröffnet die Sitzung des Familienrates (Poseidon ist in Äthiopien) mit einigen nachdenklichen Worten über den Missetäter Ägisthos, der trotz eindringlicher göttlicher Warnungen Agamemnon nach dessen Heimkehr von Troja ermordet hatte[6] und jetzt seine Strafe durch Aga-

6 Der Mord findet bei einem Gastmahl statt, Klytämnestra ist nur Mittäterin. In der Tragödie sind später die Rollen vertauscht, und Agamemnon wird beim Bad von seiner Frau erschlagen.

memnons Sohn Orest erlitten habe. Athene findet, das sei nur gerecht, und bringt Odysseus ins Spiel, der zu Unrecht so viel leiden müsse und bei Kalypso festsitze. Zeus ist ganz ihrer Meinung, erinnert aber an den Zorn Poseidons, dessen Sohn Polyphem von Odysseus geblendet worden sei; das werde jedoch kein unüberwindliches Hindernis sein, weil Poseidon sich nicht gegen die anderen Götter stellen könne. Athene macht daraufhin zwei Vorschläge:

1. Zeus solle Hermes zu Kalypso schicken, um ihr den Beschluß über die Heimkehr des Odysseus mitzuteilen.
2. Sie selbst will nach Ithaka zu Odysseus' Sohn gehen, um ihn aufzufordern, die Freier aus dem Haus zu weisen und nach Pylos und Sparta zu reisen, um sich nach dem Vater zu erkundigen.

Damit werden für Odysseus und Telemach die zwei parallelen Handlungslinien (→ 21.2) eröffnet, die dann in Buch 16 vereinigt werden.

Da gleichzeitige Handlungen damals wie heute nicht gleichzeitig, sondern nur nacheinander erzählt werden können, erfahren wir zunächst von der Ausführung ihres zweiten Vorschlags, d.h. es folgt die sog. Telemachie. Mit Buch 5 wird dann der erste Vorschlag verwirklicht, und damit wird die Odysseus-Linie in Gang gesetzt. Homer hätte dort einfach sagen können: »Inzwischen begab sich Hermes zu Kalypso.« Statt dessen gibt es wieder eine Götterversammlung (Poseidon ist noch nicht zurück), auf der sich Athene erneut für Odysseus einsetzt. Daraufhin schickt Zeus Hermes zu Kalypso.

Diese Verdopplung der Götterszene statt eines einfachen »inzwischen« hat die Homeranalyse zu der Vermutung geführt, daß die Telemachie ursprünglich zusammen mit der ersten Götterszene eine selbständige Erzählung war und dann mit der Odysseus-Handlung und deren Götterszene zusammengefügt wurde. Das klingt durchaus plausibel, aber es bleibt die Frage, warum Homer die zweite Götterszene nicht durch das naheliegende »inzwischen« ersetzt hat. Der Grund ist wohl darin zu sehen, daß erstens die Odysseus-Linie nicht mit einem bloßen Rückverweis auf die Götterszene in Buch 1 einsetzen soll und zweitens Athene aus der Telemachie einen neuen Anlaß mitbringt, der Odysseus' Heimkehr zusätzlich dringend macht (5,18):

»Jetzt wollen sie sogar seinen Sohn ermorden!«

Auch hier hätte Homer durch eine kleine glättende Bemerkung (→ 5.2.4), etwa eine Begründung für die zweite Götterversammlung, den Philologen viel Kopfzerbrechen ersparen können, aber er hat anscheinend die in Buch 1 angelegte Vorstellung, nach der Athene und Hermes sich gleichzeitig auf den Weg machen, nicht ausdrücklich zurücknehmen wollen.

Zeus nutzt die Gelegenheit, Odysseus' weiteren Weg zu skizzieren (5,33): Er soll auf einem Floß zu den Phäaken gelangen, die ihn dann reich beschenkt zu Schiff in seine Heimat bringen werden. Damit erfährt der Leser, daß Kalypso die vorletzte Station seiner Irrfahrt ist und er bald zu Hause sein wird. Poseidons Zorn wird diesmal von Zeus nicht erwähnt.

Poseidon kommt erst zurück, als Odysseus schon auf seinem Floß sitzt und auf dem Wege zu den Phäaken ist. Als Poseidon das bemerkt (5,282), fügt er sich dem Beschluß der anderen Götter, will aber dem Heimkehrer das Leben noch einmal schwermachen. Er entfacht deswegen einen Sturm, der das Floß zerstört, so daß Odysseus die Phäakeninsel nur schwimmend erreichen kann.

Poseidon versucht also nicht, wie Hera und er selbst in der Ilias, einen Plan des mächtigen Zeus zu sabotieren. Als Lohn wird ihm daher nach Odysseus' Ankunft in Ithaka in Buch 13 von Zeus erlaubt, das heimkehrende Schiff der Phäaken zu Stein werden zu lassen.

22.3 Telemachie und Telemach-Handlung

Die übliche Bezeichnung Telemachie für Buch 1–4 ist irreführend, weil diese Bücher nur der erste Teil einer Telemach-Handlung sind, die in Buch 15 fortgesetzt wird und erst in Buch 16 endet. Sie wird zweimal durch die parallele Odysseus-Handlung unterbrochen, ist also mit ihr verschränkt. In Buch 16 wird daraus eine gemeinsame Handlung von Vater und Sohn. Schematisiert sieht das so aus:

Buch	1–4	Telemach
	5–14	Odysseus
	15	Telemach
	15	Odysseus (ab 300)
	16	Telemach und Odysseus

Bezeichnend ist die rege Reisetätigkeit, zu der Athene, die beiden helfen will, dadurch gezwungen ist:

Buch	1	Athene geht zu Telemach nach Ithaka (96)
	3	Sie verläßt ihn in Pylos (171)
	6	Sie hilft Odysseus bei den Phäaken
	13	Sie ist bei Odysseus in Ithaka (221)
	13	Sie geht zu Telemach nach Sparta (439)
	15	Sie ist bei Telemach in Sparta
	16	Sie ist bei Odysseus in Ithaka (155)

Zwischenaufenthalte auf dem Olymp und in Athen (7,78)[7] und Eingriffe aus der Ferne sind dabei nicht berücksichtigt.

Man muß also Telemachie (Buch 1–4) und die Telemach-Handlung im ganzen, die bis Buch 16 reicht, unterscheiden.

Die Telemachie beginnt in Ithaka mit dem Konflikt zwischen Telemach und den Freiern und spaltet sich dann auf in zwei parallele Stränge, Telemachs Fahrt nach Pylos

7 Da sie in Athen nichts zu tun hat und ebensogut auf den Olymp gehen könnte, ist das wohl ein nachträglicher Versuch, Athen in der Odyssee unterzubringen.

und Sparta und die etwas später einsetzende Reaktion der Freier in Ithaka, während er noch unterwegs ist. Die Telemachie besteht also aus zwei Teilen, von denen der zweite wieder zweiteilig ist, weil dort gleichzeitige Handlungen nacheinander erzählt werden:

(Teil 1)	Buch	1–2	Die Situation in Ithaka
(Teil 2a)		3–4	Telemachs Erkundungsfahrt
(Teil 2b)		4	Die Reaktion der Freier (ab 625)

Auch die Reaktion der Freier hat eine Fortsetzung in Buch 16. Als Telemach wider Erwarten unversehrt zurückgekehrt ist, überlegen sie, was nun zu tun sei (16,342).

22.4 Die Situation in Ithaka

Da Odysseus seit zehn Jahren vermißt wird, hat sich in Ithaka ein Spannungszustand zwischen entgegengesetzten Interessen herausgebildet. Während Penelope und Telemach nicht bereit sind, sich mit dem Verlust abzufinden, und immer noch auf seine Rückkehr hoffen, denken Außenstehende bereits an seine Nachfolge, das sind die »Freier«, die um Penelope werben.

22.4.1 Penelope

Nach der Konvention könnte oder sollte sie wieder heiraten. Außerdem hatte Odysseus ihr, wie sie selbst den Freiern sagt, beim Abschied aufgetragen, wenn er nicht zurückkomme, solle sie eine neue Ehe eingehen, sobald Telemach erwachsen sei (18,269). Doch sie befindet sich in einem Zwiespalt zwischen Hoffnung und Sich-Abfinden. Eine neue Ehe ist für sie zwar nicht grundsätzlich ausgeschlossen, und sie akzeptiert das Werben der Freier, aber sie schiebt die Entscheidung vor sich her.

Berühmt ist ihre dabei angewandte List (sie ist eben die Frau des klugen Odysseus): Eine Zeitlang hatte sie vorgeschützt, sie wolle erst noch ein angefangenes Grabtuch für Odysseus' Vater Laertes fertigstellen, und hatte nachts jeweils die am Tage gewebte Partie wieder aufgelöst. Durch verräterische Mägde hatten die Freier von dem Trick erfahren.

22.4.2 Die Freier

Sie haben mehrere Gründe für ihre Werbung. Erstens ist Penelope für sie als Frau attraktiv (so daß bei ihrem Anblick »ihre Knie weich werden«; 18,212), zweitens könnte man dadurch den Besitz des Odysseus an sich bringen, und drittens, so hoffen wenigstens einige, könnte man auf diese Weise vielleicht auch Odysseus' Nachfolger als König von Ithaka werden.

Seit sie Penelopes Verzögerungstaktik durchschaut haben, üben sie offen Druck aus, indem sie Tag für Tag ins Haus einfallen und durch ausgiebige Festmähler Odysseus' Besitz bzw. Telemachs Erbe aufzehren. Die übrige Zeit vertreiben sie sich mit Wettspielen, Musik und Tanz. Hinter den Kulissen kümmern sie sich auch um die Mägde im Hause. Da es keinen Hausherrn gibt, konnte sie bisher niemand daran hindern.

Doch neuerdings bahnt sich Widerstand an. Telemach ist dabei, die Rolle des Hausherrn zu übernehmen. Sie beschließen daher, ihn aus dem Wege zu räumen. Im Hintergrund steht dabei auch der Gedanke, mit ihm den wichtigsten Rivalen um das Königsamt auszuschalten.

Als Wortführer treten Antinoos und Eurymachos aus der Gruppe hervor. Antinoos entwirft den Mordplan gegen Telemach, Eurymachos versteht sich mehr auf scheinheilige Reden und hinterhältige Diplomatie. Eine Gegenstimme zeigt sich in Antinomos, der sich gegen den Mordplan ausspricht, aber doch nicht den Absprung findet und daher am Ende mit den anderen von Odysseus bzw. Telemach getötet wird.

22.4.3 Telemach

Telemach ist inzwischen alt genug, um die Funktion des Hausherrn zu übernehmen, doch er muß sich erst noch durchsetzen.

Gegenüber der Mutter ist das kein Problem. Sie ist zwar überrascht, als er erklärt, er sei jetzt der Mann im Hause, aber fügt sich ohne Widerrede in ihre Rolle als Frau. Um sie nicht zu beunruhigen, weiht er sie in den Plan, nach Pylos und Sparta zu reisen, nicht ein. Was die neue Ehe betrifft, will er ihr keine Vorschriften machen; sie soll frei entscheiden, ob sie heiraten will oder nicht.

Mit den Freiern ist das nicht so einfach. Vorerst nehmen sie ihn nicht ganz ernst, auch als er gegen ihr Verhalten protestiert und ihnen seine entschlossene Gegnerschaft ankündigt. Aber als es ihm gelungen ist, wider Erwarten und unbemerkt nach Pylos abzureisen, schicken sie ein Schiff hinterher, um ihn bei der Rückkehr abzufangen und umzubringen. In den vorausgehenden Verhandlungen mit ihnen zeigt er schon gute Ansätze in der Verstellungskunst seines Vaters. (→ 22.4.6)

22.4.4 Athene in Ithaka

Athene begibt sich aus der Götterversammlung in Buch 1 (in der sie für den bei Kalypso festgehaltenen Odysseus gesprochen hat) direkt nach Ithaka in das Haus des Odysseus, wo die Freier bei Würfelspiel und Wein sitzen und auf die nächste Mahlzeit warten. Telemach begrüßt den Fremden (Athene, die sich Mentes nennt) und beklagt die traurige Situation, in der er sich befindet. Der Besucher meint, Odysseus werde sicher noch kommen, aber Telemach müsse auch selbst tätig werden. Er solle die Freier aus dem Haus weisen und sich bei Nestor und Menelaos nach dem Verbleib seines Vaters erkundigen.

Als der Sänger Phemios die Freier während des Essens mit einem Lied von der »grausigen Heimfahrt« (der Trojasieger) unterhält, erscheint Penelope und verlangt, er solle das Thema wechseln. Telemach weist sie zurecht, weil sie sich damit in Männersachen einmische, und schickt sie zurück ins Frauengemach (1,359):

»Hier habe jetzt ich das Sagen!«

Die Freier fordert er auf, das Haus zu verlassen. Sie reagieren überrascht und ausweichend. Am nächsten Tag wiederholt er die Aufforderung in der Sitzung des Gemeinderates, wieder ohne Erfolg. Auch sein Wunsch, ihm ein Schiff für die Fahrt nach Pylos zur Verfügung zu stellen, wird ignoriert.

Athene tritt erneut auf, um ihn zu unterstützen, diesmal in der Gestalt Mentors, eines alten Freundes des Odysseus. In einer Art Arbeitsteilung nimmt sie zwischendurch sogar Telemachs Gestalt an, um für ihn ein Schiff mit Mannschaft auszuleihen, ohne daß die Freier etwas bemerken, während er selbst sich um den Proviant kümmert. Noch am selben Abend fahren sie gemeinsam (Athene als Mentor) heimlich ab.

Athene erscheint demnach in der Telemachie in dreifacher menschlicher Gestalt: Als Mentes fordert sie Telemach zu seiner Reise auf, als Mentor und Telemach hilft sie bei den Vorbereitungen. Als Mentor begleitet sie ihn dann auch auf seiner Fahrt bis nach Pylos zu Nestor.

Der sprichwörtliche »Mentor«, der Telemach beaufsichtigt und ihn als ein früher Vorläufer des Herrn von Knigge *Über den Umgang mit Menschen* belehrt, ist also in Wirklichkeit Athene. In Pylos verabschiedet er sich, unter dem

Vorwand, irgendwo Schulden eintreiben zu wollen. Da er dazu »wie ein Seeadler« davonfliegt, erkennt der alte Nestor die Göttin.

Der echte Mentor hat in der Odyssee nicht die Rolle von Telemachs Erzieher und älterem Begleiter, sondern ist ein Freund seines Vaters, den Odysseus beauftragt hatte, sich in seiner Abwesenheit um sein Haus zu kümmern. Die naheliegende Frage, warum er die Freier nicht in die Schranken gewiesen hat, wird von Homer nicht angesprochen. Telemach soll offensichtlich – von Athenes Hilfe abgesehen – ganz auf sich allein gestellt sein.[8]

22.4.5 Eine Sitzung des Gemeinderates

Die Sitzung der Gemeindeversammlung,[9] die am Anfang von Buch 2 auf dem Markt (*agorá*) stattfindet, ist ein Lehrstück darüber, wie in der Demokratie eine Minderheit sich durch Frechheit und rhetorische Geschicklichkeit, verbunden mit Drohungen und Einschüchterungsversuchen, durchsetzen kann, während die Mehrheit schweigend zusieht.

Nach der Eröffnung durch einen Ältesten ergreift Telemach (der anscheinend schon als reguläres Mitglied gilt) das Wort. Er beklagt die Ausplünderung seines Hauses durch die Freier und bittet die Versammlung, der auch die Freier angehören, in freundlichen Worten, das abzustellen. Allen ist klar, daß sich dem Antrag nichts entgegenhalten läßt, doch alle sitzen stumm da.

Antinoos nutzt das aus und entgegnet, von einem Unrecht der Freier könne gar nicht die Rede sein, das Problem sei Penelope, die die Entscheidung hinausschiebe,

8 Auch sonst werden gelegentlich Freunde des Odysseus erwähnt, bei denen man fragen könnte, warum Telemach sie nicht zu Hilfe gerufen hat.

9 Es ist keine Volksversammlung, sondern eher eine Versammlung der Gutsbesitzer und ihrer erwachsenen Söhne.

und er berichtet von ihrem Trick mit dem Grabtuch für Laertes und wie man ihr auf die Schliche gekommen sei. Die Lösung sei ganz einfach, Telemach solle seine Mutter zu ihrem Vater zurückschicken (scil. damit der die neue Heirat arrangieren könne). Antinoos will also davon ablenken, daß die Ausplünderung ein Unrecht und auch durch Penelopes Zögern nicht zu rechtfertigen ist. Kurz, er behauptet sinngemäß:

> »Die Rechtslage ist gerade umgekehrt, und wenn hier jemandem Unrecht geschieht, dann sind das wir Freier.«

Telemach lehnt natürlich ab, die Mutter aus dem Hause zu weisen, wendet sich jetzt direkt an die Freier und fordert sie auf, sein Haus zu verlassen. Dabei redet er auch von Bestrafung, verweist aber nur auf Zeus als möglichen Rächer. Als sich daraufhin zwei kämpfende Adler am Himmel zeigen, kündigt ein anwesender Seher die unmittelbar bevorstehende Rückkehr des Odysseus an, die er schon bei dessen Abreise für das zwanzigste Jahr vorausgesagt habe.

Doch auch das hat keinerlei Wirkung. Eurymachos ergreift das Wort, spottet über die Seherkunst seines Vorredners und warnt ihn, Telemach in seiner Haltung zu bestärken; das könne ihm großen Ärger einbringen. Sein Fazit (194):

> »Es bleibt dabei: Telemach soll seine Mutter zu ihrem Vater schicken, damit die neue Ehe in die Wege geleitet werden kann. Bis dahin werden wir weitermachen wie bisher; denn wir haben niemand zu fürchten. Telemach kann reden, soviel er will, und Sehersprüche beeindrucken uns nicht.«

Telemach erwidert, man kenne jetzt seine Meinung und er werde nicht noch einmal bitten. Dann schlägt er einen Kompromiß vor (212):

»Gebt mir ein Schiff, damit ich mich in Pylos und Sparta nach meinem Vater erkundigen kann. Wenn ich etwas höre, was noch auf seine Rückkehr hoffen läßt, will ich ein weiteres Jahr warten; wenn feststeht, daß er tot ist, werde ich für die Verheiratung der Mutter sorgen.«

Jetzt meldet sich (der echte) Mentor als Mahner und Warner zu Wort (237):

»Wenn die Freier bei ihrem Unrecht bleiben wollen, ist das ihr Risiko, falls Odysseus doch wiederkommt. Aber ich frage, warum die hier anwesende Mehrheit das schweigend duldet.«

Doch sofort ist ein dritter Freier, Leiokritos, zur Stelle und bringt ihre Haltung auf den Punkt (243):

»Man kann ja versuchen, uns zu vertreiben. Das gilt auch für den Fall, daß Odysseus selbst käme und uns gewaltsam aus dem Hause weisen wollte. Er sollte das besser bleiben lassen; denn wir sind in der Überzahl, und ein Kampf würde ihn das Leben kosten.«

Damit ist offen ausgesprochen, daß es bei der Kontroverse eigentlich nicht um Telemach, sondern um Odysseus selbst geht, dessen Recht auf seinen alten Platz man nicht anerkennen würde.

Das ist das Ende der Sitzung, Telemach hat nichts erreicht; denn die Mehrheit, die an sich auf seiner Seite ist, schweigt weiter.

Man darf bei dieser Szene an Orest denken und die Gerichtsszene in den *Eumeniden* von Aischylos und den Bericht über die Volksversammlung im *Orestes* von Euripides, aber natürlich auch an die Bürgerversammlung bei Ibsen, wo umgekehrt die Majorität sich instrumentalisieren läßt, sich lautstark bemerkbar macht und den aufrechten Badearzt zum *Volksfeind* erklärt.

22.4.6 *Vergiftete Reden*

(Telemach hat die Freier zum ersten Mal aufgefordert, das Haus zu verlassen; 1,374 ff.)

Antinoos (ironisch und aushorchend):

»Donnerwetter, das waren stolze Worte. Willst du womöglich als Nachfolger deines Vaters König von Ithaka werden?«

Telemach (harmlos tuend, vorsichtig):

»König sein wäre gar nicht schlecht, aber da gibt es sicher auch andere Kandidaten. Ich werde erst einmal Nachfolger meines Vaters in seinem Hause sein.«

Eurymachos (mit einer Spitze gegen den Rivalen Antinoos, der vorpreschend die Frage der Königsherrschaft ins Spiel gebracht hatte; gegenüber Telemach freundlich tuend, aushorchend):

»Ganz recht. Wer König wird, wollen wir mal noch offenlassen, aber dein Haus und dein Besitz sind dir garantiert. – Doch wer war der Fremde, der so schnell wieder verschwunden ist? Hat er dir Nachricht von deinem Vater gebracht?«

Telemach (der vermutet, daß hinter Mentes, der ihm die Heimkehr des Vaters angekündigt hatte, Athene stecken könnte, hält sich bedeckt):

»Solchen Nachrichten glaube ich längst nicht mehr. Der Fremde war ein gewisser Mentes.«

Als Telemach nach der Sitzung des Gemeinderates nach Hause kommt, sind die Freier schon wieder nach alter Weise damit beschäftigt, Ziegen und Schweine für die nächste Mahlzeit zu schlachten (2,299). Antinoos empfängt ihn lachend und drückt ihm (scheinbar freundlich herablassend und versöhnlich) die Hand (301):

»Mein Kompliment für deine Rednergabe und deinen Mut. Aber laß es gut sein, iß und trink mit uns wie bisher! Und ein Schiff sollst du natürlich auch bekommen, damit du möglichst bald nach Pylos fahren kannst.«

Telemach (überraschend scharf und sogar drohend, was seine Gemütsverfassung betrifft, doch ohne zu verraten, daß Mentor [Athene] bereits unterwegs ist, um ein Schiff für ihn zu besorgen):

»Die Zeiten sind vorbei, jetzt bin ich erwachsen und kann das nicht mehr ertragen. Ich werde auf eure Bestrafung hinarbeiten, ob nun in Pylos oder hier. Euer Schiff brauche ich nicht, ich werde schon irgendwo als Passagier mitfahren können.«

Unter den Freiern erhebt sich daraufhin allgemeines (ironisch besorgtes) Gemurmel:

»Der will uns umbringen und aus Pylos Hilfe holen. Oder will er woandershin und sich Gift besorgen, um es uns in den Wein zu schütten?
Vielleicht kommt er ja wie sein Vater unterwegs um (scil. man könnte dabei etwas nachhelfen).
Ach, welch zusätzliche Mühe brächte das für uns; denn wir müßten dann seinen Besitz unter uns aufteilen.«

Telemach fährt danach mit den heimlichen Vorbereitungen für seine Fahrt fort und kümmert sich um den Proviant.

22.5 Telemachs Erkundungsfahrt

Die nächtliche Fahrt nach Pylos verläuft problemlos, morgens (am Beginn von Buch 3) ist man da. Nestor nimmt den Sohn des von ihm hochgeschätzten Odysseus freundlich auf und läßt sich von der schwierigen Situation in Ithaka berichten. Er selbst erzählt einiges über den Trojanischen Krieg und vor allem über die »grausige Heimfahrt« der Sieger, durch die schon der Sänger in Ithaka Penelopes Kummer aufgerührt hatte. Von Nestor erfahren wir jetzt Details. Bei der Abfahrt von Troja hatte es Meinungsverschiedenheiten über Zeitpunkt und Route gegeben, so daß sich der Flottenverband teilte und Nestor Odysseus aus den Augen verlor. Er weiß auch von der Ermordung Agamemnons zu berichten und von der siebenjährigen Heimfahrt seines Bruders Menelaos. Da dieser so weit herumgekommen sei, rät Nestor, ihn aufzusuchen und nach Odysseus zu fragen.

Am nächsten Tag geht es zusammen mit einem Sohn Nestors (im Wagen und mit einer Übernachtung unterwegs) weiter nach Sparta, wo sie abends (am Ende von Buch 3) ankommen. Dort feiern Menelaos und Helena, die längst wieder in bestem Einvernehmen als gutes Ehepaar zusammenleben, gerade die Hochzeit ihrer Tochter Hermione. Die Ankömmlinge werden zum Festessen eingeladen.

Menelaos erzählt von seiner siebenjährigen Heimfahrt. Da er sich auf geographische Angaben beschränkt, scheint es unterwegs keine besonderen Abenteuer gegeben zu haben. Er will sich auch ausdrücklich nicht mit Odysseus vergleichen, der »Mühen wie kein anderer« gehabt habe und bisher nicht nach Hause gekommen sei. Telemach kommen, wie man sich denken kann, die Tränen.

Helena, die offenbar ein schärferes Auge hat als ihr Mann, erkennt Telemach, noch bevor er gesagt hat, wer er ist, an seiner »ganz erstaunlichen« Ähnlichkeit mit Odysseus. Man redet von alten Zeiten und beklagt Freunde, die im Trojanischen Krieg umgekommen sind. Um die trübe Stimmung aufzuheitern, tut Helena eine euphorisierende Droge in den Wein. Dann erzählt sie die Geschichte, wie sie Odysseus, der sich als Spion in Troja eingeschlichen hatte, nicht verraten habe, weil sie damals längst bereut habe, ihren Mann und ihr Kind verlassen zu haben. Menelaos hört das natürlich gern, erzählt aber seinerseits, wie er mit Odysseus im Hölzernen Pferd saß und Helena von außen die vermuteten Insassen durch Stimmenimitation verleiten wollte, sich zu verraten. Das scheint jedoch keine Spitze gegen Helena zu sein; er will nur Odysseus loben, der auch diese Gefahr gemeistert habe.

Am nächsten Tag berichtet Menelaos, was er unterwegs über Odysseus erfahren hat. In Ägypten war es ihm mit göttlicher Hilfe gelungen, Proteus, den »Meeralten« und sprichwörtlichen Verwandlungskünstler, zum Reden zu bringen. Natürlich hatte er zuerst gefragt, wie er selbst am schnellsten nach Hause kommen könne, hatte sich anschließend aber nach den anderen Trojakämpfern und so auch nach Odysseus erkundigt. Auf diese Weise erfuhr er, daß Odysseus damals auf der Insel der Kalypso festgehalten wurde, also noch lebte und nur auf eine Gelegenheit wartete, heimkehren zu können.

Menelaos erwähnt dann noch kurz, wie er selbst von Ägypten glücklich nach Hause kam. Zum Abschluß lädt er Telemach ein, länger zu bleiben, und kündigt großzügige Gastgeschenke an. Danach geht man zu Tisch (und anschließend schlafen, wie wir ergänzen dürfen). Die inhaltlich nahtlose Fortsetzung folgt am Beginn von Buch 15, wo Athene dem schlaflos daliegenden Telemach erscheint. Hier in Buch 4 folgt jetzt (625) die Reaktion der Freier auf Telemachs Abreise.

22.5.1 *Athene als Mentor*

Bei der Ankunft in Pylos mahnt Mentor (Athene) Telemach, nicht schüchtern zu sein, sondern geradewegs zu Nestor zu gehen und ihn um Auskunft über Odysseus zu bitten. Telemach fragt daraufhin (3,22):

»Wie soll ich mich ihm nähern? Wie soll ich ihn ansprechen?«

Mentor antwortet sehr allgemein:

> »Einiges wirst du dir selbst denken, anderes wird dir ein Gott eingeben.«

Daß man sich auf eine Begegnung gedanklich vorbereiten sollte, aber dann auch spontan reagieren muß, ist beim *Umgang mit Menschen* (→ 22.4.4.) die wichtigste Grundregel. Darüber hinaus gibt dieser Mentor keine genaueren Anweisungen, sondern geht voran und demonstriert durch ein konkretes Beispiel gutes Benehmen. Als der ältere der Gäste wird er von Nestor aufgefordert, anläßlich des Poseidonfestes, das man gerade feiere, den Gott anzurufen, also sozusagen das Tischgebet zu sprechen. Ohne mit der Wimper zu zucken, betet Mentor (Athene) zu Poseidon und bittet um seinen Segen für den Gastgeber und um guten Erfolg für sich und Telemach. Athene braucht natürlich Poseidon, zu dem sie ja Odysseus' wegen nicht eben die besten Beziehungen hat, nicht tatsächlich zu bemühen, sondern verleiht ihrem Gebet sogleich selbst Erfüllung.

Als Nestor nach der Mahlzeit fragt, wer denn seine Gäste seien, gibt Telemach mutig und formvollendet Auskunft und fragt nach seinem Vater.

22.5.2 Nestor und Proteus über Heimfahrten anderer

Wie Nestor erzählt (3,131 ff.), kam es nach dem Ende des Krieges zwischen Agamemnon und Menelaos zum Streit, weil Menelaos sofort abfahren, Agamemnon aber vorher noch Opfer darbringen wollte. Bei der deswegen einberufenen außerordentlichen Heeresversammlung ging es turbulent zu, mit heftigen Wortgefechten der beiden Brüder vor einem angetrunkenen Publikum. Da es zu keiner Einigung kommt, fahren Nestor, Diomedes und Odysseus ab, etwas später Menelaos, während Agamemnon mit dem übrigen Heer zurückbleibt. Unterwegs kommt es wieder zum Streit, und Odysseus kehrt Agamemnon zuliebe um. Bei Lesbos holt Menelaos die anderen ein. Von dort aus kommen Nestor und Diomedes in direkter Fahrt problemlos nach Hause. Menelaos wird beim Kap Sunion aufgehalten, weil sein Steuermann plötzlich gestorben ist, wird dann nach Kreta und Ägypten verschlagen und kehrt erst nach siebenjähriger Irrfahrt zurück.[10] Übrigens gerade an dem Tag, an dem Orest seinen Vater an Ägisthos gerächt hatte.

Wie die anderen nach Hause gekommen sind, weiß Nestor nicht, aber er hat später gehört, Achills Myrmidonen, Philoktet und Idomeneus hätten ihre Heimat wohlbehalten erreicht.

Von Proteus, der als niederer Meergott über erzählerische Allwissenheit verfügt, erfahren wir via Menelaos, wie es dem sog. Kleinen Aias (Sohn des Oileus) ergangen war. Als er glaubte, den (von Athene verursachten) Sturm aus eigener Kraft überstanden zu haben, rief er übermütig (4,504):

> »Ich bin dem Meer gegen den Willen der Götter entkommen!«

Poseidon, der ihn bis dahin geschützt hatte, läßt daraufhin sein Schiff an einer Felseninsel scheitern, und Aias ertrinkt.

Wie es Agamemnon zu Hause erging, erfahren wir von Nestor und Proteus. Nestor erzählt (3,262): Während Agamemnon vor Troja kämpfte, hatte Ägisthos versucht, dessen Frau zu verführen. Doch Klytämnestra ließ sich nicht darauf ein, weil sie eine gute Ehefrau war. Außerdem hatte Agamemnon sie dem Schutz bzw. der Aufsicht eines Sängers anvertraut. Ägisthos läßt diesen auf einer einsa-

10 Nach Menelaos' eigenem Bericht in Buch 4 scheint Ägypten die letzte Station seiner Fahrt zu sein.

men Insel aussetzen, und nun gelingt es ihm, Klytämnestra zu betören. Die Fortsetzung hören wir dann von Proteus (4,524): Ein Ausguck meldet Agamemnons Rückkehr. Ägisthos begrüßt ihn und lädt ihn zu einem Festmahl ein, bei dem er ihn ermordet.

Diese Erzählungen lassen übrigens erahnen, welche Fülle von denkbaren »Liedern« das Thema Heimfahrt in sich birgt (→ 3.1). Aber es ist nicht zu erkennen, welche davon konkret existiert haben könnten.

22.5.3 *Proteus' Auskunft über Odysseus*

Telemach hat also durch Menelaos von Proteus erfahren, daß sein Vater vor einiger Zeit noch lebte und die feste Absicht hatte, nach Ithaka zurückzukehren, aber auf der Insel der Kalypso festsaß, weil er kein Schiff mehr hatte.

Bei dem Versuch, die Telemachie als ursprünglich selbständige Dichtung zu erweisen, ist u. a. das Argument verwendet worden, die Auskunft, die Telemach aus Sparta mitbringt, bleibe »folgenlos«. Das ist ein Mißverständnis. Denn welche Folgen sollten das sein? Was Menelaos von Proteus über Odysseus gehört hat, ist keine zweifelsfreie Ankündigung von dessen Rückkehr, sondern nur die Nachricht, daß Odysseus unterwegs aufgehalten worden ist und, falls er nicht später umgekommen ist, immer noch nach Hause kommen könnte. Es unterscheidet sich also nicht von der optimistischen Ankündigung, die Telemach schon in Ithaka von Mentes (Athene) gehört hatte. Telemach ist daher in Buch 16 überrascht, als sich der Fremde bei Eumaios als Odysseus zu erkennen gibt, und sagt nicht etwa: »Ich habe mir gleich gedacht, daß du das bist.«

22.6 Die Reaktion der Freier

Während Telemach in Sparta mit Menelaos und Helena beim Abendessen sitzt (4,624), springt Homer zurück nach Ithaka, wo die Freier sich gerade mit Diskus- und Speerwerfen vergnügen. Da kommt der Mann, von dem Athene in Telemachs Gestalt das Schiff für die Fahrt nach Pylos geliehen hatte, und fragt Antinoos, ob er wisse, wann Telemach zurückkommen werde, er brauche nämlich sein Schiff. Die Freier, die bisher Telemachs Abreise noch gar nicht bemerkt haben, erkennen überrascht, daß der Sohn des Hauses zum ernstzunehmenden Störenfried ihrer Pläne herangewachsen ist, und schicken ihm ein Schiff entgehen, um ihn auf der Rückfahrt abzufangen und umzubringen.

Penelope erfährt von dem Mordplan und macht sich Sorgen, wird aber von Athene in einem Traum, der ihr die Rückkehr des Sohnes verheißt, beruhigt.

Es ist klar, daß es bei Telemachs Aufenthalt in Sparta und der (bald danach einsetzenden) Reaktion der Freier in Ithaka im Prinzip um gleichzeitige Handlungen geht. Man sollte jedoch nicht in den Fehler verfallen, die Zahl der Tage nachzurechnen; darüber würde Homer nur gelächelt haben.

Damit sind wir am Ende von Buch 4 angelangt, und Homer geht zur Odysseus-Handlung über, wie sie von Athene in Buch 1 initiiert worden war. Am Ende von Buch 13, als Odysseus bereits in Ithaka bei dem Schweinehirten Eumaios ist, verabschiedet sich Athene von ihm und ist am Anfang von Buch 15 wieder in Sparta bei Telemach, und die Telemach-Handlung geht weiter, bis in Buch 16 Vater und Sohn zusammentreffen. (→ 25.5)

23 Odysseus bei den Phäaken

23.1 Die kurzen sieben Jahre bei Kalypso

Hermes kommt in Buch 5 zu Kalypso und teilt ihr den Götterbeschluß mit. Die Nymphe hört das nicht gern, fügt sich aber notgedrungen und schickt Odysseus fort. Am Ende des Buchs ist er auf der Phäakeninsel angekommen.

Das Kalypso-Abenteuer hat in der Odyssee eine exponierte Stellung, nicht nur weil mit dieser Station die Erzählung einsetzt, sondern weil sie den strukturellen Rahmen für die erste Hälfte der Odyssee abgibt. In Buch 1 erfahren wir, daß Odysseus sich bei Kalypso befindet, und in Buch 5, wie er von Kalypso abfährt. Bei den Phäaken erzählt Odysseus selbst zunächst in Buch 7, wie er von Kalypso zu den Phäaken gekommen ist (gewissermaßen eine persönliche Kurzfassung von Buch 5). Dann beginnt er in Buch 9, nachdem er seinen Namen genannt hat, seine eigentliche Erzählung mit der Abfahrt von Troja und ist am Ende von Buch 12 wieder bei Kalypso angelangt; damit bricht er ab und sagt, er wolle sich nicht wiederholen. Im Schema:

Homer erzählt:

Buch	1	Odysseus bei Kalypso
		[Hier folgt die Telemachie]
	5	Von Kalypso zu den Phäaken

Odysseus erzählt:

Buch	7	Von Kalypso zu den Phäaken
	9–12	Von Troja zu Kalypso

Die Kalypso-Station kommt also viermal vor. Wer allerdings glaubt, wir müßten deswegen über die sieben Jahre, die Odysseus bei der schönen Nymphe verbringt, besonders viel erfahren, wird enttäuscht. Eigentlich hören wir nur, daß sie ihn gern dabehalten hätte und vorhatte, ihm ewige Jugend zu verleihen, er aber trotzdem nach Hause wollte.

Ein nüchterner Realist könnte zweifeln, ob Odysseus' Leiden dort wirklich so groß waren, wie Athene (in Buch 1) behauptet, und ob die Tränen, von denen er selbst (in Buch 7) redet, von Anfang an geflossen sind. Sollte dieser Skeptiker vermuten, daß es anfangs eher wie bei Kirke gewesen sein könnte, wo Odysseus ein ganzes Jahr ohne Tränen aushielt und schließlich zur Weiterfahrt gedrängt werden mußte, hätte er den übergeordneten Erzähler auf seiner Seite, der uns in Buch 5 vom Ende der sieben Jahre bei Kalypso wissen läßt (153):

»Die Nymphe gefiel ihm nicht mehr«.

Seit einiger Zeit verbringt Odysseus die Tage damit, aufs Meer hinaus zu starren, und ist nachts in der Grotte der Nymphe ein eher lustloser Liebhaber. Doch Homer verrät uns nicht, wie es davor aussah. Sieben Jahre sind eine lange Zeit, auch für Erzähler, wenn sie nicht von Streit und Abenteuern berichten können.

Man kann sich daher schwer vorstellen, daß es je ein Lied über Odysseus' Aufenthalt bei Kalypso gegeben haben sollte. Um so höher muß man es Homer anrechnen, daß er sie wenigstens am Ende der sieben Jahre in Buch 5 zu Wort kommen läßt. Doch man darf kein ›Klagelied der Kalypso‹ von ihr erwarten. Für sie als göttliches Wesen ist Odysseus kaum mehr als ein geliebtes Spielzeug, das ihr Zeus nun wegnehmen will. Wir hören daher nichts davon, daß sie nach dem Abschied am Ufer sitzend sehnsuchtsvoll auf das Meer hinaus gestarrt habe wie vorher Odysseus, oder wie es Ariadne nachgesagt wird, als Theseus sie auf der Insel Naxos zurückgelassen hatte.

23.2 Der Aufenthalt bei den Phäaken

Während wir über die sieben Jahre bei Kalypso so gut wie nichts erfahren, wird uns von Homer über den kurzen Aufenthalt bei den Phäaken – er dauert nur drei Tage – sehr viel erzählt.

Odysseus hat (am Ende von Buch 5) schwimmend eine Flußmündung erreicht, hat sich im Gebüsch am Ufer versteckt und ist erschöpft eingeschlafen. Er wird durch die Rufe spielender Mädchen geweckt. Es ist die Königstochter Nausikaa mit ihren Mägden, die dorthin zum Wäschewaschen gekommen sind und sich nach getaner Arbeit beim Ballspiel vergnügen.

Nausikaa gibt ihm Kleider und bringt ihn zur Stadt, wo er um »Geleit«, d.h. um ein Schiff für die Heimfahrt bitten will.

Im Haus ihres Vaters Alkinoos trägt Odysseus seine Bitte vor. Dabei erzählt er, wie er auf dem Floß von Kalypso losgefahren war, er bei der Phäakeninsel an Land geschwommen war, ihn das Spiel der Mägde geweckt hatte und Nausikaa ihn mit Essen und Kleidung versorgt hatte. Der König und die anderen Anwesenden sagen ihm sofort das Geleit zu.

Am nächsten Tag macht Alkinoos den entsprechenden Vorschlag auf dem Marktplatz in der Ratsversammlung, wo sich ebenfalls kein Widerspruch erhebt.

Anschließend findet zu Ehren des Gastes, der seinen Namen bisher nicht genannt hat, ein Festmahl im Haus des Königs statt, bei dem der blinde Sänger Demodokos für Unterhaltung sorgt. Als er das Lied vom ›Streit zwischen Odysseus und Achill‹ (→ 2.5.1) singt, kommen Odysseus die Tränen. Alkinoos schlägt daraufhin vor, zu Wettkämpfen überzugehen, die wieder auf dem Marktplatz stattfinden.

Als ein junger Phäake Odysseus zur Teilnahme auffordert und beleidigend wird, weil dieser ablehnt, greift sich

Odysseus verärgert einen Diskus und schleudert ihn weiter als alle anderen. Angesichts der gereizten Stimmung schlägt Alkinoos wieder etwas Neues vor: Die jungen Leute sollen einen Tanz vorführen, und der Sänger soll dazu singen.[11] Demodokos trägt diesmal das Lied von der ›Liebe des Ares und der Aphrodite‹ vor. Odysseus lobt den Sänger und die Tänzer. Der sich anbahnende Streit ist damit vergessen, und der höfliche Gast wird mit Geschenken bedacht.

Damit ist es Abend geworden, und man versammelt sich wieder im Haus des Alkinoos zum Essen. Auf Wunsch des Gastes singt Demodokos diesmal vom ›Hölzernen Pferd‹, also der List des Odysseus, durch die Troja erobert wurde. Als der Gast wieder in Tränen ausbricht, fordert Alkinoos ihn auf, seinen Namen zu nennen und von seiner Irrfahrt zu erzählen. Wir sind damit am Ende von Buch 8 angelangt.

In Buch 9 sagt Odysseus dann, wer er ist, und erzählt seine ›Heimfahrt‹ von Troja an mit allen Stationen bis zur Ankunft bei Kalypso. In Buch 11, als er im ›Totenreich‹ ist, gibt es eine kurze Pause. Nachdem er eine Reihe berühmter Frauen, die er gesehen hat, aufgezählt hat, will er abbrechen, weil es Zeit sei, schlafen zu gehen, dabei erinnert er auch an das erbetene Geleit. Doch damit erreicht er das Gegenteil. Die Königin meint, einen so bedeutenden Gast könne sie nicht einfach wieder ziehen lassen, und schlägt weitere Gastgeschenke vor. Alkinoos lobt seine Erzählkunst und fragt nach gefallenen Trojakämpfern. Odysseus fährt daraufhin in seiner Erzählung fort.

Nach dem Abschied am nächsten Tag (Buch 13) wird Odysseus schlafend in nächtlicher Fahrt nach Ithaka gebracht. Dort tragen ihn die Phäaken an Land und fahren, bevor er aufwacht, wieder nach Hause.

11 Die musikalische Begleitung des Tanzes und das singende Erzählen sind eigentlich zweierlei, werden aber hier vom Erzähler anscheinend gleichgesetzt. Eine pantomimische Darstellung dürfte kaum gemeint sein.

23.3 Utopischer Staat und ideale Familie

Die Phäaken, die in ihrem früheren Wohnsitz von Nachbarn bedrängt worden waren, hatten sich unter der Führung des Vaters von Alkinoos auf ihrer abgelegenen Insel angesiedelt. Sie sind berühmte Seefahrer, aber sie scheinen andererseits den Kontakt mit der Außenwelt eher zu meiden und autark für sich zu leben.

Auf ihrer Insel herrschen politisch wohlgeordnete und stabile Verhältnisse. Alkinoos regiert als König im Einvernehmen mit anderen Anführern das Land. Das einfache Volk zahlt Steuern oder Sonderabgaben, aber niemand beklagt sich deswegen. Probleme scheint es nicht zu geben. Alkinoos hat es sogar leichter als der Zeus der Ilias; denn er braucht sich nicht mit widersprüchlichen Wünschen seiner Umgebung auseinanderzusetzen. Das »Geleit« für Odysseus erweist sich erst im nachhinein als problematisch, als die Phäaken den Zorn Poseidons zu spüren bekommen. (→ 23.7)

Alkinoos ist reich, hat ein prächtiges Haus, eine gute Frau und wohlgeratene Kinder im heiratsfähigen Alter.

Bemerkenswert ist die Stellung seiner Frau Aréte. Anders als Hera zeigt sie keine Spuren von Aufsässigkeit, und sie versucht nicht, ihrem Mann in politischen Angelegenheiten dazwischenzureden. Aber eben deswegen ist ihre Meinung in und außer dem Hause gefragt. Sie geht unter das einfache Volk, steht den Frauen mit Rat und Tat zur Seite und ist ein begehrter Schlichter bei Streitigkeiten der Männer. Bei ihrem Mann und dem Volk steht sie daher in höchsten Ehren, und niemand wundert sich, daß Odysseus sich zuerst an sie und nicht an den König wendet. Sie ist auch im Kleinen eine souveräne Hausfrau und erkennt auf den ersten Blick, daß der Fremde Kleidung aus ihrer Wäschetruhe trägt.

Daß es in dieser Ehe jemals wie auf dem Olymp Streit und gar Bestrafung der Frau gegeben haben könnte, ist völlig undenkbar. Die Phäaken sind nun einmal äußerst zivilisiert und vernünftig. Arete hätte sich anders als Hera vermutlich nie auf ein Parisurteil eingelassen und gar aus Rache die Zerstörung der Stadt Troja verlangt.

23.4 Nausikaa

Als Odysseus auf der Phäakeninsel angekommen und eingeschlafen war, hatte sich Athene am Anfang von Buch 6 in das Haus des Königs begeben und Nausikaa durch einen Traum aufgefordert, Wäsche zu waschen, weil ihre Hochzeit in absehbarer Zeit zu erwarten sei. Homer erzählt, wie Nausikaa ihren Vater um einen Wagen bittet, wie die Wäsche im Wasser mit den Füßen gestampft und danach zum Trocknen ausgebreitet wird. Beim anschließenden Spiel fliegt der Ball ins Wasser, und das laute Geschrei der Mädchen weckt Odysseus, wodurch es dann zur Begegnung zwischen Nausikaa und Odysseus kommt. Das ist im Kleinen dieselbe Technik der Parallelhandlung wie bei Odysseus und Telemach, deren Linien zunächst nebeneinanderher laufen und in Buch 16 zusammentreffen.

Nausikaa ist die Figur, an der sich Homers Zartgefühl und Sinn für unheroische Menschlichkeit in Alltagssituationen ganz besonders zeigt. Als sie ihren Vater um einen Wagen für den Transport der Wäsche bittet, scheut sie sich, das Argument der Hochzeit zu benutzen, sondern redet ganz allgemein vom Wäschewaschen. Der Vater, der sie durchschaut, läßt sie es taktvoll nicht merken und gibt ihr den Wagen. Sie dankt es ihm, indem sie, auf ihren Ruf achtend, Odysseus später bittet, nicht mit ihr gemeinsam die Stadt zu betreten, damit kein Gerede entsteht.

Als Odysseus sich den Mädchen am Waschplatz gezeigt hat, wäscht er sich in dezentem Abstand und legt die Kleider an, die Nausikaa ihm gegeben hatte. Dank Athenes

Odysseus zeigt sich Nausikaa (Od. 6,127ff.)
Attische Halsamphora, 5. Jh. v. Chr.
(München, Antikensammlungen)

Mithilfe ist er jetzt sehr stattlich anzusehen, und Nausikaa sagt zu ihren Mädchen (6,244):

»Den möchte ich wohl zum Mann haben, wenn er hier bei uns wohnen bleiben wollte.«

Als sie ihm später im Haus noch einmal gegenübersteht, scheint sie denselben Gedanken zu haben. Aber da er inzwischen um Geleit nachgesucht hat und das Angebot ihres Vaters, sein Schwiegersohn zu werden, abgelehnt hat, weiß sie, der Fremde will nicht bleiben, und sagt (8,461):

»Denk an mich, wenn du zu Hause bist; denn ich habe dich als erste dem Leben wiedergegeben!«

Man hat darin eine aufkeimende und enttäuschte Liebe finden wollen. Derartige Gedanken sind sicher nicht abwegig, doch sollte man nicht zuviel aus diesen Worten herauslesen. Nausikaa ist insgesamt viel zu vernünftig, um sich auf seelische oder gar weitergehende Abenteuer mit einem Fremden einzulassen. Sie lebt in einer Gesellschaft, in der der Umgang zwischen den Geschlechtern festen Formen unterliegt und erotische Sympathie keinen eigenständigen Platz hat. Auf einen jugendlichen Windbeutel wie Paris wäre Nausikaa wahrscheinlich kaum hereingefallen.

23.5 Demodokos' Lieder vom Trojanischen Krieg

Der Sänger Demodokos trägt (in Buch 8) Lieder vom »Leidensschicksal der Griechen«, wie Odysseus den Trojanischen Krieg nennt (489), vor. Von zweien wird der Titel genannt:

›Der Streit zwischen Odysseus und Achill‹ (75),
›Das Hölzerne Pferd‹ (492).

Vom Inhalt des ersten erfahren wir nichts weiter, außer daß der Streit »bei einem Festmahl« stattfand. Das zweite gibt Homer paraphrasierend wieder. Diese Lieder betreffen, ohne daß der Sänger und die Phäaken es ahnen, den fremden Gast.[12] Odysseus selbst ist gerührt; Alkinoos bemerkt, daß die Lieder für den Fremden eine besondere Bedeutung haben, und dann stellt sich in Buch 9 heraus, daß der Fremde ebendieser hochberühmte Odysseus ist, von dem Sänger wie Demodokos schon in ihren Liedern zu erzählen wissen.

Homer scheint auf vorhandene Lieder bzw. Geschichten zurückzugreifen, deren genauere Kenntnis er beim Leser voraussetzt, da sonst manche Anspielungen nicht zu

12 Daß Odysseus kurz vorher (220) beiläufig erwähnt hat, er sei »beim Volk der Troer« gewesen, wird dabei nicht berücksichtigt.

verstehen sind. Der Sänger erzählt vom ›Hölzernen Pferd‹ in Homers Paraphrase (501):

> »wie die Griechen die Schiffe bestiegen und ihr Lager verbrannten
> und Odysseus und seine Leute auf dem Marktplatz von Troja im Pferd verborgen waren.
> Die Troer selbst hatten es in die Stadt gezogen und berieten nun, was damit geschehen solle. Sollte man es zerstören oder als Weihgeschenk aufstellen? So kam es zum Untergang der Stadt.
> Und wie sie die Stadt zerstörten, Odysseus aber mit Menelaos zum Haus des Deiphobos ging und dort in heftigem Kampf siegte.«

Um z. B. den Schluß zu verstehen, muß der Leser wissen, daß nach Paris' Tod Helena Deiphobos zugesprochen worden war, die Odysseus und Menelaos nun holen wollen.

23.6 Das Lied von Ares und Aphrodite

Um eine aufgekommene Mißstimmung während der Wettkämpfe, die bei den Phäaken zu Ehren des Gastes veranstaltet werden, zu überspielen, trägt Demodokos das Lied von dem unterbrochenen Liebesabenteuer von Ares und Aphrodite vor (8,267–366).

Unter anderem an dies Lied muß der Philosoph und Dichter Xenophanes (6. Jh. v. Chr.) bei seiner Kritik an Homer gedacht haben:

> »Alles, was bei Menschen als schimpflich gilt, haben Homer und Hesiod den Göttern angehängt: Diebstahl, Ehebruch, Betrug.«

Das besagt nicht, daß erst Homer die darin erzählte Ehebruchsgeschichte erfunden hat. Diese Mitteilung aus dem fragwürdigen Privatleben der Götter ist in der Odyssee eine Ausnahme und paßt eher zu den Götterszenen der Ilias, weil es wie dort – nicht nur bei der ›Täuschung des Zeus‹ in Buch 14 – so menschlich und allzumenschlich zugeht. (→ 7.6; 9.4.2; 18)

Die schöne Aphrodite ist mit dem tüchtigen, aber äußerlich wenig ansehnlichen Handwerker Hephaistos verheiratet. Der flotte Krieger Ares, der durch Geschenke ihre Gunst erworben hat, besucht sie öfter in ihrem häuslichen Ehebett (wenn ihr Mann in seiner Werkstatt ist). Der Sonnengott Helios hat das beobachtet und informiert Hephaistos. Dieser stellt den beiden eine Falle; er fertigt ein unsichtbares Netzwerk an, rüstet das Ehebett damit aus und läßt verlauten, er gedenke zu verreisen. Ares, der nur darauf gewartet hat, nimmt die Gelegenheit wahr, was auch Aphrodite sehr recht ist. Doch dann schnappt die Falle zu, die beiden sind gefesselt und können sich nicht mehr von der Stelle rühren. Hephaistos ruft die anderen Götter als Zeugen herbei und ist erst bereit, die Fessel zu lösen, nachdem Poseidon für Ares und dessen Bußzahlung gebürgt hat.

Doch kommt in dieser Götterszene etwas hinzu, was in der Ilias bei der ›Täuschung des Zeus‹, dem ehelichen Schäferstündchen, fehlt, nämlich das kommentierende Publikum. Die Götter finden den Anblick, anders als der gehörnte Ehemann erwartet, erheiternd und brechen in das bekannte homerische Gelächter aus. Apollon und Hermes wissen Aphrodites offen dargebotene weibliche Reize besonders zu würdigen und machen anzügliche Bemerkungen. Wir zitieren noch einmal Hermes (339):

> »Netz und Zuschauer wären mir gleich, Hauptsache,
> ich schliefe bei der goldenen Aphrodite!«

Erst diese gezielte Frivolität verleiht der Geschichte den Reiz des Gewagten, der den Leser amüsiert und ihn den eigentlich geforderten Sittenwächter vergessen läßt. (→ 7.7.1)

Interessant ist übrigens die Rolle der Frau in dieser Geschichte. Niemand, auch Hephaistos nicht, denkt, Aphrodite müsse bestraft werden. Sie selbst scheint kein schlechtes Gewissen zu haben, sie nimmt ein Bad und zieht ein hübsches Kleid an – und damit ist das Lied zu Ende.

23.7 Zwei Gefahren bei den Phäaken

Die freundliche Aufnahme bei den Phäaken geht so weit, daß ihm der König anbietet, dazubleiben und seine Tochter Nausikaa zu heiraten. Es gibt also wie bei Kirke und Kalypso die Versuchung, die Heimat und Penelope zu vergessen. Außerdem hätte durch den Streit bei den Wettspielen die Freundlichkeit in Feindseligkeit umschlagen können, was zwar angesichts der Friedfertigkeit der Phäaken für Odysseus kaum (wie bei den Kikonen, dem Zyklopen oder den Lästrygonen) Lebensgefahr bedeutet hätte, aber wahrscheinlich das versprochene Geleit in Frage gestellt hätte.[13] Doch diese beiden Motive, die die Heimfahrt gefährden könnten, tauchen nur andeutungsweise auf. Odysseus lehnt das Angebot ohne Zögern ab, und der Streit wird mit Hilfe des Liedes von ›Ares und Aphrodite‹ schnell geschlichtet.

Der Aufenthalt bei den Phäaken ist also zugleich das Ende seiner Leiden. Von dort kommt er buchstäblich im Schlaf nach Hause.

23.8 Dreimal ankommen

Daß Odysseus das letzte Stück seiner Fahrt ungefährdet und schlafend hinter sich bringt, ist zwar ein schöner Abschluß seiner Leiden, den wir ihm gönnen, aber erzähl-

13 Sie hätten ein altes Orakel (8,563–571) vorschützen können, das ihnen den Zorn Poseidons wegen eines künftigen »Geleites« verheißen hatte. Das von Ithaka zurückkehrende Schiff wird dann in Buch 13 tatsächlich von Poseidon in einen Felsen verwandelt und die Stadt der Phäaken wird durch ein Gebirge eingeschlossen.

strategisch könnte man eigentlich erwarten, daß er erst ganz am Ende seiner Fahrt, nämlich vor Ithaka, Schiffbruch erleidet und an Land schwimmen muß.

Tatsächlich war er aber schon als Schiffbrüchiger, auf den Resten seines Schiffes sitzend, zu Kalypso gekommen, hatte danach mit seinem Floß zum zweiten Mal Schiffbruch erlitten und war bei den Phäaken an Land geschwommen.

Man sieht, wie das Motiv des Ankommens variiert und auf drei Stationen verteilt wird. Die Ankunft bei den Phäaken ist besonders dramatisch, vermutlich weil sie das Ende der Leiden bringt, also eigentlich das Ende der Fahrt bedeutet, während mit der Ankunft in Ithaka das neue Motiv, die Auseinandersetzung mit den Freiern, beginnt.

Daß das Motiv des Ankommens schon vor Homer in dieser komplizierten Weise aufgefächert worden war, ist wenig wahrscheinlich.

24 Die Erzählung des Odysseus

Die Erzählung von der mühsamen Heimfahrt des Odysseus war schon vor Homer zu einer längeren Abfolge von Stationen geworden, die den Stoff für entsprechende Einzellieder boten. Ob das bereits ein Kanon mit fester Reihenfolge war, läßt sich nicht sagen. Aber es sieht so aus, als ob Homer eine feststehende Liste der Abenteuer vorgefunden und übernommen hat. Da wir sie nur aus der Odyssee kennen, ist schwer abzugrenzen, welche Details der einzelnen Stationen vorhomerisch sind und was vermutlich von Homer stammt.

24.1 Die Stationen der Irrfahrt

Odysseus fährt von Troja mit mehreren Schiffen los (nach dem ›Schiffskatalog‹ im zweiten Buch der Ilias sind es zwölf).

Die Kikonen:
Odysseus überfällt nach Seeräubermanier eine Küstenstadt des Volkes der Kikonen. Dabei kommen von jedem Schiff sechs Gefährten ums Leben.

Die Lotophagen (»Lotos-Esser«):
Einige Gefährten haben von dem Lotos, der sie den Wunsch nach Heimkehr vergessen läßt, gekostet und müssen gewaltsam zu den Schiffen gebracht werden.

Der Zyklop (griech. Kyklops):
Der einäugige Riese Polyphem frißt sechs Gefährten und wird von Odysseus geblendet. Odysseus hatte sich zunächst als »Niemand« vorgestellt, verrät dann aber seinen richtigen Namen, so daß Polyphem den Zorn seines Vaters Poseidon auf ihn herabflehen kann.

Aiolos, der Gott der Winde:
Kein gefährliches Abenteuer, sondern eine Dummheit der Gefährten. Aiolos schließt alle für die Heimfahrt ungünstigen Winde in einen Ledersack ein, den er Odysseus mitgibt. Seine Gefährten öffnen kurz vor Ithaka heimlich den Sack, in dem sie Schätze vermuten, so daß die Irrfahrt weitergeht.

Die Lästrygonen:
Odysseus entgeht dank seiner Vorsicht (er hat außerhalb des Hafens angelegt) mit seinem Schiff den menschenfressenden Riesen; alle anderen Schiffe gehen mit der Mannschaft verloren.

Kirke (lat. Circe):
Sie verwandelt einige Gefährten in Schweine; Odysseus kann mit göttlicher Hilfe den Zauber brechen. Sie erweist sich nun als freundliche Gastgeberin, so daß Odysseus nach einem Jahr von den Gefährten zur Weiterfahrt gedrängt werden muß.

Totenreich:
Odysseus besucht das Totenreich, um den Seher Teiresias zu befragen (man kennt ihn heute vor allem aus Sophokles' Tragödie *König Ödipus*). Außerdem trifft er

Die Vorbeifahrt an der Insel der Sirenen (Od. 12,181 ff.)
Paestanischer Glockenkrater, 4. Jh. v. Chr.
(Berlin, Staatliche Museen, Antikenabteilung)

dort seine Mutter, weiter Agamemnon und Achill sowie andere berühmte mythologische Figuren.

Die Sirenen:

Sie locken mit ihrem Gesang alle vorüberfahrenden Schiffe an und lassen sie dadurch scheitern. Odysseus verstopft den Gefährten die Ohren mit Wachs und läßt sich selbst an den Mast fesseln, um dem Gesang zu widerstehen.

Skylla und Charybdis:[14]

An einer Meerenge lauert auf der einen Seite Skylla, ein sechsköpfiges Ungeheuer, das sechs Gefährten fortrafft. Auf der anderen Seite droht Charybdis, eine Art Strudel, der Schiffe ansaugt.

Die Rinder des Helios:

Durch eine Windstille auf der Insel Thrinakia festgehalten, schlachten die Gefährten einige Rinder des Sonnengottes. Nach der Abfahrt wird das Schiff vom Blitz zerschmettert, alle Gefährten ertrinken, und nur Odysseus kann sich auf den Trümmern des Schiffs[15] zur Insel der Kalypso retten.

Kalypso:

Die Inselnymphe nimmt Odysseus freundlich auf und will ihn für immer bei sich behalten. Nach sieben Jahren befiehlt ihr Zeus (von Athene gebeten), ihn fortzulassen. Odysseus baut mit ihrer Hilfe ein Floß und erreicht schließlich schwimmend die Insel der Phäaken.

Die Phäaken:

Dort trifft Odysseus am Strand auf die Königstochter Nausikaa. Ihr Vater Alkinoos nimmt ihn freundlich auf und läßt ihn zu Schiff nach Ithaka bringen.

14 Nur nebenbei erwähnt werden die »Plankten«, eine Meerenge, deren Felswände von Zeit zu Zeit zusammenschlagen, so daß bisher nur die berühmte Argo entkommen ist. Odysseus fährt statt dessen zwischen Skylla und Charybdis hindurch.

15 Mast und Kiel, die er zusammengebunden hat.

Man sieht sofort, daß die sog. Abenteuer des Odysseus nicht alle lebensgefährlich sind. Öfter besteht die Gefahr darin, die Heimat zu vergessen, so bei den Lotophagen, aber auch bei Kirke und Kalypso, die ihm ein äußerst angenehmes Leben zu bieten haben. Kalypso hat ihm sogar ewige Jugend versprochen. Als weitere Gefahr erweist sich der Unverstand seiner Gefährten, der sich bei Kikonen, Aiolos, Lästrygonen und den Heliosrindern auf der Insel Thrinakia zeigt.

24.2 Von der Aufzählung zur Erzählung

Was an dieser Liste auf jeden Fall von Homer selbst stammen dürfte, ist die darin steckende Geschichte der zunehmenden Verluste. Die Gefährten werden immer weniger, bis Odysseus schließlich allein und nackt die Phäakeninsel erreicht. Dadurch wird aus der bloßen Aufzählung der Stationen eine übergreifende Handlungslinie.

Außerdem hat Homer die Folge der Stationen teilweise hierarchisiert bzw. aufgespalten. Dem Zyklopen wäre Odysseus gar nicht begegnet, wenn er nicht einen zusätzlichen Ausflug mit seinem Schiff dorthin unternommen hätte, während die anderen Schiffe bei einer benachbarten Insel warteten. Der Besuch im Reich der Toten geschieht auf Kirkes Weisung und ist in die Kirke-Episode eingeschoben. Skylla und Charybdis werden bei ihm zu zwei getrennten Abenteuern; als Odysseus in der Meerenge von Skylla angegriffen wird, hat er noch sein Schiff, nach dem Aufenthalt auf Thrinakia kommt er auf den Resten des Schiffes sitzend allein zurück und klammert sich an den überhängenden Ast eines Feigenbaums, bis die von Charybdis eingesaugten Trümmer wieder zum Vorschein kommen und er seine Fahrt fortsetzen kann und zu Kalypso gelangt. In der Erzählung des Odysseus beim Phäakenkönig Alkinoos in den Büchern 9–12 sieht also die Irrfahrt schematisiert so aus:

Buch	9	Kikonen
		Zyklop
	10	Aiolos
		Lästrygonen
		(= Verlust der anderen Schiffe)
		Kirke
	11	Totenreich
	12	Kirke
		(Ratschläge für die weiteren Stationen)
		Sirenen
		Skylla
		Heliosrinder
		(= Verlust des eigenen Schiffs)
		Charybdis
		Ankunft bei Kalypso

24.3 Anmerkungen zum Personal der Irrfahrt

24.3.1 Die Götter

In den Götterszenen in Buch 1 und 5 hatte Zeus die endgültige Heimkehr des Odysseus verfügt. Als der aus Äthiopien zurückgekehrte Poseidon Odysseus auf seinem Floß entdeckt, stellt er sich dem nicht entgegen, sondern läßt ihn nur zum letztenmal leiden, indem er das Floß zerschlägt, so daß Odysseus die Phäakeninsel nur schwimmend erreichen kann.

Von nun an nimmt sich Athene seiner an. Da der Leser der Odyssee sich wundern könnte, warum Athene, die sich in Buch 1 bei Zeus so für Odysseus einsetzt, ihm während der vorausgegangenen Irrfahrt nicht geholfen hat, richtet Odysseus eben diese Frage nach seiner Ankunft in Ithaka an Athene selbst. Er erhält die Antwort, sie habe den Konflikt mit Poseidon gescheut. Während in der Ilias die Götter untereinander streiten, deutet sich hier eine andere (vielleicht sogar ältere) Grundregel des griechischen Polytheismus an, nach der kein Gott die Pläne eines anderen Gottes durchkreuzen darf. In der Tragödie *Hippolytos* von Euripides unternimmt Artemis nichts, um ihren Verehrer Hippolytos vor Aphrodite zu schützen, und tritt erst auf, als er im Sterben liegt. Ähnlich schaltet sich Athene in der Odyssee erst ein, als Poseidon mit der Heimkehr des Odysseus einverstanden ist.

Odysseus hätte auch fragen können, warum sie ihm vor der Begegnung mit dem Zyklopen nicht beigestanden hatte, d.h. als Poseidon noch keinen Grund hatte, ihm zu zürnen. Sie hätte ihn doch in direkter Fahrt (wie es Nestor und Diomedes gelang) nach Hause bringen können, statt zuzulassen, daß er durch einen Sturm zu den Lotophagen abgetrieben wurde. Aber das läßt ihn Homer natürlich nicht fragen, weil die Odyssee eben nicht mit der Abfahrt von Troja, sondern bei Kalypso beginnt, der Zorn Poseidons in der Odyssee also von Anfang an besteht. Der Leser sollte deswegen ebensowenig fragen, warum Athene den Trojasiegern ganz allgemein die Heimfahrt so »grausig« gemacht hat und damit sogar die erste Ursache für die Irrfahrt ihres Lieblings Odysseus ist.

Da Athene während Odysseus' Heimfahrt aus Rücksicht auf Poseidon als Helferin ausfällt, müssen andere einspringen. Hermes warnt ihn vor Kirke und gibt ihm ein Gegenmittel gegen ihre Zauberkünste, Kirke hilft ihm durch ihre Ratschläge, die weiteren Stationen zu überstehen, Kalypso berät ihn beim Floßbau und schickt ihm günstigen Fahrwind, und als das Floß auseinanderzubrechen droht, leiht ihm eine niedere Meergöttin namens Ino Leukothea ihren Schleier, der ihn wie eine Schwimmweste zwei Tage und Nächte über Wasser hält.

Daß Athene dann den richtigen Wind wehen läßt, der ihn zur Phäakeninsel hintreibt, ist die Vorstufe zu ihrer Hilfe bei den Phäaken und zu Hause in Ithaka.

24.3.2 Odysseus

Odysseus stellt sich am zweiten Tag seines Aufenthaltes am Anfang von Buch 9 den Phäaken vor (19):

> »Ich bin Odysseus, von dessen Listen alle Menschen reden, mein Ruhm reicht bis zum Himmel.«

Man sollte das nicht als heroische Ruhmredigkeit mißverstehen; denn damit soll nur gesagt werden, daß er der bekannte Odysseus ist, über den schon allerorten Geschichten erzählt werden und von dem auch der Sänger Demodokos bereits Lieder zu singen weiß. Das kann sich selbstverständlich nur auf seine Mitwirkung am Trojanischen Krieg beziehen, da seine Abenteuer während der Fahrt noch kein Sänger und auch sonst niemand kennen kann.

Während seiner Irrfahrt ist er vor allem der »vielduldende«. So kündigt er Alkinoos seine Erzählung entsprechend an (37):

> »Ich will dir meine leidensreiche Heimfahrt erzählen.«

Nur nach der Blendung des Zyklopen Polyphem spielt er sich als Heros auf (9,502). Er rühmt sich lautstark seiner Tat und bringt sich und seine Gefährten dadurch erneut in Gefahr, weil der blinde Zyklop deswegen gezielt mit Felsen werfen kann. Da Odysseus dabei sogar höhnisch dessen Vater Poseidon ins Spiel bringt, der seinem Sohn das Augenlicht nicht wiedergeben könne, kann er von Glück sagen, daß es ihm nicht wie dem Kleinen Aias ergeht, den Poseidon, wie wir von Menelaos bzw. Proteus wissen, wegen ähnlich frecher Worte kurzerhand ertrinken läßt (4,499; → 22.5.2).

Daß Odysseus die Zyklopeninsel besucht und dort den Zyklopen unbedingt sehen und sprechen will, obwohl seine Gefährten abraten, hat nichts mit Heroentum zu tun, sondern da zeigt sich das Interesse an fernen Gegenden und deren Bewohnern, das in der Formulierung »er sah Städte und lernte Menschen kennen« im Proömium anzuklingen scheint (→ 22.1) und uns dann im 5. Jh. in Herodots *Forschungen* als eigenes Thema begegnet. Odysseus sagt (9,174):

»Ich will sehen, was das für Leute sind.«

Als sie den Zyklopen nicht in seiner Höhle antreffen, will Odysseus auf ihn warten, um sein sittliches und rechtliches Empfinden zu erforschen (»ob er mir Gastgeschenke gibt«). Daß er das Risiko nicht richtig eingeschätzt hatte, wird spätestens klar, als Polyphem sich als Menschenfresser erweist.

24.3.3 Die Gefährten

Die Gefährten sind, wie es im Proömium heißt, selbst schuld, daß sie alle unterwegs umkommen. Das fängt schon bei den Kikonen an, als sie nach dem Überfall lieber ein Fest feiern, statt schleunigst weiterzufahren, wie Odysseus es will. Den Sack des Aiolos, in dem die ungünstigen Winde eingesperrt sind, öffnen sie. Bei den Lästrygonen fahren sie in den engen Hafen ein, während Odysseus sein Schiff außerhalb festmacht und deswegen entkommen kann. Die Rinder des Helios schlachten sie, obwohl Odysseus sie dringend gewarnt hatte, und ertrinken deswegen, als der Blitz das Schiff trifft. Sie sind also unklug und unvorsichtig.

Andererseits sind sie manchmal auch klüger und vorsichtiger als Odysseus. Sie warnen ihn, den geblendeten Zyklopen durch höhnende Reden zu reizen, aber er läßt sich nicht abhalten und nennt sogar unvorsichtigerweise dabei seinen richtigen Namen, so daß Polyphem seinem Vater Poseidon den Täter nennen kann.

Grundsätzlich erscheinen sie nur als Gruppe. Als Einzelfigur tritt nur Eurylochos gelegentlich hervor. An sich ist er wohl tüchtig und zuverlässig und wird deswegen von Odysseus mit Sonderaufgaben betraut, er kann sich aber – überängstlich bei Kirke, unvernünftig bei den Heliosrindern – auch gegen Odysseus stellen. Doch dieser setzt sich natürlich (wenn er nicht gerade übermüdet ist und schläft) durch – und überlegt auch einmal, ob er dazu das Schwert ziehen soll. Man darf an Achills Streit mit Agamemnon im 1. Buch der Ilias denken, bei dem Achill zum Schwert greift, aber von Athene zurückgehalten wird.

24.3.4 Unwesen und weibliche Gefahren

Die Wesen oder Unwesen, mit denen Odysseus es auf seiner Fahrt zu tun bekommt, wird man zwar nicht zum eigentlichen Personal rechnen, aber sie sind nichtsdestoweniger interessant, weniger durch ihre phantastischen Spezialitäten wie Riesengestalt, Vielköpfigkeit oder Zauberkraft als durch ihre z. T. sehr menschlichen Züge.

Der Zyklop Polyphem ist ein an sich nicht unsympathischer Naturbursche, der seine Schafe zärtlich liebt und keineswegs dumm ist, aber dessen Bauernschläue einem Odysseus natürlich nicht gewachsen ist. Nur seine Menschenfresserei ist wirklich unsympathisch, aber das liegt an uns, weil wir Menschen sind.

Kalypso, die sich auf ihrer Insel verständlicherweise einsam fühlt, ist betrübt, als man ihr den ans Ufer gespülten Liebhaber wieder wegnehmen will, tut aber dann alles, um ihm sein Fortkommen zu erleichtern. Sie hat nur einen Fehler, nämlich zu glauben, Odysseus werde, so gut er es bei ihr hatte, auf die Dauer vergessen, daß er eigentlich nach Hause wollte.

Nausikaa, die Tochter des Phäakenkönigs, ist eine

Die Blendung des Zyklopen Polyphem (Od. 9,382ff.)
Attische Kanne, 6. Jh. v. Chr.
(Paris, Louvre)

sterbliche Variante zu der Inselnymphe. Odysseus hätte bei ihr zwar keine ewige Jugend zu erwarten, aber doch eine gute Ehe und bestes bürgerliches Auskommen. Aber wenn er bei Nausikaa geblieben wäre, hätte die Geschichte wahrscheinlich ein ähnliches Ende genommen wie bei Kalypso. Sie hätte Odysseus »nicht mehr gefallen«, und er hätte wieder angefangen, an Penelope zu denken.

Kirke ist eine etwas kompliziertere Variante weiblichen Verhaltens. Als ihr ein Mann ins Haus kommt, will sie zunächst nach gewohnter Weise die Macht übernehmen, d.h., er soll als Schwein, was das auch immer heißen mag, eine bescheidene Rolle spielen dürfen. Sie erweist sich aber schnell als hingebungsvolle Geliebte und Gastgeberin, als Odysseus ihr zeigt, wer das Heft (seines Schwertes) in der Hand und damit das Sagen hat.

24.3.5 Die Schatten im Totenreich

Odysseus wird von Kirke ins Totenreich geschickt, um in Buch 11 dort den Seher Teiresias zu befragen. Von ihm erhält er die Auskunft, er werde nach leidensreicher Fahrt nach Hause kommen und dort Freier seiner Frau vorfinden, die er töten werde. Danach solle er mit einem Ruder irgendwo ins Binnenland wandern, bis er zu Leuten komme, die das Ruder für eine Schaufel halten (weil sie keine Seefahrt kennen). Dort solle er ein Opfer für Poseidon darbringen. Heimgekehrt werde er dann eines Tages friedlich an Altersschwäche sterben.

Diese für einen Irrfahrer insgesamt erfreulich klingende Auskunft hat allerdings, wie es Orakel so an sich haben, einen Haken. Teiresias nennt nämlich eine Bedingung: die Heliosrinder (108). Wenn sie geschlachtet werden, würden alle Gefährten umkommen und er selbst werde »spät und in schlimmem Zustand« die Heimat erreichen. Odysseus muß danach befürchten, bei seiner Heimkehr der Altersschwäche nicht mehr allzufern zu sein. Die Auskunft ist also kaum geeignet, ihn nach der Schlachtung der Rinder auf Thrinakia mit baldiger Heimkehr rechnen zu lassen.

Die schattenhaften Toten, die Odysseus in der Unterwelt außer Teiresias trifft, sind, was ihre Gefühle und ihre Nachdenklichkeit betrifft, äußerst lebendig:

Von seiner Mutter erfährt er, daß Penelope immer noch auf ihn wartet, sein Vater sich trauernd aufs Land zurückgezogen hat und sie selbst aus Kummer um ihn gestorben ist. Der einzige Lichtblick ist, daß sein Sohn Telemach Aussichten hat, als sein Nachfolger anerkannt zu werden. Von den Freiern (die manche Homerforscher hier vermißt haben) ist keine Rede, da sie zu dieser Zeit noch nicht existieren. Sie sind, wie Athene ihm später erzählt, zwar drei Jahre vor Odysseus' Heimkehr ins Haus gekommen, aber jetzt hat er – für genaue Rechner – noch die sieben Jahre bei Kalypso vor sich.

Agamemnon erzählt, wie er nach seiner Heimkehr von Troja bei einem Festmahl von Ägisthos und Klytämnestra umgebracht wurde, und obwohl er Penelope dergleichen nicht zutraut, mahnt er Odysseus, bei seiner Ankunft in Ithaka heimlich an Land zu gehen (456): »denn den Frauen ist nicht mehr zu trauen«.

Achill, den Odysseus als »Herrscher im Totenreich« begrüßt, weist dies als schwachen Trost zurück (489). Er möchte

> »lieber als einfacher Tagelöhner leben, statt als berühmter Heros tot sein.«

Dann läßt er sich von Odysseus noch erzählen, wie sich sein Sohn Neoptolemos im Trojanischen Krieg bewährt hat. Die Frage nach Peleus, seinem Vater, kann Odysseus nicht beantworten, weil er kein allwissender Erzähler ist. (→ 4.5)

Aias, der Odysseus seinerzeit (d.h. nach Achills Tod) im Streit um die Waffen Achills unterlegen war (→ 3.1), reagiert nicht auf seine versöhnliche Anrede, sondern wendet sich schweigend ab. Sein Zorn (oder hier eher Groll → 8.1) hält also weiter an.

Daß Homer Odysseus auch aufzählen läßt, wen er da sonst noch an mythologischen weiblichen und männlichen Berühmtheiten gesehen hat, ist nach literarischen Maßstäben wohl kein besonders guter Einfall, aber als mythologisch Interessierte sind wir dankbar, vor allem weil er dabei auch Tantalos und Sisyphos mit ihren besonderen Qualen erwähnt, die auf diesem Wege zum sprichwörtlichen Bildungsgut geworden sind.

25 Odysseus in Ithaka: Die Freiergefahr

Am Anfang von Buch 13 haben die Phäaken Odysseus nach Ithaka gebracht und schlafend zurückgelassen. Als er erwacht, weiß er nicht, wo er ist; denn er erkennt die ersehnte Heimat nicht, weil Athene sie in Nebel gehüllt hat. Sein Erschrecken und die Befürchtung, die Phäaken könnten ihn an einer fremden Küste ausgesetzt haben, ist noch ein letzter Nachklang der Leiden seiner Fahrt.

Doch dann erscheint Athene, läßt ihn Ithaka erkennen, hilft ihm, die mitgebrachten Geschenke der Phäaken zu verstecken, und berät mit ihm das weitere Vorgehen. Das Ziel ist der Tod der Freier, dazu soll Odysseus sich ihnen unerkannt nähern. Um ihn unkenntlich zu machen, verleiht sie ihm das Aussehen eines alten Mannes.

Er soll sich zunächst aufs Land zu dem Schweinehirten Eumaios begeben, um sich nach der Situation im Hause zu erkundigen. Eumaios erweist sich als treuer Diener des Odysseus, der seinen Herrn vermißt und die Freier verabscheut. Als Telemach dorthin kommt, gibt sich Odysseus ihm – Eumaios ist nicht dabei – zu erkennen. Getrennt gehen beide in die Stadt. Bei den Freiern in seinem Haus tritt Odysseus als unbekannter Bettler auf. Als Penelope einen Wettkampf ansetzt, der zeigen soll, wer von den Freiern am besten mit dem Bogen des Odysseus umgehen kann und sich damit als würdig erweist, vom Freier zum Ehemann zu avancieren, weiß Odysseus den Bogen in die Hand zu bekommen. Er gibt sich den Freiern zu erkennen und tötet sie alle.

25.1 Wann erfährt Odysseus von der Freiergefahr?

Bei seinem Besuch im Totenreich hatte Odysseus von Teiresias erfahren, er werde in seinem Haus »übermütige Männer« vorfinden, die seine Frau mit Geschenken umwerben und dabei seinen Besitz aufzehren; er werde sie töten, sei es mit List, sei es im offenen Kampf (11,115–120). Der tote Agamemnon, der auf eigene Erfahrungen mit Ägisthos, einem »Freier« seiner Frau, verweisen kann, warnt ihn vor den Frauen insgesamt, wenn auch Penelope grundsätzlich gutartig sei. Agamemnon hätte hinzufügen können, daß er das aber auch von seiner Klytämnestra gedacht habe.

Im weiteren ruht dies Motiv zunächst. Kirkes Ratschläge betreffen nur die Heimfahrt, und Odysseus selbst scheint unterwegs nicht an die Freiergefahr zu denken. Der Abschied von den Phäaken klingt, als ob er nicht weiß, was ihm zu Hause noch bevorsteht.

Als er in Buch 13 in Ithaka von Athene begrüßt wird, kommt sie sofort auf das Freierproblem zu sprechen, das heimliches Vorgehen erfordere. Odysseus reagiert, als ob er im Totenreich nicht mit Teiresias, sondern nur mit Agamemnon gesprochen hätte (383):

> »Da hätte es mir ja wie Agamemnon ergehen können,
> wenn du mich nicht gewarnt hättest!«

Diese kleine Diskrepanz erklärt sich leicht. Teiresias hat sozusagen mehr zum Leser gesprochen als zu Odysseus.

25.2 Die Verwandlung durch Athene

Athene macht Odysseus »unerkennbar«. Dabei überlagern sich zwei verschiedene Motive: die natürliche Veränderung durch den Zahn der Zeit und die künstliche Verwandlung durch die Göttin. Sie könnte Odysseus in einen x-beliebigen Fremden verwandeln, gibt ihm aber statt dessen die Gestalt eines alten Mannes in abgerissenen Lumpen, der – wie jedenfalls seine frühere Amme Eurykleia bemerkt (19,381) – eine gewisse Ähnlichkeit mit Odysseus hat. So könnte der von Strapazen gezeichnete Odysseus ausgesehen haben, als er bei Kalypso ankam bzw. bei seiner Ankunft in Ithaka, wenn er auf den Resten seines Schiffes sitzend direkt dorthin gelangt wäre.[16] Man könnte sich eine Version der Heimkehr des Odysseus vorstellen, in der er ohne Athenes Nachhilfe wegen seines von »unzähligen Leiden« gezeichneten Körpers und seiner Lumpen nicht zu erkennen ist. Die zwanzig Jahre als solche, die seit seinem Aufbruch zum Krieg gegen Troja vergangen sind, haben in der Odyssee anscheinend weder bei ihm noch bei Penelope irgendwelche Spuren der Alterung hinterlassen.

Diese Verwandlung hat in der Odyssee zwei (einander in gewisser Weise widersprechende) Konsequenzen. Einerseits sollen dadurch die Freier getäuscht werden und ebenso die Angehörigen (damit sich niemand verplappern kann und die Freier unabsichtlich warnt). Andererseits wird dadurch das Wiedererkennen durch die Angehörigen hinausgeschoben, was eigentlich Odysseus' emotionalem Interesse widerspricht (→ 21.4). Daraus ergeben sich gewisse erzählerische Komplikationen, besonders bei der jeweils ersten Begegnung mit Telemach bzw. Penelope. Homer löst sie etwas anders, als es wahrscheinlich ein heutiger Erzähler tun würde. (→ 26.3)

25.3 Odysseus beim Schweinehirten Eumaios

Der fremde Alte wird von Eumaios freundlich aufgenommen und gastlich bewirtet. Dabei bekommt Odysseus viel Gutes über sich selbst zu hören; denn Eumaios verdankt

16 → 23.8 Dreimal ankommen.

ihm seine auskömmliche Existenz und kann sich gar nicht genugtun, seiner Dankbarkeit Ausdruck zu geben. Odysseus kann daraus entnehmen, daß es jedenfalls einen gibt, dem seine Rückkehr hochwillkommen ist.

Eumaios hat nur ein Problem, und das sind die Freier, die sich im Haus seines Herrn eingerichtet haben und ihn zwingen, die besten Schweine für ihre Festmähler zu liefern. Odysseus erfährt jetzt das über das Treiben der Freier, was der Leser schon aus der Telemachie weiß. Er denkt sich sein Teil (14,110):

»Er sann den Freiern Böses«,

das heißt, ihm steht der mit Athene besprochene Plan, sie zu töten, vor Augen.

Eumaios erzählt weiter, daß Penelope schon öfter auf Schwindler hereingefallen sei, die behaupteten, etwas von Odysseus zu wissen, um sich Bewirtung und Geschenke zu erschleichen. Odysseus nimmt das zum Anlaß, nun seinerseits zu erklären, er wisse von der bevorstehenden Heimkehr des Odysseus, was aber Eumaios nur als Versuch ansieht, Hoffnung zu erwecken, wo es keine mehr gibt (167):

»Niemehr wird Odysseus nach Hause kommen!«

Von Eumaios erfährt Odysseus auch, daß Telemach nach Pylos gefahren ist, um sich nach dem Vater zu erkundigen, und die Freier ihm auflauern.

25.4 Die Fortsetzung der Telemachie

Athene trennt sich am Ende von Buch 13 von Odysseus und begibt sich nach Sparta, während er zu Eumaios geht. Am Anfang von Buch 15 erscheint sie Telemach, der nachts nicht schlafen kann, weil er ständig an seinen Vater denken muß.[17] Sie verrät ihm nicht, daß Odysseus schon bei Eumaios ist, sondern sagt, er solle schleunigst nach Hause zurückkehren, weil sonst vielleicht einer der Freier Penelope durch besonders reiche Geschenke für sich gewinnen und mit ihrem Einverständnis Telemachs Erbe schmälern könnte.[18] Außerdem warnt sie ihn vor dem Hinterhalt, den die Freier am Ende von Buch 4 für ihn vorbereitet haben.

Telemach weckt Peisistratos, den Sohn Nestors, der ihn nach Sparta begleitet hatte, nimmt Abschied von Menelaos und Helena, ohne durch Übereile die Form zu verletzen, und macht sich auf den Weg nach Pylos, wo sein Schiff liegt. Da er fürchtet, von Nestor länger festgehalten zu werden, läßt er dort Form Form sein, besteigt das Schiff und fährt los. Vorher nimmt er noch den Seher Theoklymenos, der wegen eines Totschlags auf der Flucht ist und sich hilfesuchend an ihn gewandt hat, an Bord. Athene schickt günstigen Fahrwind, und in nächtlicher Fahrt entgeht er den ausgesandten Freiern, die ihm bei einer Insel auflauern.

Damit ist die zweite Folge der Telemach-Handlung zu Ende; denn der Erzähler springt wieder zurück nach Ithaka, wo Odysseus und Eumaios gerade beim Abendessen sitzen (15,301). Der Fremde kündigt seine Absicht an, am nächsten Tag als Bettler in das Haus des Odysseus zu gehen, und erkundigt sich nach dessen Eltern. Dann fordert er Eumaios auf, seine Lebensgeschichte zu erzählen, was dieser gern und ausführlich tut. Darüber vergeht die Nacht, und schon sind wir wieder bei Telemach, der gerade in Ithaka ankommt (495).

17 Man könnte sagen, das könne nicht die Nacht nach dem Abendessen sein, bei dem wir Telemach in Buch 4 verlassen hatten; denn inzwischen seien die drei bis vier Wochen vergangen, die Odysseus braucht, um von Kalypso zu den Phäaken und nach Ithaka zu gelangen. Aber solches Nachrechnen widerspräche der homerischen Erzählweise.

18 Athene nennt dies als theoretische Möglichkeit, um Telemach zur Eile zu drängen; man sollte daraus also nicht schließen, Penelope selbst könnte bereit sein, ihrem Sohn zu schaden.

Wie Athene ihm geraten hatte, läßt er das Schiff außerhalb der Stadt anlegen und geht zu Eumaios, wo er am Anfang von Buch 16 eintrifft, während das Schiff weiterfährt und im Hafen der Stadt festmacht (16,322). Daß er bei Eumaios seinen Vater vorfinden wird, hatte Athene ihm, wie schon gesagt, nicht verraten.

Aus der Rückkehr dieses Schiffes ersehen die Freier (342), daß ihr Mordplan gescheitert ist, und wollen gerade ihrem eigenen Schiff ein zweites hinterherschicken, um es zurückzuholen, als dies in den Hafen einfährt. So erspart Homer ihnen eine zusätzliche Mühe und läßt sie statt dessen über die neue Lage nachdenken. Gegen den Vorschlag, den Mord jetzt schleunigst nachzuholen, bevor Telemach öffentlich Anklage erheben könne, gibt es Widerspruch aus ihren eigenen Reihen (400), und der Plan wird nicht weiterverfolgt, wird aber auch nicht ein für allemal aufgegeben.

Als Telemach am nächsten Tag in die Stadt kommt (17,28), kümmert er sich zunächst um die Unterbringung seines Fahrgastes, des Sehers Theoklymenos, und erstattet dann seiner Mutter Bericht von seiner Erkundungsfahrt (107). Dabei erwähnt er auch die von Proteus stammende Nachricht über Odysseus, verrät jedoch mit keiner Silbe, daß diese Auskunft inzwischen überholt ist und er Odysseus bereits bei Eumaios angetroffen hat.

Die Telemach-Handlung endet als eigene Linie mit dem Zusammentreffen von Vater und Sohn. Danach hilft Telemach seinem Vater nach dessen Anweisungen, handelt also nicht mehr selbständig.[19]

Die Verflechtung von Odysseus- und Telemach-Linie ist ein Beispiel für gleichzeitiges Geschehen, bei dem man besser nicht vergleichend auf Uhr oder Kalender schaut, wie es manche Homerleser getan haben.

19 Der angehende Hausherr Telemach hat kein Problem damit, diesen Platz wieder Odysseus zu überlassen. Von einem Vater-Sohn-Konflikt findet sich in der Odyssee keine Spur.

25.5 Telemach und Odysseus treffen zusammen

Telemach war am Anfang von Buch 16 bei Eumaios angekommen und von diesem freudig begrüßt worden. Er erkundigt sich, ob Penelope (was Athene als Möglichkeit angedeutet hatte) inzwischen geheiratet habe, begrüßt den Fremden höflich und erklärt sich – als Hausherr – bereit, ihn als Schützling aufzunehmen. Dabei macht er jedoch auf seine eigene unklare Lage aufmerksam, weil er noch so jung sei und seine Mutter schwanke, ob sie weiter auf Odysseus warten oder wieder heiraten solle. Auf keinen Fall dürfe der Fremde daher in das Haus zu den Freiern kommen, die ihren Übermut an ihm auslassen würden, woran er sie wegen ihrer Überzahl zu seinem Leidwesen nicht hindern könne.

Der Fremde will nicht recht verstehen, warum Telemach sich das Treiben der Freier gefallen läßt, und sagt provozierend (16,100):

> »Ich an deiner oder des Odysseus Stelle (wenn er käme, was ja noch nicht ausgeschlossen ist) würde kämpfen und lieber sterben, als ihrem Treiben zuzusehen!«

So selbstsicher kann natürlich nur jemand reden, der die Wahrheit kennt und nicht in Telemachs Lage ist (der nicht weiß, ob Odysseus lebt oder tot ist). Wenn Telemach, während Odysseus bei den Phäaken war, nach heldenhaftem Kampf mit den Freiern gefallen wäre, wäre das sicher auch aus der Sicht seines Vaters voreilig und unklug gewesen.

Als Telemach Eumaios zu Penelope schickt, um ihr seine unversehrte Rückkehr zu melden, nutzt Athene die Gelegenheit, um Telemach darüber aufzuklären, wer der Fremde ist. Sie macht zu dem Zweck die Verwandlung, durch die sie Odysseus unkenntlich gemacht hatte, vorübergehend rückgängig und läßt ihn so schön und stattlich aussehen wie seinerzeit bei der Begegnung mit Nausikaa. Das Wunder beeindruckt Telemach, aber kann für ihn, der keine Erinnerung an das Aussehen seines Vaters hat, natürlich kein Beweis sein, daß der Fremde sein Vater ist. Doch dann überzeugt ihn dessen nachdrückliche Versicherung, er sei es wirklich (188 und 204):

»Ich bin dein Vater,
kein anderer Odysseus wird kommen«,

und die beiden schließen sich in die Arme.

Von nun an handeln sie gemeinsam, wobei Odysseus selbstverständlich die Führung übernimmt. Gegenüber Dritten spielt jeder seine bisherige Rolle weiter. Odysseus ist der fremde Alte, Telemach der herangewachsene Sohn, der seinen Vater als Hausherrn zu ersetzen versucht. Für die Freier und Penelope bleiben die beiden Linien also weiter getrennt, d.h., sie wissen nicht, daß die zwei sich verstellen und gemeinsame Sache machen und der Fremde dabei die Fäden zieht. Das Ziel ihres gemeinsamen Vorgehens ist der Tod der Freier.

25.6 Listige Vorbereitung auf den Kampf

Menelaos stellt sich bei Telemachs Besuch vor, wie der heimgekehrte Odysseus überraschend »wie ein Löwe« in die Tür seines Hauses tritt und den Freiern eine »bittere Hochzeit« bereitet (4,333). Das ist zwar sehr heroisch gedacht, wäre aber angesichts der Übermacht der Freier höchst riskant – und wäre vor allem erzählerisch weniger ergiebig, als wenn der Kampf durch eine »List« (Intrige) ausführlich vorbereitet wird, wie es auch dem Charakter des Odysseus entspricht.

Die Vorbereitungen beginnen damit, daß Athene Odysseus zum alten Mann werden läßt. So kommt er unerkannt ins Haus und kann sich dem Feind, den Freiern, unbemerkt nähern. Damit sie später keine Waffen zur Hand haben, versteckt er zusammen mit Telemach die Waffen, die an den Wänden des Saales hängen. Eumaios und der als treu befundene Rinderhirte Philoitios werden insgeheim eingeweiht und verschließen die Türen des Saales und das Hoftor, damit niemand entfliehen und keine Hilfe von außen kommen kann. Als die Freier bei der Bogenprobe den Bogen nicht spannen können, bittet Odysseus, es außer Konkurrenz auch einmal probieren zu dürfen, und bekommt so den Bogen in die Hand. Dann absolviert er den Probeschuß und eröffnet den Kampf, indem er den Wortführer Antinoos erschießt.

25.7 Rollenspiele

Zu den Vorbereitungen gehört auch, daß Odysseus und Telemach seit ihrem Zusammentreffen gegenüber den Freiern möglichst unverdächtige Rollen spielen.

Telemach gibt sich weiter als der junge, nicht ganz etablierte Hausherr, der die Freier gern los wäre, aber nichts gegen sie unternehmen kann. Nur bei der Bogenprobe in Buch 21 droht er aus der Rolle zu fallen, weil er vorweg selbst probieren will, ob er den Bogen spannen kann. Doch als Odysseus heimlich abwinkt, ist er sofort wieder beim eigentlich vorgesehenen Text, der die Freier in Sicherheit wiegen soll (21,131):

»Ich werde wohl immer ein Schwächling bleiben.«

Und wie ein geübter Schauspieler fügt er schnell noch ein scheinheiliges Kompliment für die Freier hinzu, die doch viel stärker als er seien, und fordert sie auf, mit dem Wettkampf zu beginnen.

Odysseus ist der fremde Alte, der als Bettler ins Haus kommt und Spott und Mißhandlungen geduldig erträgt. Dreimal wird nach ihm mit einem Schemel bzw. Rinderknochen geworfen.[20] Telemach fällt es schwer, das mit ansehen zu müssen, aber er bleibt bei seiner Rolle und duldet mit seinem Vater.

Doch der Erzähler will seinem Odysseus auch nicht zuviel zumuten und läßt daher wiederholt den Helden durch das Bettlergewand hindurchschimmern. Der erste Schemelwurf trifft ihn an der Schulter, was einen schwachen Alten eigentlich umwerfen müßte, doch Odysseus wankt nicht und steht »wie ein Fels«. Wir als Leser nehmen das mit Befriedigung zur Kenntnis, weil wir wissen, wer der Fremde in Wirklichkeit ist, und wie Verbündete auf seiner Seite stehen. Den Freiern fällt es nicht auf, und sie beweisen damit ihre Blindheit, die sie ins Verderben laufen läßt.

Odysseus' Doppelrolle zeigt sich besonders in Buch 18 beim Boxkampf mit dem Bettler Iros. Als der Alte seine Lumpen ablegt, wundern sich die Freier über seinen muskulösen Körper und sind im übrigen Sportsleute genug, um ihm als Sieger den Respekt nicht zu versagen. Aber sie kommen nicht auf den Gedanken, der Fremde spiele nur den Alten, geschweige denn er führe etwas gegen sie im Schilde. Odysseus selbst befindet sich in einem Zwiespalt. Er möchte sich von Iros nicht besiegen lassen, will sich aber auch nicht verraten. Daher schlägt er nur ganz vorsichtig zu, gibt ihm sozusagen nur einen kleinen Stups, aber da es sich um einen heroischen Stups handelt, ist Iros dadurch kampfunfähig und wäre nach unpoetischen Maßstäben auf der Stelle tot.

Doch Homer beläßt es nicht bei diesem erzählerisch reizvollen Doppelspiel, das die Vorbereitungen auf den Kampf begleitet, sondern zeigt uns auch die zwiespältigen Gefühle, die Odysseus selbst hat, weil er nicht weiß, ob er als einzelner mit der Überzahl der Freier wirklich fertig werden kann. Am Anfang von Buch 20 liegt er nachts schlaflos da und wälzt sich von einer Seite auf die

20 17,462 Antinoos; 18,394 Eurymachos, 20,299 Ktesippos.

andere.[21] Erst als ihm Athene erscheint und versichert, sie werde ihn immer schützen, findet er Schlaf.

25.8 Die Bogenprobe

Die Bogenprobe[22] in Buch 21 ist eine erzähltechnisch besonders anspruchsvolle Szene, weil in ihr das Ithaka-Personal der Odyssee fast vollständig versammelt ist und die verschiedenen gespielten und echten Rollen im Rahmen einer Gesamtaktion kunstvoll verflochten sind.

Auch Penelope spielt in gewissem Sinne eine Doppelrolle, die ihr durch die Unsicherheit, ob Odysseus noch lebt und zurückkommen wird, aufgezwungen worden ist. Sie akzeptiert die Werbung der Freier, schiebt aber zugleich die Entscheidung vor sich her. Eben darüber hatte sich Antinoos in Buch 2 in der Sitzung des Gemeinderates beklagt und hatte daraus das Recht hergeleitet, sie durch die täglichen Besuche auf Kosten des Hauses unter Druck zu setzen (→ 22.4.2).

Äußerlich betrachtet setzt Penelope diese Politik fort, als sie in Buch 18 die Freier ermuntert, ihr die bei einer Werbung üblichen Geschenke zu bringen (274). Daß der unerkannt anwesende Odysseus das als listige Verzögerungstaktik seiner Frau interpretiert (und nicht als Schritt zu einer neuen Ehe), ist vom Ausgang der Geschichte her gesehen verständlich, wird aber der zwiespältigen Situation, in der Penelope sich befindet, nicht gerecht. Da sie nicht weiß, daß Odysseus schon da ist, und nicht einmal weiß, ob er überhaupt noch kommen wird, kann sie nach wie vor eine neue Heirat nicht ausschließen.

21 Das hinzugefügte Gleichnis (»wie wenn ein Mann einen gestopften Saumagen brät ...«) wird von manchen Philologen (wohl zu Unrecht) als Stilbruch empfunden und als »Bratwurstgleichnis« belächelt.

22 Bei dem geforderten Schuß durch 12 Äxte ist die Zahl 12 eher poetisch als technisch sinnvoll, da eine 3 denselben Zweck erfüllen würde.

Ähnlich steht es mit der Bogenprobe. Eigentlich könnte man erwarten, daß der Fremde (also Odysseus) sie in Buch 19 in seinem Gespräch mit Penelope vorschlägt, um auf diese Weise seinen altbewährten Bogen in die Hand zu bekommen. Doch Homer läßt Penelope auf diesen Gedanken kommen (572). Sie will dadurch, wie sie sagt, denjenigen Freier auswählen, der ihr künftiger Ehemann sein soll. Aber sie läßt keinen Zweifel daran, daß sie sich nur widerwillig darauf einläßt. Ihr geht es offensichtlich weniger darum, den Würdigsten herauszufinden, als vielmehr die Entscheidung einer unpersönlichen Instanz (wie bei einem Losverfahren) zuzuschieben. Daß keiner der Freier imstande ist, den Bogen zu spannen, kann sie nicht vorhersehen, aber ihre Stimmung verrät, es müßte ihr recht sein, weil dadurch die künftige Ehe wieder einmal vertagt würde.

Die Freier, die bisher nur an den vermeintlich frei gewordenen begehrenswerten Platz an Penelopes Seite gedacht haben und im übrigen fröhlich miteinander gefeiert haben, werden jetzt zum ersten Mal mit der Frage konfrontiert, ob sie überhaupt würdig und in der Lage wären, diesen Platz auszufüllen, und mit der Tatsache, daß nur einer von ihnen das Ziel erreichen kann. Während sie sich bisher anscheinend untereinander kaum als Rivalen betrachtet haben, zeigen sich bei der Bogenprobe kleine Eifersüchteleien und Versuche, sich durch technische oder psychologische Tricks einen Vorteil zu verschaffen. Antinoos versucht, die anderen zu entmutigen, indem er sagt (21,91):

> »Leicht wird es nicht, den Bogen zu spannen. Unter uns ist keiner wie Odysseus; ich habe ihn als Kind noch erlebt.«

Wie Homer kommentierend andeutet, meint er mit »unter uns« eher »unter euch«.

Nachdem Telemach seinen Versuch auf Odysseus'

Wink hin abgebrochen hat, macht sich der erste Freier ans Werk und scheitert kläglich, was ihn zu der (für den Leser doppeldeutigen) Prophezeiung veranlaßt (152):

»Dieser Bogen wird noch vielen Kummer bereiten.«

Da er zugleich den anderen rät, sich besser gleich anderswo eine Frau zu suchen, tadelt ihn Antinoos als geborenen Versager und verweist auf »andere«, die den Bogen zweifellos spannen könnten, wobei er vermutlich wieder vor allem an sich selbst denkt.

In dieser Szene gibt es eine erzähltechnisch sehr bemerkenswerte Besonderheit. Während die Freier den Bogen einfetten und erwärmen, um ihn elastischer zu machen, und mit ihren Versuchen fortfahren, wobei die aussichtsreichsten Kandidaten Antinoos und Eurymachos sich noch zurückhalten, verläßt Odysseus den Saal und gibt sich draußen Eumaios und Philoitios zu erkennen. Als er wieder zurückkommt, müht sich bereits Eurymachos vergeblich, den Bogen zu spannen. Homer läßt also in unserer Vorstellung das Geschehen im Saal weiterlaufen und zeigt damit, daß er gleichzeitige Handlungen sogar in gewissem Sinne gleichzeitig erzählen kann.

Als auf Antinoos' Vorschlag der Wettkampf abgebrochen wird, um ihn am nächsten Tag fortzusetzen, bittet Odysseus in bescheidenen Worten um den Bogen: Er möchte nur probieren, ob er noch so stark wie in jüngeren Jahren sei. Die Freier empfinden das als Unverschämtheit, auch weil sie inzwischen befürchten, der Fremde könnte den Bogen spannen und sie blamieren. Antinoos ist wieder der Wortführer.

Jetzt schaltet sich Penelope ein. Sie scheint die Sorgen der Freier, die nach dem bisherigen Verlauf der Bogenprobe bis auf Antinoos den Gedanken an die Heirat mit ihr schon aufgegeben haben und nur noch die zusätzliche Blamage durch einen Erfolg des Fremden verhindern wollen, nicht zu verstehen und fragt Antinoos (314):

> »Glaubst du denn, der Fremde könne beabsichtigen, mich zu heiraten?«

Der wendige Eurymachos, dessen Sache schon verloren ist und der wohl kaum wünscht, Antinoos werde am nächsten Tag bei seinem Versuch die Ehre der Freier retten, hält es für angebracht, die Furcht vor der Blamage durch den Fremden offen zuzugeben. Er appelliert also an Penelope, ihnen diese Gefährdung ihres Rufs zu ersparen.

Doch das ist kein gutes Argument aus dem Mund eines Freiers. Penelope fertigt ihn ab (331):

> »Leute, die das Haus eines anderen nicht respektieren und seinen Besitz verzehren, sollten nicht von gutem Ruf reden.
> Unser Gast ist jeder Ehre wert, also gebt ihm den Bogen!
> Wenn er ihn spannt, werde ich ihn mit allem ausstatten, was er für sein Fortkommen braucht.«

Telemach nutzt die Gelegenheit, seine Rolle als Hausherr mit dem Brustton der Überzeugung weiterzuspielen (344):

> »Den Bogen zu vergeben ist meine Sache, niemand wird mich daran hindern, und wenn ich ihn dem Fremden schenkte!«

Penelope begibt sich daraufhin in ihre Gemächer, wo sie von Athene in Schlaf versetzt wird und erst, nachdem der Kampf mit den Freiern vorüber ist, wieder erwacht.

Als Eumaios jetzt den Bogen zu Odysseus bringen will, bedrohen ihn die Freier, aber Telemach greift ein und zeigt wieder seine Kunst als Schauspieler. Er droht seinerseits Eumaios Prügel bzw. Steinwürfe an und verweist auf seine jugendliche Kraft. Diesen gespielten Ausbruch gegenüber dem längst eingeweihten Eumaios nutzt er, um gegenüber den Freiern gleich wieder den zornigen, aber hilflosen jungen Mann zu spielen (373):

»Wenn ich könnte, würde ich hier die Freier alle davonjagen.«

Die nichtsahnenden Freier fallen darauf herein. Sie lachen über Telemach – und Eumaios kann ungehindert den Bogen an Odysseus übergeben.

Als Eumaios und Philoitios, die jetzt kurz den Saal verlassen, um die Türen von außen zu verrammeln, wieder hereinkommen, ist Odysseus bereits dabei, den Zustand des Bogens zu überprüfen.

Der sachkundige Blick des Fremden gefällt den Freiern gar nicht, aber es ist wohl nur die Sorge vor der Blamage, die sie beunruhigt. Doch während sie noch reden, hat Odysseus den Bogen schon »mühelos« gespannt und zupft prüfend die Sehne, deren Klang den Freiern Angst einjagt. Das ist noch nicht Angst um ihr Leben, aber der Leser weiß, daß die Probe zu Ende ist und es ernst wird. Dann schießt der Fremde den Pfeil durch die Äxte und ruft (428):

»Nun ist es Zeit, das Abendessen anzurichten!«

Telemach versteht das Zeichen und nimmt seinen bereitgehaltenen Speer in die Hand.

25.9 Der Kampf

Anregungen für diese ›Saalschlacht‹ mag der berühmte ›Kampf der Lapithen und Kentauren‹, zu dem es bei einer Hochzeitsfeier kam, gegeben haben; Antinoos hatte ihn als Warnung für den »unverschämten« Fremden erwähnt, als dieser in Buch 21 um den Bogen gebeten hatte. Aber bei dem Kampf zwischen Odysseus und den Freiern bestehen etwas andere Bedingungen. Es geht um den Sieg eines einzelnen und seiner drei Helfer über eine große Zahl von Feinden.[23]

23 Telemach hatte seinem Vater nach ihrem Zusammentreffen bei Eumaios die Zahl 108 vorgerechnet, wozu noch einige Helfer kämen (16,246).

Der Kampf mit den Freiern, ein Freier mit
einem Tisch als Schild (Od. 22,74 ff.)
Attischer Skyphos, 5. Jh. v. Chr.
(Berlin, Pergamon-Museum)

Odysseus ist durch seine Pfeile zunächst überlegen, da die Freier keine Schilde und Rüstungen haben. Als die Pfeile verschossen sind und beide Seiten sich mit Speeren versorgt haben, kommt es zum regulären Kampf wie in einer Feldschlacht, schließlich jagen die vier die in Panik fliehenden restlichen Feinde durch den Saal und erschlagen sie. Von den drei noch übrigen, die eigentlich gar keine Freier sind, sondern den Freiern nur gezwungenermaßen als Opferschauer, Sänger und Herold dienten, wird der erste noch gnadenlos umgebracht, die beiden anderen werden geschont. Daß von den vier Siegern nur zwei, Telemach und Eumaios, kleine Kratzer abbekommen, wird jeder Leser, der für poetische Sympathielenkung empfänglich ist, erfreut zur Kenntnis nehmen.

Speere sind vorhanden, weil Telemach und der ungetreue Ziegenhirt Melanthios – jeder für seine Partei – sie zwischendurch aus der vom Saal aus zugänglichen Waffenkammer geholt haben. Melanthios bekommt das schlecht. Er wird bei seinem zweiten Gang von Eumaios und Philoitios abgefangen und gefesselt an die Decke der Waffenkammer gehängt.

Die Wortführer Antinoos und Eurymachos werden als erste von ihrem Schicksal ereilt. Odysseus stellt sich nicht vor, er schießt ohne Warnung und tötet zum Auftakt Antinoos, so daß die Freier meinen, der Fremde habe den Schuß versehentlich abgegeben. Doch Odysseus klärt die Situation, nicht indem er seinen Namen nennt, sondern durch sein Auftreten als der überraschend heimgekehrte Hausherr (22,35):

> »Ihr meintet, ich komme nicht wieder, und habt mein Haus ausgeplündert! Jetzt werdet ihr eurer Strafe nicht entgehen!«

Der wendige Eurymachos schaltet schnell. Er erklärt den toten Antinoos zum Alleinschuldigen, der ja nun die verdiente Strafe erlitten habe. Die anderen würden den entstandenen materiellen Schaden mehr als wiedergutmachen. Bei Eurymachos kann man nicht wissen, ob das ein echtes Angebot oder ein Ablenkungsmanöver ist.

Als Odysseus eine friedliche Lösung ablehnt und sie zum Kampf auffordert, zeigt Eurymachos eine heroische Haltung, die wir ihm fast nicht zugetraut hätten. Er ruft die bis auf ihr Schwert unbewaffneten Freier zu einem Durchbruchsversuch auf und stürzt sich ihnen voran auf Odysseus, dessen Pfeil ihn tödlich trifft.

25.9.1 Todesstrafe und Folter

Heutige Leser und speziell Juristen sind geneigt, das Treiben der Freier im Hause des abwesenden Odysseus als läßliche Sünde anzusehen, und halten es eher für verwerflich, daß Odysseus von vornherein keine gütliche Einigung sucht, sondern sie ohne Zögern umbringt. Man könnte antworten, sie hätten immerhin Telemach nach dem Leben getrachtet und in der Gemeinderatssitzung habe einer von ihnen sogar die Ermordung des Odysseus angekündigt, falls er wiederkomme (→ 22.4.5). Aber das sind nur Pläne, und in heroischen Zeiten gab es, wie Aias in der Ilias während der Bittgesandtschaft sagt (9,632), selbst bei vollendetem Mord die Möglichkeit der Wiedergutmachung durch Bußzahlungen.

Odysseus' harte Haltung erklärt sich wohl aus dem der Rache zugrundeliegenden Gedanken, daß die Weiterexistenz des Täters und Beleidigers eine fortdauernde Kränkung sein könnte. Man stelle sich vor, die Freier wären mit Schadensersatz davongekommen und hätten später gesagt: »Aber lustig war es doch!« Wir kennen das Problem heute in der umgekehrten Form. Opfer von Verbrechen, die für ihr Leben geschädigt sind, müssen es hinnehmen, daß ihnen der Täter nach Verbüßung der staatlich verhängten Strafe hohnlachend als freier Mensch entgegentreten darf. Medea in der Tragödie von Euripides will verhindern, daß ihr Mann Jason an der Seite seiner neuen Frau über sie »lachen« kann, und tötet deswegen die Braut und die eigenen Kinder.

Anders steht es mit den zwölf ungetreuen Mägden (Sklavinnen), die am Ende von Buch 23 von Telemach im Hof erhängt werden. Ihnen wird eigentlich nur vorgeworfen, daß sie sich mit den Freiern eingelassen haben. Das ist eine atavistisch anmutende Sittenstrenge gegenüber Frauen, die zu Homers Zeiten, wenn man an das ›Lied von Ares und Aphrodite‹ denkt, jedenfalls gegenüber Ehefrauen längst obsolet war. (→ 23.6)

Daß der junge Telemach den Befehl seines Vaters freudig ausführt und sich statt der eigentlich vorgesehenen Bestrafung durch das Schwert sogar eine besondere Art des Aufhängens ausdenkt, kann niemand gefallen. Es ist ein schwacher Trost, daß nicht ein realer Telemach, sondern Homer oder einer seiner Vorläufer der Erfinder sein muß, weil sie technisch nicht funktionieren kann, sondern nur poetisch möglich ist. Wenn es zum Abschluß der Exekution heißt (22,473):

> »Sie zappelten ein bißchen mit den Füßen, nicht sehr lange«,

so weiß man nicht recht, ob das schwarzer Humor oder poetischer Realismus oder Sadismus ist, aber für jedes davon gibt es in der heutigen Literatur entsprechende und sogar bessere Beispiele.

Der Ziegenhirt Melanthios hatte seinen vermißten Herrn seit langem abgeschrieben und hatte ganz auf die Freier gesetzt. Dem fremden Alten gibt er einen Fußtritt (17,233) und spart nicht mit Beschimpfungen. Als er beim Kampf die Freier mit Waffen versorgte, war er gefesselt an die Decke gehängt worden, vermutlich eine gängige Strafe für unbotmäßige Sklaven. Doch die eigentliche Strafe kommt erst noch. Ihm wird alles abgeschnitten, was es am menschlichen Körper abzuschneiden gibt, ohne gleich zum Tode zu führen. Auch hier wird man heute sagen, Melanthios sei zwar ein schlechter Kerl, aber Homers poetische Gerechtigkeit gehe hier entschieden zu weit. Doch wahrscheinlich ist nur ein Gruseleffekt beabsichtigt; denn dieser Umgang mit Feinden gilt sonst in der Odyssee als exotisch und wird einem wegen seiner Grausamkeit berüchtigten König namens Echetos nachgesagt (18,85).

26 Odysseus in Ithaka: Das Wiedersehen

Odysseus möchte seine Heimat und seine Angehörigen wiedersehen. Seit ihn die Phäaken auf Ithaka schlafend zurückgelassen haben, steht dem nichts mehr im Wege. Er kommt zu Eumaios, trifft dort Telemach und begibt sich dann in sein Haus, wo Penelope bald darauf in den Saal tritt.

Doch durch das Freierproblem wird das Wiedersehen kompliziert. Odysseus selbst möchte fürs erste nicht wiedererkannt werden und ist deswegen von Athene eigens unkenntlich gemacht worden. Und um die Tarnung nicht zu gefährden, kann er seine Wiedersehensfreude nicht offen zeigen. Sie kann daher auch nicht erwidert werden, sondern muß einseitig bleiben, bis er sich zu erkennen gegeben hat.

Die Ithaka-Handlung beruht auf einer Mischung der verschiedenen Ebenen des Wissens bzw. Nichtwissens.

Nur eine Komplikation fehlt: Odysseus darf voraussetzen, daß seine Frau sich freuen wird, ihn wiederzusehen. Das müßte nicht so sein. Bei Agamemnon war das ein Fehler, der ihn das Leben kostete.

26.1 Wiedererkennen

Wenn jemand nach zwanzig Jahren nach Hause kommt, kann es schwer sein, einander wiederzuerkennen. Der Heimkehrer hat es dabei leichter, weil er seine Angehörigen in der alten Umgebung antrifft. Odysseus erkennt daher Penelope ohne weiteres wieder; davon, daß sie inzwischen zwanzig Jahre älter geworden ist, ist in der Odyssee nicht die Rede. Penelope hat es schwerer; denn Odysseus ist als jugendlicher König und Anführer einer stolzen Flotte von zwölf Schiffen ausgezogen und kommt allein und als alter Mann in abgerissenen Lumpen zurück.

Zu seinem Glück kann sich Odysseus für den Fall, daß man ihn nicht ohne weiteres erkennt, ausweisen, da er, wie man heute sagt, über »besondere Kennzeichen« verfügt: Er hat eine alte Narbe am Bein und weiß etwas über die Einrichtung des ehelichen Schlafzimmers, was nur er wissen kann.

Als Odysseus sich Telemach zu erkennen geben will, ist dieser damit zufrieden, daß der fremde Alte plötzlich als schöner Heros vor ihm steht und versichert, er sei sein Vater. (→ 25.5)

Die alte Eurykleia erkennt ihn beim Fußbad in Buch 19 an der Narbe, die dann in Buch 21 auch für Eumaios und Philoitios als Beweis dient, als sie während der Bogenprobe von Odysseus über seine Identität aufgeklärt werden. Als Eurykleia nach dem Freierkampf Penelope in Buch 23 benachrichtigt und diese nicht glauben will, daß der Fremde Odysseus ist, verweist sie auf die Narbe, die sie selbst gesehen habe.

Penelope ist daraufhin bereit, mit ihr hinunter in den Saal zu gehen. Doch als sie den fremden Alten in seinen Lumpen vor sich sieht, vermag sie ihn nicht zu erkennen, oder, genauer gesagt, ihr fällt es schwer, ihn als ihren Mann anzuerkennen. Penelope könnte nach der Narbe fragen, aber die spielt jetzt keine Rolle mehr. Penelope denkt an das andere, weniger äußerliche Kennzeichen, ein Geheimnis, das sie nur mit Odysseus teilt: Nur Odysseus kann wissen, daß das Ehebett nicht von der Stelle bewegt werden kann, weil ein Pfosten aus einem noch in der Erde verwurzelten Baumstamm besteht.

Odysseus wird nun gebadet und neu eingekleidet und ist jetzt dank Athene wieder der schöne Heros, als den ihn Nausikaa und Telemach kennengelernt haben (und als der er vor zwanzig Jahren ausgezogen war). Doch Penelope scheint von dieser wunderbaren Verwandlung, anders als Telemach in Buch 16, nicht beeindruckt zu sein, sondern setzt ihr eigenes Erkennungsmittel ein. Um Odysseus zu prüfen, ordnet sie an, das Ehebett woandershin zu stellen, woraufhin Odysseus spontan protestiert (23,183 ff.):

> »Das geht doch gar nicht, es sei denn, jemand hat den Baumstamm durchgesägt.«

Damit ist auch die letzte psychische Barriere bei Penelope beseitigt, sie umarmt Odysseus und entschuldigt sich für ihre bisherige Zurückhaltung.

26.2 Wiedersehensfreude

Da Odysseus auch von den Angehörigen nicht erkannt werden will, muß er seine Wiedersehensfreude vor ihnen verbergen. Als er auf Ithaka angekommen ist und die Heimat erkennt, kann er seine Freude noch offen zeigen (13,353):

> »Odysseus war froh und küßte die Erde.«

Sobald er jedoch dem ersten Angehörigen, Eumaios, begegnet, zeigt er keine Wiedersehensfreude, weil er nicht von ihm erkannt werden möchte, auch nachdem sich herausgestellt hat, daß Eumaios treu ist und für ihn durchs Feuer gehen würde. Er folgt damit Athenes Mahnung, sich niemand zu erkennen zu geben (13,308).

Bei Telemach macht Athene dann selbst eine Ausnahme. Als Odysseus und Telemach allein in der Hütte des Eumaios sind, weil dieser in die Stadt zu Penelope gegangen ist, weist sie Odysseus an, sich dem Sohn zu erkennen zu geben, und macht dazu die Verwandlung vorübergehend rückgängig. Nun kann Odysseus seinen Gefühlen Ausdruck verleihen und schließt seinen Sohn in die Arme (16,190).

26.3 Unterdrückte Gefühle

Es gehört zum »Dulden« des Odysseus, daß er seine Wiedersehensfreude zunächst unterdrücken muß und erst zeigen darf, nachdem dem Erkennen nichts mehr im Wege steht. Bei seinem Sohn ist das eine relativ kurze Phase. Telemach tritt am Anfang von Buch 16 in die Hütte, wo Eumaios und Odysseus beieinander sitzen, und es dauert keine zweihundert Verse, bis Odysseus ihn umarmt und küßt.

Penelope gegenüber endet diese Phase erst in Buch 23 nach dem Freierkampf. Wenn Odysseus nach seinen Gefühlen handeln dürfte, müßte er gleich in Buch 13 nach seiner Ankunft in Ithaka zu ihr eilen und sie in die Arme schließen. Doch sie ist von allen Angehörigen (von Laertes abgesehen) die letzte, der er sich zu erkennen gibt. Das ist ein Zeichen für Odysseus' planende Vernunft, hinter der seine Gefühle zurückstehen müssen, aber auch für die Erzählstrategie Homers, nach der das Zusammenkommen der Hauptbeteiligten den Höhepunkt bilden soll und sie sich daher bis zum Schluß gedulden müssen.

Doch wenn jemand seine Gefühle nicht zeigen oder aussprechen darf, so muß das den Erzähler nicht hindern, uns zu verraten, was der Betreffende denkt. Homer ist da bemerkenswert sparsam.

Als ein junger Mann in die Hütte tritt und Eumaios ihn als »Telemach« begrüßt (16,23), könnte man erwarten, daß seinem Vater, der ihn zuletzt als Säugling gesehen hat, die Tränen kommen und er z.B. denkt: »Wie groß und schön er geworden ist!« Doch Homer sagt nichts dergleichen. Damit der Leser das nicht als Lücke empfindet, wird ihm die stürmische Begrüßung durch Eumaios ausführlich vorgeführt. Erst nachträglich, als Odysseus den Sohn schon unter Tränen umarmt, sagt Homer (191):

> »Tränen, die er bisher standhaft unterdrückt hatte.«

Die Phase der Zurückhaltung ist hier nur kurz, weil Odysseus sich mit Athenes Erlaubnis zu erkennen gibt – und dadurch einen Helfer für das Vorgehen gegen die Freier gewinnt.

Seine Frau sieht Odysseus zum ersten Mal, als sie in Buch 18 in den Saal zu den Freiern kommt (209). Er hat gerade den Boxkampf mit dem Bettler Iros hinter sich gebracht und sitzt wieder auf seinem alten Platz an der Tür. Homer sagt nichts darüber, wie Odysseus auf den Anblick Penelopes reagiert. Statt dessen erzählt er uns über die durchschlagende Wirkung auf die Freier (212):

> »Ihre Knie wurden weich, Liebesdrang packte sie,
> und jeder hätte gern mit ihr im Bette gelegen.«

Homer scheint da weniger die erstrebte Ehe als vielmehr eine spontane unwiderstehliche Regung zu meinen.

Homer läßt Odysseus auch nicht reagieren, als Penelope Komplimente des Eurymachos zurückweist und meint, um ihre Schönheit würde es besser stehen, »wenn Odysseus zurückkäme« (253). Erst als sie die üblichen Werbegeschenke anmahnt, erfahren wir etwas über seine Gedanken. Aber sie gelten nur Penelopes Klugheit (283) und beziehen sich nicht auf das Wiedersehen. (→ 25.8)

In Buch 19 läßt Homer dann den Fremden ein langes Gespräch mit Penelope führen, aber sagt auch dort zunächst nichts darüber, was Odysseus empfindet, als seine Frau ihm gegenübersitzt, um mit ihm zu reden. Erst während des Gesprächs schiebt Homer als Erzähler eine Bemerkung dazu ein (211):

> »Seine Augen waren wie aus Eisen, die Tränen hielt
> er zurück.«

Odysseus zeigt buchstäblich eiserne Selbstbeherrschung, obwohl die Rührung ihm die Tränen in die Augen treibt.

26.4 Das Wiedersehen mit dem Hund Argos

Der einzige Angehörige, der Odysseus trotz seiner Verwandlung durch Athene spontan sofort wiedererkennt, ist sein Hund Argos.

Als Odysseus in Buch 17 in Begleitung des Schweinehirten Eumaios den Hof seines Hauses betritt, liegt dort Argos, altersschwach und vernachlässigt. Er kann gerade noch den Kopf heben und die Ohren aufrichten, als er den Fremden bemerkt. Als er in dem Herankommenden seinen Herrn erkennt, wedelt er mit dem Schwanz und läßt die Ohren beruhigt wieder herunterhängen, ist aber zu schwach, um aufzustehen und sich Odysseus zu nähern. Der dreht den Kopf zur Seite, damit Eumaios nichts merkt, und wischt sich heimlich die Tränen aus den Augen. Während er ins Haus geht, stirbt der Hund (326):

> »Argos aber ereilte das Schicksal, als er Odysseus nach zwanzig Jahren wiedergesehen hatte.«

Wirklich würdigen kann die Szene natürlich nur der Besitzer eines gealterten Hundes. Aber auch gewöhnliche Leser werden verstehen, wie hier Erkennen, Wiedersehensfreude und Rührung und deren Unterdrückung, aber auch die zwanzig vergangenen Jahre des Wartens und die Last der Jahre zusammenkommen. So betrachtet ist es die dichteste und wichtigste Szene der Odyssee.

26.5 Penelopes Gespräch mit dem Fremden

In Buch 17 – Odysseus hat gerade den ersten Schemelwurf (Antinoos) ertragen – ruft Penelope, die das in ihrem Zimmer im Obergeschoß mitbekommen hat, Eumaios zu sich. Er soll den Fremden zu ihr bringen, damit sie ihn nach Odysseus fragen kann. Odysseus meint, es sei besser, abzuwarten, bis die Freier abends nach Hause gegangen seien, was Penelope als »nicht unklug« sofort einleuchtet. Das Gespräch findet daher erst in Buch 19 statt, d.h. nach dem Boxkampf mit Iros, Penelopes Auftritt im Saal (bei dem sie die Geschenke fordert) und dem zweiten Schemelwurf (Eurymachos) in Buch 18. Nachdem Odysseus am Anfang von Buch 19 mit Telemachs Hilfe die an den Wänden des Saales hängenden Waffen weggeschafft hat, bleibt er im Saal zurück. Während die Mägde noch aufräumen, kommt Penelope, erteilt der untreuen Melantho, der Schwester des untreuen Melanthios, die sich gerade eine freche Bemerkung gegenüber dem Fremden erlaubt hat, einen scharfen Verweis und beginnt das Gespräch. Sie sitzt am Feuer, Odysseus etwas entfernt davon.

Penelope möchte, wie nicht anders zu erwarten, als erstes wissen, wer der Fremde ist (19,105). Doch Odysseus weicht aus. Er redet von Penelopes »Ruhm« und vergleicht ihn mit dem eines guten Königs. Er preist dessen segensreiche Herrschaft und stellt dem sein eigenes beklagenswertes Dasein gegenüber, weswegen Penelope ihm es ersparen möge, darüber zu reden.

Die Vorstellung von einem wohlgeordneten Königshaus und einer wegen ihrer Schönheit gerühmten Königin steht in Kontrast zu Penelopes eigener Einschätzung ihres jetzigen Lebens, und sie sagt (124):

> »Das war einmal, aber es ist dahin, seit Odysseus nach Troja zog.«

Dann erzählt sie von ihrer zwiespältigen Situation, wie die Freier sie bedrängen und den Besitz verzehren, während sie sich nach Odysseus sehnt. Odysseus bekommt auch die Geschichte von ihrer List mit dem Leichentuch für Laertes zu hören, die wir schon (weniger ausführlich) aus Buch 2 von Antinoos kennen. Jetzt müsse sie die neue Ehe auf sich nehmen; denn Telemach sei nun erwachsen. Damit erneuert sie die Frage nach der Identität des Fremden.

Odysseus geht diesmal zum Schein darauf ein und erzählt eine seiner »Lügengeschichten«: Er stamme aus Kreta, sei ein Bruder des (uns aus der Ilias bekannten → 16.3.1) Trojakämpfers Idomeneus und heiße Aithon. Odysseus habe er kennengelernt, als dieser auf dem Weg nach Troja nach Kreta abgetrieben worden sei. Anscheinend geht die Flunkerei noch eine Weile weiter, was Homer kommentierend zusammenfaßt (203):

»Er erzählte viele Lügen, die wie Wahrheit aussahen.«

Der Bericht über die angebliche Begegnung mit Odysseus läßt Penelope in Tränen ausbrechen, so daß es zu einer paradoxen Situation kommt, wie Homer sagt (209):

»Sie weinte um ihren Mann, der neben ihr saß.«

Odysseus verbirgt, wie gesagt (→ 26.3), die eigene Rührung und läßt sich nichts anmerken.

Doch bei Penelope, die schon öfter schlechte Erfahrungen mit Fremden und ihren schön klingenden Geschichten gemacht hat, kehrt schnell der nüchterne Verstand zurück. Sie möchte sich vergewissern, ob der Fremde wirklich etwas von Odysseus weiß oder die Begegnung nur erfunden hat. Sie fragt daher, was Odysseus auf der Fahrt nach Troja angehabt habe. Der Fremde besteht die Prüfung glänzend, nicht ohne (als kluger Odysseus) hinzuzufügen, er könne natürlich nicht wissen, ob dies die Kleider gewesen seien, die Odysseus von zu Hause mitbekommen habe.

Nach diesem bestandenen Glaubwürdigkeitstest geht Odysseus einen Schritt weiter. Er behauptet zu wissen, Odysseus sei bereits in der Nähe und werde sehr bald kommen (270). Dabei läßt er allerdings immer noch so viel Spielraum, daß Penelope (wie schon Eumaios → 25.3) nur eine Ermutigung zur Hoffnung heraushört und antwortet (309):

»Schön wär's, aber ich fürchte, Odysseus wird nicht mehr kommen.«

Sie ordnet an, dem Fremden ein Nachtlager herzurichten, und leitet damit zum ›Fußbad‹ über, bei dem sie durch Athene abgelenkt wird, so daß sie nicht einmal bemerkt, wie das Wasser verschüttet wird.

Danach geht das Gespräch wie zwischen eng Vertrauten weiter. Penelope erzählt, wie sie nachts nicht schlafen kann, weil sie hin und her gerissen ist zwischen dem Wunsch, die neue Ehe weiter hinauszuschieben, und dem Interesse ihres herangewachsenen Sohnes, dessen Erbe durch das Zögern der Mutter dahinschwindet. Sie berichtet auch von einem Traum, in dem sich ihr ein Adler als der heimgekehrte Odysseus vorgestellt habe. Aber sie glaubt nicht daran, weil sie weiß, daß solche prophetischen Träume täuschen können (560):[24]

»Es gibt zwei Tore, aus denen Träume kommen,
das eine besteht aus Horn, das andere aus Elfenbein.
Die einen sind wahr, die anderen erfüllen sich nicht.
Meiner kam wohl aus dem zweiten.«

Dann kündigt sie die Bogenprobe für den nächsten Tag an. Odysseus mahnt sie, den Wettkampf nicht aufzuschieben, und fügt eine neue Prophezeiung hinzu: Odysseus werde dasein, bevor die Freier den Bogen spannen würden.

Damit ist das Gespräch beendet. Penelope geht hinauf in ihr Schlafzimmer, Odysseus bleibt im Saal zurück. Beide verbringen eine unruhige Nacht. Wir sind damit bereits in Buch 20. Odysseus denkt an den bevorstehenden Kampf mit den Freiern und macht sich Sorgen (→ 25.7). Penelope denkt an Odysseus und wünscht sich den Tod, um ihn in der Unterwelt wiedersehen zu können. Odysseus hört ihre Klagen, und ihm ist, als ob sie ihn schon erkannt habe und gleich zu ihm treten müsse (20,94).

Sich ein Gespräch mit dem Fremden als Vorstufe des

24 Wir erinnern uns an Agamemnons Traum in Buch 2 der Ilias (→ 11.1).

Wiedererkennens auszudenken ist eine erzähltaktische Überlegung, auf die vielleicht mancher hätte kommen können. Um daraus eine Szene zu machen, in der das Versteckspiel zur vielschichtigen Begegnung wird zwischen zurückgehaltenem Wissen auf der einen Seite und trauernder Mutlosigkeit auf der anderen und sehnender Rührung auf beiden Seiten, bedurfte es eines Erzählers wie Homer.

26.6 Eurykleia und das Fußbad

Eurykleia, die alte Amme des Odysseus und treue Dienerin des Hauses, ist das Urbild der entsprechenden Figur in der griechischen Tragödie und aller treuen Dienerinnen im neuzeitlichen Drama und Roman.

Sie ist die Vertraute der Familie und kann deswegen auch in Konflikte geraten. Telemach nimmt ihre Hilfe bei der Vorbereitung seiner Reise in Anspruch, untersagt ihr aber, seiner Mutter etwas davon zu verraten (2,373).

Als Penelope beim Gespräch mit dem Fremden in ihm einen klugen und glaubwürdigen Mann, der Verständnis für ihre Lage zeigt, erkennt, will sie ihn als regulären Gast des Hauses, »der bei Tisch neben Telemach sitzt« (19,321), aufnehmen. Mägde sollen ihn waschen und eine Bettstatt richten. Odysseus lehnt ein Bett ab und will sich auch nicht von irgendwelchen Mägden waschen lassen, sondern höchstens von einer »Alten«, die das Leben kennt.[25] Penelope beauftragt daraufhin Eurykleia, »die Amme des Unglücklichen«. Dadurch kommt es zur ersten Begegnung zwischen Odysseus und Eurykleia.

25 Homer bzw. Odysseus steuert für den Leser damit offenkundig auf Eurykleia zu, die ihn zwangsläufig an seiner Narbe erkennen muß. Daß dem klugen Odysseus das erst klar wird, als Eurykleia mit der Wanne kommt, hat schon in der Antike allzu realistisch denkenden Lesern (unangebrachte) Kopfschmerzen bereitet.

Das Fußbad (Od. 19,392ff.)
Odysseus nicht als Bettler sondern als fußreisender Heros;
die Dienerin heißt Antiphata
Attischer Skyphos, 5. Jh. v. Chr.
(Chiusi Museum)

Eurykleia redet, als ob sie zu dem fernen Odysseus spricht, der vielleicht in derselben Lage sei wie der anwesende Fremde. Sie entdeckt sogar eine Ähnlichkeit zwischen Odysseus und dem Fremden. Doch Odysseus hat schnell eine neutrale Erklärung parat (383):

»Ja, das hat man mir schon oft gesagt.«

Während Eurykleia eine Fußwanne und Wasser holt, rückt Odysseus weiter vom Feuer weg, weil er befürchtet, Eurykleia werde ihn an der Narbe an seinem Oberschenkel erkennen, was auch sofort eintritt. Sie läßt in »freudigem Schreck« (471) seinen Fuß los, so daß die Wanne umkippt, und sagt zu ihm:

> »Du bist Odysseus, mein liebes Kind – und ich habe es erst gemerkt, nachdem ich meinen Herrn angefaßt habe.«

Sie wirft sich selbst also vor, ihn nicht gleich erkannt zu haben. Dann blickt sie zu Penelope hinüber und will ihr sagen, daß ihr Mann da sei. Doch Odysseus faßt sie an der Kehle und flüstert ihr zu (482):

> »Mütterchen, willst du mich verderben? Ja, du hast mich an deiner Brust genährt und nun bin ich nach zwanzig Jahren zurückgekommen. Doch du mußt schweigen, damit es niemand sonst merkt.«

Eurykleia findet sofort ihre Beherrschung wieder. Sie holt neues Wasser und führt das Fußbad zu Ende. Odysseus rückt wieder näher zum Feuer, wobei er die Narbe sorgfältig zudeckt, und setzt das Gespräch mit Penelope fort, die von dem Zwischenfall nichts bemerkt hat.[26]

Eurykleia ist nach dem Hund Argos das zweite Mitglied der Familie, das Odysseus von sich aus erkennt. Auch sie könnte ihn durch ihre Wiedersehensfreude verraten, kann aber als Mensch durch Worte daran gehindert und damit zur Verbündeten gemacht werden.

Daß zwischen Eurykleias Erkennen und ihrer Reaktion eine längere Erzählung von der Herkunft der Narbe eingeschoben ist, kann den modernen Leser, wenn er vordergründig auf den Fortgang gespannt ist, stören, der Erzähler scheint jedoch gerade durch einen solchen Einschub

26 Aus Rücksicht auf rationalistische Leser, die das für unwahrscheinlich halten, macht Homer Athene dafür verantwortlich.

die Spannung erhöhen zu wollen. Das ist eine Frage der Erzähltechnik. Jeder Erzähler muß ständig entscheiden, wie schnell die Handlung voranschreiten soll.

27 Der Schluß (Buch 24) oder Wie aufhören?

Das letzte Buch der Odyssee ist ein gutes Beispiel dafür, wie eine Erzählung durch weitere Motiventfaltung fortgesponnen werden kann.

Die getöteten Freier kommen ins Totenreich, das hier anders als in Buch 11 als Unterwelt vorgestellt ist. Dort reden Agamemnon und Achill gerade miteinander über ihr so verschiedenes Lebensende: der eine zu Hause kläglich ermordet, der andere im Kampf gefallen und als Heros betrauert und ehrenvoll bestattet. Da der große Agamemnon – zu unserer Überraschung – einen der (mythologisch ganz unbedeutenden) Freier persönlich kennt, läßt er sich die Vorgänge im Hause des Odysseus erzählen. Angesichts der Treue Penelopes fällt ihm natürlich seine so ganz andere Klytämnestra ein.

Oben in Ithaka geht unterdessen die am Ende von Buch 23 angebahnte Handlung weiter. Odysseus bereitet sich auf die Auseinandersetzung mit den Angehörigen der Freier vor und sucht inzwischen seinen Vater Laertes auf, der noch nichts von seiner Rückkehr weiß. Der beginnende Kampf mit den Verwandten der Freier wird durch die friedenstiftende Athene beendet.

Man kann darüber streiten, ob die Odyssee durch diesen Schluß abgerundet wird oder ob das ein die Gesamtkonzeption störender Anhang ist. Aber Schlüsse sind immer problematisch. Wenn Thomas Mann uns am Ende von seinem *Zauberberg* vorenthält, was aus Hans Castorp geworden ist, und sagt, er sei »uns aus den Augen« gekommen, ist das sein gutes Recht, aber nicht jeder Leser muß damit zufrieden sein.

Homer hätte es seinen Interpreten nur scheinbar leichter gemacht, wenn er sich wie Thomas Mann explizit von seinem Helden mit einem »Lebewohl!« und »Deine Geschichte ist aus« verabschiedet hätte und außerdem noch ein »Finis operis« unter die Odyssee gesetzt hätte. Aber das ist bei Thomas Mann nur ein kleines Spiel mit der Form; an sich ist es heute eher wie bei Homer üblich, stillschweigend mit einem mehr oder weniger eleganten Schlußsatz aufzuhören und es dem Leser zu überlassen, ob und wie er sich damit abfindet.

Literaturhinweise

Die folgenden Hinweise haben den begrenzten Zweck, den Leser dieser Einführung dazu anzuregen, die hier meist chiffrenartig verknappten Homerzitate und die Darstellung insgesamt anhand vollständiger Übersetzungen (im Idealfall am Originaltext) zu überprüfen und zur sonstigen Gegenkontrolle vielleicht auch einen Blick in die eine oder andere wissenschaftliche Publikation zu werfen.

Griechischer Text

Für den Hausgebrauch genügt immer noch die Ausgabe von D. B. Monro und Th. W. Allen, Oxford 1902 (und spätere Auflagen). Bd. 5 enthält die sog. *Homerischen Hymnen*, Nachrichten und Fragmente zum *Epischen Kyklos* und zum *Margites*, den parodistischen *Froschmäusekrieg* und antike Aussagen zum *Leben* Homers. Neuere Ausgaben erteilen zwar genauere Auskunft über die Überlieferung, bieten aber keinen wesentlich anderen Text und können durch manche (für den Spezialisten bestimmte) Eigenheiten den Zugang erschweren.

Zweisprachige Ausgaben

Homer: Ilias. Übertr. von H. Rupé. München 1961.
Homer: Odyssee. Übertr. von A. Weiher. München 1955.

Übersetzungen

Homer: Ilias/Odyssee. In der Übertr. von J. H. Voß. München 1971. [Nach dem Text der Erstausgaben: Ilias, Hamburg 1793; Odyssee, Hamburg 1781. – Voß, von dem alle späteren Übersetzer in der einen oder anderen Weise abhängig sind, schrieb übrigens ursprünglich »Odüssee«, was die anfänglichen Schwierigkeiten unserer Übersetzungstradition erahnen läßt.]

Homer: Ilias. Neue Übertr. von W. Schadewaldt. Frankfurt a. M. 1975.
Homer: Die Odyssee. Übers. in dt. Prosa von W. Schadewaldt. Hamburg 1958.
Homer: Ilias. Neue Übers. von R. Hampe. Stuttgart 1979.
Homer: Odyssee. Übers. von R. Hampe. Stuttgart 1979.

Kommentare

Ilias. A Commentary. General editor G. S. Kirk. Vol. I–VI. Cambridge 1985–93.
A Commentary on Homer's Odyssey. By A. Heubeck [u. a.]. Vol. I–III. Oxford 1988.
Homers Ilias. Gesamtkommentar [mit Übersetzung]. Hrsg. von J. Latacz. München [u. a.]. 2000 ff. (Davon liegt bereits vor: Prolegomena [ebd. 2000], Text und Übersetzung zum Ersten Gesang [ebd. 2000–02], Kommentar zum Ersten Gesang [ebd. 2000–02], Text und Übersetzung zum Zweiten Gesang [ebd. 2003], Kommentar zum Zweiten Gesang [ebd.].)

Mythologische Lexika

Hunger, H.: Lexikon der griechischen und römischen Mythologie. Wien [4]1955 [u. ö.].
Reclams Lexikon der antiken Mythologie. Hrsg. von E. Tripp. Übers. von Rainer Rauthe. Stuttgart [4]1974. [6]1991. – Engl. Orig.-Ausg.: Crowell's Handbook of Classical Mythology. New York 1970.

Einführungen

Codino, F.: Einführung in Homer. Berlin 1970. – Ital. Orig.-Ausg.: Introduzione a Omero. Turin 1963.
Latacz, J.: Homer. Der erste Dichter des Abendlands. München/Zürich [4]2003.
Lesky, A.: Geschichte der griechischen Literatur. Bern/München [3]1971.

Sammelbände

Einen vielseitigen Einblick in die Homerforschung geben (mit umfangreichen Bibliographien):

Bremer, J. M. / de Jong, I. J. F. / Kalff, J. (Hrsg.): Homer. Beyond Oral Poetry. Recent Trends in Homeric Interpretation. Amsterdam 1987.
Latacz, J. (Hrsg.): Homer. Tradition und Neuerung. Darmstadt 1979.
– Homer. Die Dichtung und ihre Deutung. Darmstadt 1991.
– Zweihundert Jahre Homer-Forschung. Rückblick und Ausblick. Stuttgart/Leipzig 1991.
Morris, I. / Powell, B. (Hrsg.): A New Companion to Homer. Leiden / New York / Köln 1997.

Forschungsliteratur

Hier seien einige Marksteine aus der älteren Forschung und stichwortgebende neuere Titel genannt, auf die in dieser Einführung (implizit) Bezug genommen wird:

Arend, W.: Die typischen Szenen bei Homer. Berlin 1933.
Bowra, C. M.: Heldendichtung. Eine vergleichende Phänomenologie der heroischen Poesie aller Völker und Zeiten. Stuttgart 1964.
Burkert, W.: Die Griechen und der Orient. München 2003.
Erbse, H.: Untersuchungen zur Funktion der Götter im homerischen Epos. Berlin / New York 1986.
Fränkel, H.: Dichtung und Philosophie des frühen Griechentums. München [3]1969.
Hertel, D.: Die Mauern von Troia. Mythos und Geschichte im antiken Ilion. München 2003.
Hölscher, U.: Die Odyssee. Epos zwischen Märchen und Roman. München [2]1989.
de Jong, I. J. F.: A Narratological Commentary on the Odyssey. Cambridge 2001.
Kullmann, W.: Die Quellen der Ilias (Troischer Sagenkreis). Wiesbaden 1960.

Kullmann, W.: Zur Methode der Neoanalyse in der Homerforschung. In: Wiener Studien 15 (1981) S. 5–42.
Latacz, J.: Troia und Homer. Der Weg zur Lösung eines Rätsels. München/Berlin 2001.
– Homer. Der erste Dichter des Abendlands. Düsseldorf 2003.
Lord, A. B.: Der Sänger erzählt. Wie ein Epos entsteht. München 1965. – Engl. Orig.-Ausg.: The Singer of Tales. Cambridge 1960.
Matz, F. / Buchholz, H.-G. (Hrsg.): Archaeologia Homerica. Die Denkmäler und das frühgriechische Epos. Göttingen 1967ff.
Notopoulos, J. A.: Parataxis in Homer. A New Approach to Homeric Literary Criticism. In: Transactions of the American Philological Association 80 (1949) S. 1–23.
Parry, M.: The Making of Homeric Verse. The Collected Papers of M. Parry. Ed. by A. Parry. Oxford 1971.
Patzek, B.: Homer und seine Zeit. München 2003.
Patzer, H.: Die Formgesetze des homerischen Epos. Stuttgart 1996.
Reichel, M.: Fernbeziehungen in der Ilias. Tübingen 1994.
Schadewaldt, W.: Iliasstudien. Leipzig 1938. Berlin [3]1966.
Schmitz, Th. A.: Moderne Literaturtheorie und antike Texte. Eine Einführung. Darmstadt 2002.
Seeck, G. A.: Der Streit des Mächtigen und des Starken. Motivstruktur und homerische Verhaltenspsychologie im 1. Buch der *Ilias*. In: Hermes 120 (1992) S. 1–18.
– Heroenpluralismus als Strukturprinzip der Ilias. In: Rheinisches Museum 136 (1993) S. 193–202.
– Homerisches Erzählen und das Problem der Gleichzeitigkeit. In: Hermes 126 (1998) S. 131–144.
Siebler, M.: Troia. Mythos und Wirklichkeit. Stuttgart 2001.
Snell, B.: Die Auffassung des Menschen bei Homer. In: B. S.: Die Entdeckung des Geistes. Göttingen [5]1980. S. 13–29.
Stanzl, F. K.: Typische Formen des Romans. Göttingen [8]1976.
Strasburger, G.: Die kleinen Kämpfer der Ilias. Diss. Frankfurt a. M. 1954.
Ulf, Ch. (Hrsg): Der neue Streit um Troia. Eine Bilanz. München 2003.

Register

1. Mythologische Namen

(Namen, die nur beiläufig erwähnt werden, sind nicht aufgeführt)

Götter und götterähnliche Wesen

Menschen

2. Erzähltechnisches

(s. auch das Inhaltsverzeichnis, S. 5 ff.)

3. Andere Autoren

Antike

Neuzeit

Zum Autor

GUSTAV ADOLF SEECK, Jahrgang 1933, studierte in Göttingen, München und Kiel Klassische Philologie und Philosophie. Er wurde 1962 promoviert und habilitierte sich 1970. Von 1981 bis 1999 war er Professor für Klassische Philologie (Gräzistik) an der Universität Frankfurt a. M. Seit 1978 ist er Mitherausgeber der Reihe *Zetemata* (Monographien zur Klassischen Altertumswissenschaft).

Er hat u. a. folgende Bücher veröffentlicht: *Über die Elemente in der Kosmologie des Aristoteles* (1964), *Euripides, sämtliche Tragödien und Fragmente, gr.-dt.* (Hrsg., 1972 ff.), *Das griechische Drama* (Hrsg., 1979), *Dramatische Strukturen der griechischen Tragödie* (1984), *Unaristotelische Untersuchungen zu Euripides* (1985), *Nicht-Denkfehler und natürliche Sprache bei Platon* (1997), *Die griechische Tragödie* (2000), *Euripides. Alkestis. Text, Übersetzung, Kommentar* (2008), *Platons Theaitetos. Ein kritischer Kommentar* (2010), *Platons Sophistes. Ein kritischer Kommentar* (2011), *Platons Politikos. Ein kritischer Kommentar* (2012), *Platons Philebos. Ein kritischer Kommentar* (2014); außerdem Aufsätze zu Homer (s. Literaturhinweise S. 288).